Contents

Reading 構成・効果的学習法 ……… 4
リスニング対策 …………………… 6
別売音声 CD の効果的活用法 ……… 7

STAGE 1
1 ビタミン C の働き [医療] ………… 10
2 drug の定義 [言語] ……………… 12
3 お茶の種類 [文化] ……………… 14
4 オオカミの子育て [科学] ……… 16
5 ジェスチャーの違い [言語] …… 18
6 本当のほほえみと偽りのほほえみ [人間]
　 ……………………………………… 20
7 「熱い」か「辛い」か [言語] ……… 22
8 紳士服と婦人服でボタンが違う理由 [社会]
　 ……………………………………… 24
9 紫色のもと [文化] ……………… 26
10 酸素の発見 [科学] ……………… 28

STAGE 2
11 アガサ・クリスティーの失踪 (1) [歴史]
　 ……………………………………… 32
12 アガサ・クリスティーの失踪 (2) [歴史]
　 ……………………………………… 34
13 皮膚の役割 [医療] ……………… 36
14 遺伝子と行動 [科学] …………… 38
15 子供への読み聞かせのすすめ [文化] 40
16 バックグラウンドミュージックの効果
　 [科学] …………………………… 42
17 個人主義と協調主義 [人間] …… 44
18 ネコの習性 [科学] ……………… 46
19 英単語はいくつあるか (1) [言語] … 48
20 英単語はいくつあるか (2) [言語] … 50

STAGE 3
21 サッカーの起源 (1) [歴史] …… 54
22 サッカーの起源 (2) [歴史] …… 56
23 遊びを通して学ぶこと (1) [教育] … 58
24 遊びを通して学ぶこと (2) [教育] … 60
25 結婚式の慣習 (1) [文化] ……… 62
26 結婚式の慣習 (2) [文化] ……… 64
27 クローン技術の是非 (1) [科学] … 66
28 クローン技術の是非 (2) [科学] … 68

29 家族で食事をすることの重要性 (1)
　 [社会] …………………………… 70
30 家族で食事をすることの重要性 (2)
　 [社会] …………………………… 72

STAGE 4
31 数学の歴史 (1) [歴史] ………… 76
32 数学の歴史 (2) [歴史] ………… 78
33 アレルギーが増加する背景 (1) [医療]
　 ……………………………………… 80
34 アレルギーが増加する背景 (2) [医療]
　 ……………………………………… 82
35 つらい経験について書くことの効用 (1)
　 [人間] …………………………… 84
36 つらい経験について書くことの効用 (2)
　 [人間] …………………………… 86
37 真実を使ったうそ (1) [人間] … 88
38 真実を使ったうそ (2) [人間] … 90
39 企業のニーズ調査能力 (1) [社会] … 92
40 企業のニーズ調査能力 (2) [社会] … 94

STAGE 5
41 言葉と身体言語の違い (1) [言語] … 98
42 言葉と身体言語の違い (2) [言語] 100
43 「触れること」の作用 (1) [人間] 102
44 「触れること」の作用 (2) [人間] 104
45 テレビゲームの影響力 (1) [社会] 106
46 テレビゲームの影響力 (2) [社会] 108
47 読書の重要性 (1) [文化] ……… 110
48 読書の重要性 (2) [文化] ……… 112
49 外国語を学ぶ際に必要なもの (1) [言語]
　 ……………………………………… 114
50 外国語を学ぶ際に必要なもの (2) [言語]
　 ……………………………………… 116

STAGE 6
51 風邪に関する常識 [医療] ……… 120
52 スーパーの便利さと運搬燃料 (1) [環境]
　 ……………………………………… 122
53 スーパーの便利さと運搬燃料 (2) [環境]
　 ……………………………………… 124
54 ディズニーの大きな決断 (1) [社会]
　 ……………………………………… 126

55	ディズニーの大きな決断（2）[社会] ……………………………… 128
56	ディズニーの大きな決断（3）[社会] ……………………………… 130
57	インターネット情報の真偽（1）[社会] ……………………………… 132
58	インターネット情報の真偽（2）[社会] ……………………………… 134
59	インターネット時代の印刷物の役割（1）[社会] ……………… 136
60	インターネット時代の印刷物の役割（2）[社会] ……………… 138

STAGE 7

61	食の安全と有機農業（1）[環境] … 142
62	食の安全と有機農業（2）[環境] … 144
63	医食同源（1）[医療] ……………… 146
64	医食同源（2）[医療] ……………… 148
65	イヌががんを発見する！？（1）[医療] ……………………………… 150
66	イヌががんを発見する！？（2）[医療] ……………………………… 152
67	石油から代替エネルギーへ [環境] 154
68	ヒトの自然治癒力 [医療] ………… 156
69	ハエの超能力（1）[科学] ………… 158
70	ハエの超能力（2）[科学] ………… 160

英文出典 …………………………………… 162
別売 CD トラック対応表 ………………… 164

Reading 構成

STAGE・英文番号・タイトル・ジャンル
10レッスンずつの英文を1STAGEとし，難易度順に7STAGEに分けて収録。

赤太字
入試頻出の重要語です。

ココを読み取る
英文を読むにあたって，注意して読み取ってほしいポイントを記載。最初に読む際に，まずはこの内容を意識してみましょう。

語数
70〜250 wordsの英文を掲載しています。

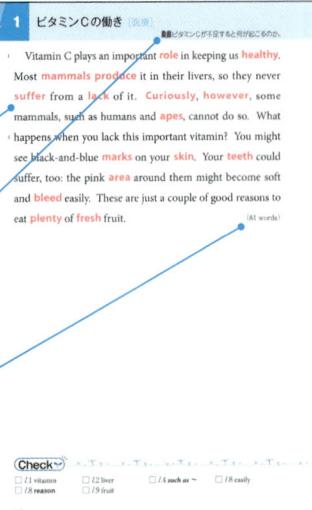

Reading 効果的学習法

Reading の基本的な使い方は以下の2 Stepです。

Step1 英文を読み，意味を確認する → **Step2** 英文を繰り返し読む

Step1 英文を読み，意味を確認する

❶ 赤シートで和訳中の赤字を隠して，意味を推測しながら英文を読みましょう。その際，📖（ココを読み取る）マークの内容をつかめるよう意識してみてください。
※苦手な人は，赤シートで隠さずに，和訳を見ながら読んでも構いません。

❷ 1回読んだだけで内容がつかみづらい場合は，和訳を参考にしながら何度か読んで，英文の大まかな内容をつかみましょう。

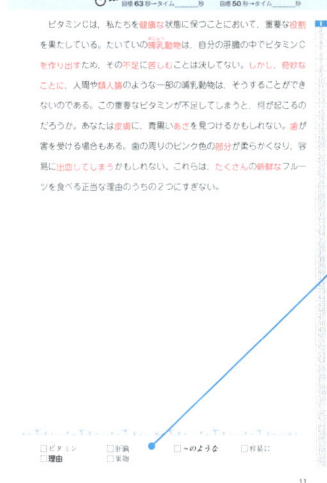

速読チャレンジ！（上級者向け）

ある程度英文の理解が進んだら，英文の速読に挑戦しましょう。

目標タイムは 1st（80wpm）→ 2nd（100wpm）で設定していますので，何度も読んでクリアを目指しましょう。

※ wpm = words per minute（1分間あたりの語数）

Check 欄

重要熟語・構文（*斜体*）や，他のページで学習した重要語（**太字**）などを取り上げています。テストとして活用すると効果的です。

Step2　英文を繰り返し読む

最低5回（目標10回）は音読し，単語を生きた文脈ごと体に染み込ませましょう！
別売の音声 CD も併用し，正しい発音を確認しながら学習すると効果的です（CD の効果的な使用法→ p.7 へ）。

＜音読の効果＞

- **単語や構文の定着度アップ！**
- **スラスラ音読できるようになることで，英文を黙読（＝頭の中での音読を伴う）する際のスピードがアップし，英文内容の理解度も高まる！**

※余力がある人は，「速読チャレンジ」のコーナーにも取り組んで，速読力向上を目指してみてください。英文の先頭からある一定のかたまりごとに順に読み進めるよう意識すると，スピードもアップします。

リスニング対策

リスニングに限らず，一般に語学の教材は，「部分的にわからない箇所があり，しかも長続きするだけの内容があるもの」がベストだと言われています。その点，本書の英文中には易しい単語と難しい単語の両方が入っていますので，好都合でしょう。ただし，後半に掲載している英文は少し高度ですので，自分のレベルに合った英文で練習しましょう。

さて，実際にリスニングの訓練をする時には，次の5点に注意しながら，耳に英語の音をなじませましょう。

①英語のリズムの基本的な法則を体得する
②英文の強勢〔アクセント〕に注意する

原則として，本動詞，名詞，形容詞，副詞，疑問詞などの「内容語」に強勢が置かれ，「機能語」と呼ばれる前置詞，接続詞，助動詞，人称代名詞，be動詞などには強勢は置かれません。

この強勢のある箇所は，比較的等間隔で現れ，強勢のない箇所は比較的弱めに，そして速めに発音されます。こういうリズムこそが，英語の大きな特徴だと言われています。

英単語は，強勢が置かれないで発音される場合には，いささか教室で学ぶ発音と異なって聞こえます。例えば, some が [sm] になり, him が [ɪm] となり, from が [frm] と発音されたりします。

③破裂音に注意する

[p], [t], [k], [b], [d], [g] の音を「破裂音」と言いますが, that car のように，'破裂音＋破裂音' の形になった場合，前の破裂音（この場合には [t]）が消滅します。

④脱落現象に注意する

例えば, She couldn't do that. の発音を聞いていると，あたかも She couldn do that. と言っているかのように聞こえます。これは 't の箇所の発音が脱落してしまったためで，「脱落現象」と呼んでいます。スピードが速いほど，この傾向が顕著になってきます。

⑤同化現象に注意する

例えば, I'm pleased to meet you. では t you の箇所が [tʃuː] のように聞こえます（「同化現象」と呼ばれます）。こういうつづりと実際の音との間のギャップを埋める努力をすることも大切です。

別売音声CDの効果的活用法

◆構成
以下のものが収録されています。
- A：英文（ナチュラルスピード／スロースピード）
- B：チャンツに乗せた語義→単語の読み上げ
- C：CD付属冊子※「発音・アクセントテスト」掲載語の読み上げ
  - ※ CDケース内には，単語の「発音・アクセントテスト」と英文の「ディクテーションテスト」ができる付属冊子が同梱されています。

◆活用法 リスニング力UP!

A：英文
① 書籍を見ずに聞く（目安は3回，目標5回）。
  ※ ナチュラルスピードが速く感じられる人はスロースピードで始めて下さい。
② 書籍と照らし合わせながら聞き取れなかった箇所を確認。
③ CDの音声を確認しながら音読する(目安は5回，目標10回)。

こんな使い方も➡ リスニングが得意な人は，付属冊子の「ディクテーションテスト」などを活用して，音声の書き取りにもチャレンジしてみましょう。

単語の定着率・スピーキング力 UP!

B：チャンツに乗せた語義→単語の読み上げ
語義（日本語）が読まれた瞬間に，単語を思い出したり，声に出して発音したりする。
  ※ ここでは，すぐに思い出す or 発音することが大切です。テストとして活用して下さい。
単語のアクセントや発音の仕方にも注意して聞きましょう。

こんな使い方も➡ 語義が流れたら一時停止して単語を書いて，正しいスペリングが身についているかチェックしてみましょう。

リスニング力・スピーキング力 UP!

C：CD付属冊子「発音・アクセントテスト」掲載語の読み上げ
付属冊子の問題に解答したら，その単語が実際に読み上げられた音声を聞いて，解答を確認しくみましょう。また，音声に続いて発話して下さい。
自分が発話できない単語は聞き取れません。Vocabulary巻頭の「発音記号と発音の仕方」も参考に，音声に合わせて自分が同じ発音ができるまで繰り返し練習して下さい。
  ※ 詳しくは付属冊子の活用法ページをご覧下さい。

STAGE 1

Reading 1 〜 10

- 速単へようこそ！
- 英文を読みながら単語を覚える旅の始まりだ。
- センター試験の 70 〜 120 語の英文を中心に**少しずつ**
- **英文中で単語を覚えることに慣れていこう！**
- 英文を確認する際には**5回は音読しておきたい**。

1 ビタミンCの働き [医療]

■ビタミンCが不足すると何が起こるのか。

Vitamin C plays an important **role** in keeping us **healthy**. Most **mammals produce** it in their livers, so they never **suffer** from a **lack** of it. **Curiously**, **however**, some mammals, such as humans and **apes**, cannot do so. What happens when you lack this important vitamin? You might see black-and-blue **marks** on your **skin**. Your **teeth** could suffer, too: the pink **area** around them might become soft and **bleed** easily. These are just a couple of good reasons to eat **plenty** of **fresh** fruit.

(84 words)

Check

- l.1 vitamin
- l.2 liver
- l.4 *such as* ～
- l.8 easily
- l.8 **reason**
- l.9 fruit

チャレンジ！	1st_____月_____日	2nd_____月_____日
	目標63秒→タイム_____秒	目標50秒→タイム_____秒

ビタミンCは，私たちを健康な状態に保つことにおいて，重要な役割を果たしている。たいていの哺乳動物は，自分の肝臓の中でビタミンCを作り出すため，その不足に苦しむことは決してない。しかし，奇妙なことに，人間や類人猿のような一部の哺乳動物は，そうすることができないのである。この重要なビタミンが不足してしまうと，何が起こるのだろうか。あなたは皮膚に，青黒いあざを見つけるかもしれない。歯が害を受ける場合もある。歯の周りのピンク色の部分が柔らかくなり，容易に出血してしまうかもしれない。これらは，たくさんの新鮮なフルーツを食べる正当な理由のうちの2つにすぎない。

□ ビタミン　　□ 肝臓　　□ 〜のような　　□ 容易に
□ 理由　　□ 果物

2 drug の定義 [言語]

■drug はいつでも「薬」か。

The word "**drug**" means anything that, even in small **amounts**, produces changes in the body, the **mind**, or both. This **definition**, however, does not clearly **separate** drugs from what we **usually** think of as food. The difference between a drug and a **poison** is also unclear. All drugs become poisons in large amounts, and many poisons are useful drugs in **carefully controlled** amounts. Is **alcohol**, for **instance**, a food, a drug, or a poison? It can be any of the three, **depending** on how we use it.

(87 words)

Check

- l.1 mean
- l.1 anything
- l.1 even
- l.2 **produce**
- l.2 change
- l.3 **however**
- l.3 **clearly**
- l.4 ***think of A as B***
- l.5 ***between A and B***
- l.5 unclear
- l.7 useful

「薬」という言葉は，少量であっても，身体，心，あるいはその両方に変化をもたらすものならどんなものをも意味する。しかし，この定義は，薬と私たちが通常食物とみなしているものとをはっきりと区別してはいない。薬と毒との違いもあいまいである。薬はすべて，大量に使うと毒になり，そして多くの毒は，注意深く調整された量であれば，有益な薬になる。例を挙げれば〔例えば〕，アルコールは，食物なのか，薬なのか，それとも毒なのか。私たちの使い方次第で，アルコールは3つのうちのどれにでもなりうる。

□を意味する　　□何でも　　□〜（で）さえ　　□を引き起こす
□変化　　　　　□しかしながら　□はっきりと　　□AをBと考える
□AとBの間の　　　　　　　　□はっきりしない　□有益な；役に立つ

3 お茶の種類 [文化]

種類の違いはどうやって生まれるのか。

Green tea has a long **history** in Japan and strong **ties** with Japanese **culture**. Because of this, one might think that green tea comes from a **plant unique** to Japan. However, all tea, no **matter** what its color or **taste**, comes from the same plant. Then what **causes** the differences in taste and color? They are, in **fact**, the result of different ways of growing the tea and **treating** it after it is **picked**.

(74 words)

Check

- [ ] *l.*1 green tea
- [ ] *l.*1 strong
- [ ] *l.*2 ***because of*** ~
- [ ] *l.*3 ***come from*** ~
- [ ] *l.*4 color
- [ ] *l.*5 same
- [ ] *l.*7 grow

チャレンジ！ 1st_____月_____日　　2nd_____月_____日
目標 56 秒→タイム_____秒　　目標 44 秒→タイム_____秒

　緑茶には，日本における長い歴史と，日本文化との強い結びつきがある。このため，緑茶は日本に特有の植物から作られていると思う人がいるかもしれない。しかし，すべてのお茶は，その色あるいは味がどんなものかは問題ではなく〔どんなものであっても〕，同じ植物から作られている。それでは何が味や色における違いをもたらすのか。それらは，実際のところ，お茶を育て，お茶が摘み取られた後にそれを処理する，さまざまに異なる方法の結果なのである。

□緑茶　　　　　　□強い　　　　　　□〜のために
□〜から作られている：〜に由来する　□色　　　　　　□同じ
□を育てる：を栽培する

4 オオカミの子育て [科学]

■子育てをどのように分担しているのか。

Wolves have an interesting way of **raising** their young. When a **female** wolf is ready to give **birth**, she **digs** a **hole**. **Within** this hole, she has her babies. **While** she is taking care of these babies, other wolves bring her food. After they get a little older, the mother can leave them while she goes off to **hunt** with other members of the group. Then, **instead** of the mother, another female will stay **behind** to **guard** the young wolves.

(80 words)

Check

- ☐ *l*.1 interesting
- ☐ *l*.1 young
- ☐ *l*.2 ready
- ☐ *l*.3 ***take care of*** ~
- ☐ *l*.4 bring
- ☐ *l*.5 leave
- ☐ *l*.6 ***go off***
- ☐ *l*.6 member

オオカミは，子供を育てるのに面白いやり方をする。雌のオオカミは，出産をする準備ができると穴を掘る。この穴の中で雌は赤ん坊を産む。これらの赤ん坊の世話をしている間は，他のオオカミが雌に食べ物を運んでくる。赤ん坊が少し大きくなった後は，母親は，群れの他の仲間たちと一緒に狩りをするために出かける間，赤ん坊を後に残していくことができる。その場合には，母親の代わりに，他の雌が子供のオオカミを守るために後に残ることになる。

- □ 面白い；興味深い
- □ (動物・鳥の)子
- □ 準備のできた
- □ ～の世話をする
- □ を持ってくる
- □ を置いていく
- □ *出かける*
- □ (集団などの)一員

5 ジェスチャーの違い [言語]

「普通の身ぶり」が引き起こしたこととは？

Physical gestures may have different **meanings** in different cultures, and **misunderstanding** these **signals** can sometimes be **embarrassing**. I once had an experience which I have never forgotten. Some years ago, I took a small group of **foreign** students to Kyoto. I **counted** them with the **index** finger, which is **common** in Japan. But one of them became quiet and looked **puzzled**. When I asked him what was the matter, he **replied**, "In my country, we count people with our eyes. We use our fingers to count pigs."

(87 words)

Check

- [ ] *l.*2 **culture**
- [ ] *l.*3 sometimes
- [ ] *l.*3 once
- [ ] *l.*4 never
- [ ] *l.*4 forget
- [ ] *l.*8 **matter**
- [ ] *l.*8 country

身体のそぶり〔身ぶり〕は，異なる文化においては異なる意味を持つことがあり，こうした合図を誤解することは，時としてやっかいなことになりかねない。私はかつて，今まで決して忘れたことのない経験をした。数年前，私は外国人の学生の小グループを京都へ連れて行った。私は人差し指で彼らを数えたが，これは日本では普通のことである。しかし，学生の1人が黙ってしまい，困惑しているように見えた。どうしたのかと彼に聞いた時，彼は答えた。「私の国では，目で人を数えます。指はブタを数えるのに使うのです。」

□文化　　　□時々　　　□かつて　　　□決して〜ない
□を忘れる　□問題　　　□国

6 本当のほほえみと偽りのほほえみ [人間]

2つの違いはどこに現れるのか。

The smile may no longer be an **effective** way to **mask** one's true **feelings**. Some **psychologists** have **claimed** that true smiles and **false** smiles use different **muscles**. For example, in the true smile, the muscles **surrounding** the eyes **tighten**, while the **cheek** muscles **pull** the corners of the **lips upward**. On the other hand, in the false smile, the muscles between the eyebrows move **slightly**, while the muscles around the mouth pull the corners of the lips downward. If the psychologists' claim is proven to be true, **perhaps** people will worry **less** about what they say and more about which muscles to use when they smile. (106 words)

Check

- [ ] *l.1 no longer*
- [ ] *l.4 for example*
- [ ] *l.5 while*
- [ ] *l.5* corner
- [ ] *l.6 on the other hand*
- [ ] *l.7* eyebrow
- [ ] *l.9 prove*
- [ ] *l.10* worry

ほほえみは，もはや本当の気持ちを隠すのに効果的な方法ではないのかもしれない。本当のほほえみと偽りのほほえみでは，異なる筋肉を使うと主張している心理学者もいる。例えば，本当のほほえみの場合，目を囲んでいる筋肉はぴんと張るのだが，ほおの筋肉は上方に唇の端を引っ張る。一方で，偽りのほほえみの場合，まゆの間の筋肉がわずかに動くのだが，口の周りの筋肉は唇の端を下方に引っ張る。もし心理学者のこの主張が真実であると証明されたら，おそらく人々は，自分が何を言うかを気にすることがより少なくなり，ほほえむ際にどの筋肉を使うべきかをもっと気にするようになるだろう。

□ もはや～でない　□ 例えば　□ 一方で　□ 角；端
□ その一方で　□ まゆ　□ を証明する
□ 気にする

7 「熱い」か「辛い」か [言語]

■■ "hot" が表す状態とは？

When English-speaking people talk about "hot" food, are they saying the food is spicy like curry, or are they talking about its **temperature**, as in "hot" coffee? These two different meanings of "hot" may **seem confusing** to Japanese students, but as a matter of fact, the word is the right one for **describing** the way the body **responds** to spice and heat. A **simple explanation** would go something like this: when we eat or drink, the same **nerves** in the mouth **react** both to spicy **chemicals** in the food and to a **rise** in temperature. The English **expression**, **therefore**, **reflects** this fact about the human body.

(106 words)

Check
- ☐ *l.1 talk about* ～
- ☐ *l.2 spicy*
- ☐ *l.2 like*
- ☐ *l.3 as*
- ☐ *l.5 as a matter of fact*
- ☐ *l.6 right*
- ☐ *l.7 spice*
- ☐ *l.7 something like* ～
- ☐ *l.9 both*
- ☐ *l.11* **fact**

英語を話す人たちが"hot"な食べ物について話す時，彼らはその食べ物がカレーのように香辛料がきいていると言っているのだろうか，それとも「ホット」コーヒーと言う場合のように，食べ物の温度について話しているのだろうか。こうした"hot"という単語の2つの異なる意味は，日本人の学生にとってはややこしいように思われるかもしれないが，実際のところ，この単語は，体が香辛料や熱に反応する方法を言い表すのに適切なものである。簡単な説明は次のようになるだろう。私たちが食べたり飲んだりする時，口の中にある同じ神経が，食べ物の中の香辛料の化学物質〔刺激物〕と温度の上昇の両方に反応する。したがって，この英語表現は，人体についてのこの事実を反映しているのだ。

- □ ~について話す
- □ 香辛料のきいた
- □ ~のように
- □ ~のように
- □ 実際のところ
- □ 適切な；正しい
- □ 香辛料
- □ ~のようなもの
- □ 両方
- □ **事実**

8 紳士服と婦人服でボタンが違う理由 [社会]

■ 婦人服の左側にボタンがついている理由とは?

Western **clothes** have buttons on the right for men. This is **convenient** because the majority of men are *right-handed. It is easier for them to use the right hand when buttoning up. Why, then, do women's clothes have buttons on the left, even **though** most women are also right-handed? Is this a kind of **discrimination**? In fact, there is a **reason** why women's buttons are on that side. In the **past**, buttons were **quite expensive** and only very **rich** people could **afford** them. Women in such **wealthy** families had **servants** who **dressed** them. Therefore, to make it easier for the servants, buttons were put on the left.

(107 words)

*right-handed「右利きの」

Check

- [ ] l.1 right
- [ ] l.2 **majority**
- [ ] l.5 left
- [ ] l.6 kind
- [ ] l.6 **in fact**
- [ ] l.9 such
- [ ] l.10 **therefore**

チャレンジ！ 1st_____月_____日　　2nd_____月_____日
目標80秒→タイム_____秒　　目標64秒→タイム_____秒

　西洋の衣服は，男性用では右側にボタンがついている。男性の大多数が右利きであるため，これは都合がよい。彼らにとって，ボタンをかける時に右手を使う方が簡単なのだ。それではなぜ，大部分の女性もまた右利きであるにもかかわらず，女性の衣服は左側にボタンがついているのだろうか。これは，一種の差別なのだろうか。実際には，女性のボタンが左側にあるのには理由がある。昔は，ボタンは非常に高価なもので，とても裕福な人々だけがそれらを手に入れる余裕があった。そんな裕福な家の女性には，彼女たちに服を着せる召使いがいた。その結果，召使いにとってそれをやりやすくするために，ボタンが左側につけられたのである。

□右　　　　　　□**大多数**　　　　□左　　　　　　□種類
□*実際に（は）*　□そのような　　　□**その結果；したがって**

9 紫色のもと [文化]

■最初の紫色の染料は何から作られたのか。

The color purple has often been regarded as a symbol of wealth and power, but the dye used to produce it did not have an elegant beginning. An ancient people living along the coast of the Mediterranean Sea first discovered how to make the dye from *Murex snails, small sea animals with hard shells. Unlike other snails, Murex snails give off a strong-smelling liquid that changes color when it comes into contact with air and light. From this liquid the people produced the purple dye. If we visit the places where the dye was produced, we might still be able to see the shells of Murex snails. Let us hope we cannot smell them. (114 words)

*Murex snail「アクキガイ」

チャレンジ！ 1st_____月_____日　　2nd_____月_____日
目標86秒→タイム_____秒　　目標68秒→タイム_____秒

　紫という色はしばしば富と権力の象徴であるとみなされてきたが，紫を作り出すために使われる染料には，優雅な始まりがあったわけではなかった。地中海の海岸に沿って住んでいた古代の人々は，硬い殻を持った小さな海洋動物であるアクキガイから染料を作る方法を最初に発見した。他の巻き貝とは違って，アクキガイは空気や光に接触すると色を変える，強いにおいのする液体を放出する。この液体から人々は紫色の染料を作り出した。その染料が作り出された場所を訪れれば，アクキガイの殻を今でも見ることができるかもしれない。そのにおいがしないよう願おう。

□紫色　　　　　□を作り出す　　　□始まり　　　　□海洋動物
□硬い　　　　　□〜（におい・光・煙など）を発する　□を変える
□光　　　　　　□…できる　　　　□を願う

10 酸素の発見 [科学]

■酸素が発見された実験とは?

In August of 1771, *Joseph Priestley put a small **branch** of mint into a *transparent closed **space** with a candle, which **burned** out the air until it soon went out. After 27 days, he *lit the *extinguished candle again and it burned **perfectly** well in the air that **previously** would not **support** it. So Priestley **proved** that plants **somehow** change the **composition** of the air. In another **celebrated experiment** from 1772, Priestley kept a mouse in a jar of air until it **collapsed**. He found that a mouse kept with a plant would **survive**. These kinds of **observations led** Priestley to **offer** an interesting **theory** that plants **restore** to the air whatever **breathing** animals and burning candles **remove** — what was later coined by *Lavoisier "**oxygen**."

(125 words)

*Joseph Priestley「(人名)ジョーゼフ・プリーストリー」 *transparent「透明な」
*lit (light「に火をつける」の過去形) *extinguish「(火など)を消す」
*Lavoisier「(人名)ラボアジエ」

Check

- [ ] *l.*2 closed
- [ ] *l.*2 candle
- [ ] *l.*3 **go out**
- [ ] *l.*6 **plant**
- [ ] *l.*7 change
- [ ] *l.*8 jar
- [ ] *l.*11 interesting
- [ ] *l.*12 **whatever**
- [ ] *l.*13 coin

チャレンジ!	1st____月____日	2nd____月____日
	目標 94 秒→タイム____秒	目標 75 秒→タイム____秒

　1771 年 8 月，ジョーゼフ・プリーストリーは，ハッカの小さな枝を，ろうそくとともに透明な，密閉された空間に入れた。ろうそくは空気を燃焼し尽くして間もなく消えた。27 日後，消えたろうそくに彼がもう一度火をつけると，前はろうそく(の燃焼)を維持しなかった空気の中でそれは見事によく燃えた。こうして，プリーストリーは，植物が何らかの形で空気の組成を変えることを証明した。1772 年からの別の有名な実験で，プリーストリーはネズミを空気の入った瓶の中に倒れるまで閉じ込めた。そして，植物と一緒に閉じ込めたネズミは生き残るということを発見した。こうした種類の観察がプリーストリーに，呼吸する動物や燃えているろうそくが取り去るものが何であれ，植物は空気中にそれを復活させる，という興味深い理論を提供するように導いた——それは，後にラボアジエによって新しく言葉が作られた「酸素」のことであった。

☐ 密閉された　☐ ろうそく　☐ (火などが) 消える　☐ 植物
☐ を変える　☐ (広口の) 瓶　☐ 興味深い
☐ (…する) 物〔事〕は何でも　☐ (新しい言葉) を作る

_# STAGE 2

Reading 11 〜 20

そろそろ慣れてきた頃だろうか。単語力アップには日々の学習が不可欠。少しずつでも頑張ろう。
ドイツの心理学者，エビングハウスの忘却曲線によれば，**学習しても復習しなければ，1日経過で74%忘れ，1週間経過で77%忘れる**ようだ。復習日を決めて前のSTAGEの復習をする習慣をつけることも効果的だ。

11 アガサ・クリスティーの失踪（1） [歴史]

■ アガサと思われる人物はどこにいたのか。

❶ When she was 36 years old, Agatha Christie left home one *foggy night and disappeared. The next morning her car was found *halfway down a *grassy bank with its hood stuck in the bushes. The police found her fur coat in the car, but there was no sign of her. What they suspected was attempted suicide because her marriage was seriously troubled at the time.

❷ Despite the extensive police search of the whole area, there were no clues to her *whereabouts. But then, eleven days after her disappearance, the head waiter at a hotel in North Yorkshire noticed that one of the female guests looked similar to the newspaper photos of the missing novelist.

(114 words)

*foggy「霧の」 *halfway「途中で」 *grassy「草の多い」 *whereabouts「行方」

Check

- [ ] l.3 hood
- [ ] l.4 sign
- [ ] l.6 troubled
- [ ] l.7 area
- [ ] l.9 head
- [ ] l.10 female
- [ ] l.10 newspaper
- [ ] l.11 novelist

チャレンジ！ 1st_____月_____日　　2nd_____月_____日
目標86秒→タイム_____秒　　目標68秒→タイム_____秒

❶ アガサ・クリスティーは36歳の時，ある霧の夜，家を出て姿を消した。その翌朝，彼女の車はボンネットを茂みに突っ込んだ状態で，草の茂った土手を半分下りたところで発見された。警察は，彼女の毛皮のコートを車の中で発見したが，彼女の気配はまったくなかった。警察が疑ったのは，その当時彼女の結婚生活はひどく問題のある状態だったことから，自殺未遂だった。

❷ 警察による全地域の大規模な捜索にもかかわらず，彼女の行方を示す手がかりはまったくなかった。しかしその後，彼女の失踪から11日後に，ノースヨークシャー州にあるホテルの給仕長が，女性宿泊客の1人が新聞の行方不明の小説家の写真に似ているようだと気づいた。

□ ボンネット　□ 気配；形跡　□ 問題が多い　□ 地域
□ 長　　　　　□ 女性の　　　□ 新聞　　　　□ 小説家

12 アガサ・クリスティーの失踪（2） [歴史]

■失踪事件がもたらしたこととは？

❶ He **rang** the police, and her husband **rushed** to see her. To his surprise, however, Agatha **acted** like a **completely** different person and didn't seem to **recognize** her husband. He thought she had suffered a **memory loss due** to stress.

❷ In fact it was a *distressful **incident** for Agatha, and was **followed** by their **divorce**. But **ironically** the incident made her a best-selling novelist. Her next novel, *The Big Four*, sold 9,000 **copies**, more than twice as many as any of her previous books.

(84 words)

*distressful「つらい」

Check

- [ ] *l*.1 to one's surprise
- [ ] *l*.2 however
- [ ] *l*.4 suffer
- [ ] *l*.4 stress
- [ ] *l*.5 in fact
- [ ] *l*.6 best-selling
- [ ] *l*.7 novel
- [ ] *l*.8 previous

チャレンジ! 1st_____月_____日 2nd_____月_____日
目標 63 秒→タイム_____秒 目標 50 秒→タイム_____秒

❶ 彼(＝ホテルの給仕長)が警察に電話をかけると、彼女の夫は彼女に急いで会いに行った。しかし、彼が驚いたことに、アガサは完全に別人のように振る舞い、自分の夫のことをわからないようだった。彼は、彼女がストレスによる記憶喪失になってしまったのだと考えた。

❷ 実際、それはアガサにとってはつらい出来事で、その後、彼女たちの離婚が成立することとなった。しかし皮肉なことに、この出来事によって彼女はベストセラーの小説家になった。彼女の次の小説の『ビッグ4』は、彼女がそれ以前に書いたどの著書と比べても、その売上部数の2倍を上回る9,000部を売り上げた。

□ ～が驚いたことに　□ しかし　　　　　　□ を経験する　　　□ ストレス
□ 実際に(は)　　　　□ ベストセラーの　　　□ 小説　　　　　　□ 前の

13 皮膚の役割 [医療]

■ 皮膚の持つ多様な機能とは？

Have you ever thought about what skin does for us? Most of us are **aware** that skin **protects** us from liquid, heat, cold, **dirt**, and **bacteria**. But that is not its only job. For instance, the skin is where our bodies make the vitamin D that we need. Another **function** has to do with the **sense** of touch. Without that sense, we could not feel any difference between **rough** and **smooth surfaces**. Skin can even help us **determine** if someone is sick. The wrong color — slightly gray or very **pale** — may be a sign of **disease**. Skin may reflect a person's **mental state**, too. Unusual **sweating**, for example, may be a sign that a person is nervous or under stress.

(120 words)

Check

- [ ] *l.1 think about* ～
- [ ] *l.1* **skin**
- [ ] *l.2* **liquid**
- [ ] *l.2* cold
- [ ] *l.3 for instance*
- [ ] *l.4 have to do with* ～
- [ ] *l.7* slightly
- [ ] *l.8* **reflect**
- [ ] *l.9* **unusual**
- [ ] *l.10* **nervous**
- [ ] *l.7* sick

チャレンジ！ 1st_____月_____日　　2nd_____月_____日
目標90秒→タイム_____秒　　目標72秒→タイム_____秒

　皮膚が私たちのために何をするかについて今までに考えたことがあるだろうか。ほとんどの人は，皮膚が液体，熱，寒さ，汚れ，そして細菌から私たちを守るということを知っている。しかし，それは皮膚の唯一の働きではない。例えば，皮膚は体が必要なビタミンDを作る場所である。その他の機能は，触覚と関係がある。その感覚がなかったら，ざらざらした表面となめらかな表面の違いをまったく感じ取ることができないだろう。皮膚は，その人が病気かどうかを判断する助けにさえなり得る。正常ではない色，少し灰色か非常に青白い色は病気のしるしかもしれない。皮膚はまた，人の精神的な状態を表すこともある。例えば，異常な発汗は，人が不安を感じているか，あるいはストレスを受けているというしるしである可能性がある。

□〜について考える　□皮膚　　　　　　□液体　　　　　□寒さ
□例えば　　　　　　□〜と関係がある　　　　　　　　　□病気の
□わずかに　　　　　□を反映する　　　□異常な　　　　□不安で

14 遺伝子と行動 [科学]

■ 遺伝子の違いがハエの行動にどう影響を与えたか。

1   **Genes**, the **basic parts** of **cells** which are **passed** down from parents to children, may have something to do with **human behavior**. In an experiment, scientists put flies into a **glass tube** and placed a light at the **end** of it. Some of the flies began flying **toward** the light,
5   some began walking, and some did not move at all. On the **basis** of the flies' actions, they were separated into different groups: flies that love light, flies that like light, and flies that like the dark. The **researchers** found that these three groups of flies had **variations** in a **particular** set of genes. This **suggested** to the researchers that the variations
10 in these genes might explain the differences in the flies' behaviors. If genes **influence** behaviors in flies, why not in humans too? (134 words)

Check

- [ ] *l.2 have something to do with ～*
- [ ] *l.3 experiment*
- [ ] *l.3 scientist*
- [ ] *l.3 fly*
- [ ] *l.3 place*
- [ ] *l.5 not ～ at all*
- [ ] *l.6 action*
- [ ] *l.6 separate A into B*
- [ ] *l.8 a set of ～*
- [ ] *l.10 explain*

チャレンジ！ 1st_____月_____日　　2nd_____月_____日
目標101秒→タイム_____秒　　目標80秒→タイム_____秒

　遺伝子は親から子供へと伝えられる細胞の基礎的な部分であるが，人間の行動と関係があるかもしれない。ある実験で，科学者たちは，ハエをガラス管の中に入れて，その先端に明かりを置いた。ハエの中には，光に向かって飛び始めるもの，歩き始めるもの，そしてまったく動かないものがいた。その行動を基礎として〔に基づいて〕，ハエは異なるグループに分けられた。すなわち光を大変好むハエ，光を好むハエ，そして暗やみを好むハエである。研究者たちは，ハエのこれらの3つのグループには，特定の1組の遺伝子に変異が見られることを発見した。このことは研究者たちに，これらの遺伝子における変異が，ハエの行動における違いを説明する可能性があることを示唆した。もし遺伝子がハエの行動に影響を与えるならば，人間にも与えないはずがない。

□ ～と関係がある　　　　　　　□ 実験　　　　　　　□ 科学者
□ ハエ　　　□ を設置する　　　□ まったく～ない　　□ 行動
□ AをB（グループなど）に分ける　□ 1組の～　　　　　□ を説明する

15 子供への読み聞かせのすすめ [文化]

■ 読み聞かせの4つの利点とは？

There are many **benefits** of reading books **aloud** to young children. First, reading aloud is a wonderful **opportunity** for parents to spend time in **close** contact with their children. After a busy day, reading a book can be a **relaxing** way for a family to **slow** down and **communicate**. Another important **feature** of reading aloud is that many books have thoughtful ideas or **moral** messages. Parents and children can **explore** these **concepts** together. In addition, listening to stories helps a child learn **vocabulary** and **sentence structure**. Moreover, some researchers believe that reading aloud to a child **actually stimulates** learning and benefits **brain development**. Studies have shown that children do better in school when their parents have read to them **frequently**. Psychologists, doctors, teachers, and librarians **encourage** parents to read aloud on a **regular** basis to **assist** the development of the child and build strong family relationships.

(146 words)

Check

- [ ] *l.*2 wonderful
- [ ] *l.*3 spend
- [ ] *l.*3 ***in contact with*** ~
- [ ] *l.*5 important
- [ ] *l.*6 thoughtful
- [ ] *l.*6 idea
- [ ] *l.*7 ***in addition***
- [ ] *l.*9 **moreover**
- [ ] *l.*9 **researcher**
- [ ] *l.*11 study
- [ ] *l.*12 **psychologist**
- [ ] *l.*13 librarian

チャレンジ！ 1st_____月_____日 2nd_____月_____日
目標110秒→タイム_____秒 目標88秒→タイム_____秒

　小さな子供に，声に出して本を読んであげることには，多くの利点がある。まず，声に出して読むことは，親にとって自分の子供と親密な触れ合いの時間を過ごす素晴らしい機会である。忙しい1日の後，本を読むことは，家族にとってのんびりして，対話をするための気持ちを和らげる方法になり得る。本を声に出して読んであげることのもう1つの重要な特徴は，多くの本には思慮に富んだ考え，あるいは道徳的なメッセージがあるということだ。親と子供は一緒になってこれらの概念を探ることができる。加えて，物語を聞くことは，子供が語彙や文構造を学ぶ助けになる。さらに，子供への読み聞かせは，実際に学習を促して，脳の発育のためになると考える研究者もいる。複数の研究が示したところでは，親が頻繁に読み聞かせをしている方が，子供は学校で良い結果を出すという。心理学者，医師，教師，そして司書は，子供の発育を助け，家族の強い結びつきを作り上げるために，定期的に読み聞かせをすることを，親にすすめている。

□ 素晴らしい　　　□ (時間)を過ごす　□ ～と触れ合って
□ 重要な　　　　　□ 思慮に富んだ　　□ 考え　　　　　　□ 加えて；その上
□ さらに　　　　　□ 研究者　　　　　□ 研究；調査　　　□ 心理学者
□ 司書

16 バックグラウンドミュージックの効果 [科学]

どのように人間の行動に変化が現れるか。

❶ Every day millions of people in offices, supermarkets, and factories worldwide hear background music. For most background music, the soundtracks have been carefully selected to change human behavior. According to research, fast music will not change human behavior as much as slow music. Slow music, for instance, will make customers shop more slowly. The longer they shop in a store, the more they will buy.

❷ Background music has also been used with great success in many factories. Fast music does not make employees work faster as some had expected, nor does slow music make them work slower. The main effect of background music is that it reduces work-related stress and helps employees stay interested in their work. This necessarily reduces on-the-job accidents and saves companies money.

❸ Next time you hear background music, listen carefully and try to guess which of your behaviors it is trying to change. Chances are that you too are somehow being influenced by background music.

(159 words)

Check

- [ ] *l.*3 **behavior**
- [ ] *l.*4 ***according to* ~**
- [ ] *l.*5 ***for instance***
- [ ] *l.*6 ***the* 比較級 ~ , *the* 比較級 ...**
- [ ] *l.*11 **work-related**
- [ ] *l.*13 **on-the-job**
- [ ] *l.*14 ***try to do***
- [ ] *l.*16 ***somehow***
- [ ] *l.*16 **influence**

チャレンジ！ 1st_____月_____日　　2nd_____月_____日
目標119秒→タイム_____秒　目標95秒→タイム_____秒

❶ 毎日，世界中の職場，スーパーマーケット，そして工場にいる何百万人もの人々が，バックグラウンドミュージックを耳にしている。大部分のバックグラウンドミュージックの場合，人間の行動を変化させる目的で，サウンドトラックが注意深く選ばれている。研究によると，テンポの速い音楽は，ゆっくりとした音楽ほどは人間の行動を変化させないという。例えば，ゆっくりとした音楽は，客にもっとゆっくりと買い物をさせる。客は店の中で長く買い物をすればするほど，よりたくさん購入してくれるものなのである。

❷ バックグラウンドミュージックは，多くの工場においても使われ，大きな成功を収めている。速い音楽が，何人かが予想していたように，従業員にもっと速く仕事をさせることはなく，ゆっくりとした音楽が，彼らにもっとゆっくり仕事をさせることもない。バックグラウンドミュージックの主な効果は，それが仕事関連のストレスを軽減して，従業員が仕事に関心を持ち続けるのに役立つということだ。これは必然的に，勤務中の事故を減らし，会社の金を節約してくれる。

❸ 今度バックグラウンドミュージックを耳にしたら，注意深く耳を傾けて，それが変えようとしているのはあなたの行動のうちのどれなのかを推測してみるとよい。あなたもまた，何らかの形でバックグラウンドミュージックに影響されている可能性があるのだ。

□行動　　　　　　□～によると　　　□例えば
□～すればするほど…　□仕事に関連した　□勤務中の
□…しようとする　□何らかの形で　□に影響を与える

17 個人主義と協調主義 [人間]

■それぞれの主義の特徴は？

❶ Have you ever noticed the different **approaches** people use to **deal** with problems? Some people, "*individualists*", **generally** try to work through problems on their own. Other people, "*cooperators*", **tend** to approach problem-solving as a group matter. Each approach has **positive** and **negative** points.

❷ Individualists may often be the **quickest** to find an answer to a problem, and they tend to be **willing** to take **responsibility**. However, this approach is not perfect. They may be too **committed** to a particular **position** to be able to change their **opinions**. In this way, the individualists' approach may **result** in **difficulties** later.

❸ Cooperators are valued as team members — in sports or school or work. They tend to be **flexible enough** to recognize the **importance** of other points of view when problems **arise**. This approach, however, can take a long time, which may lead to **delays** in **solving** problems. Such difficulties sometimes cannot be avoided with the cooperators' approach.

❹ We should learn to recognize the different approaches to dealing with problems. This **knowledge** can help us build smoother relations between people with different approaches to problem-solving.

(181 words)

*individualist「個人主義者」　*cooperator「協力者」

Check

- [ ] *l.2* **try to do**
- [ ] *l.3* **on one's own**
- [ ] *l.9* **particular**
- [ ] *l.11* **value**
- [ ] *l.13* **point of view**
- [ ] *l.14* **lead to ~**
- [ ] *l.15* **avoid**
- [ ] *l.18* **relation**

チャレンジ！ 1st_____月_____日 2nd_____月_____日
目標 136 秒→タイム_____秒　目標 109 秒→タイム_____秒

❶ あなたはこれまでに，人々が問題に対処するのに用いるさまざまな取り組み方に気づいたことがあるだろうか。ある人たちは「個人主義者」で，概して 1 人で問題を解決しようとする。別の人たちは「協力者」で，集団の問題として問題解決に取り組む傾向がある。それぞれの取り組み方に，プラスの点とマイナスの点がある。

❷ 個人主義者は，問題の解決策を見つけるのが最も速いことがよくあり，また，責任を負うのをいとわない傾向がある。しかし，この取り組み方は完璧ではない。彼らは，ある特定の立場にあまりに傾倒し過ぎて，自分の意見を変えることができないかもしれない。このようにして，個人主義者の取り組み方は，後々困難をもたらす場合がある。

❸ 協力者は，スポーツや学校や仕事において，チームの一員として重んじられる。彼らは，十分融通がきく傾向にあるので，問題が発生すると他の視点の重要性を認識する。しかし，この取り組み方では，長い時間がかかる場合もあり，それが問題を解決する上での遅れにつながるかもしれない。このような難点は，協力者の取り組み方では時に避けられない。

❹ 我々は，問題に対処するためのさまざまな取り組み方を認められるようになるべきである。この認識は，問題解決に対して異なる取り組み方をする人々の間に，より円滑な関係を築くのに役立つ場合もある。

□ …しようとする　□ 自力で　　　　□ 特定の　　　　□ を尊重する
□ 視点：考え方　　□ ～につながる　□ を避ける　　　□ 関係

45

18 ネコの習性 [科学]

■ネコが人間に合わせてとる行動とは？

Although cats **appear** to **perform** most actions **instinctively**, they also seem to react to human behavior and **adapt** themselves to it. For instance, some cats behave as if they understood their **owners**' feelings. One cat owner told of the time when she **lay** crying and **exhausted** on her bed, and her cat put its front legs around her head and **comforted** her. Cats also sometimes appear to be able to understand the function of many of the things human beings use. For example, some cats, when they bring a captured bird or mouse into the house, put it on a **plate** or in a **dish**. There are also cats who know how to open a door by turning the **handle**. **Furthermore**, a lot of cats seem to understand what their owners say. A writer tells a story of her cat who used to sleep on **top** of her word processor. At first, when the cat's **tail** *got in the way of the screen, the owner would push its tail away and say, "Move your tail, please." **Eventually**, she didn't have to push the tail but only had to tell the cat to move it.

(194 words)

*get in the way「邪魔をする」

Check

- [ ] *l.*1 **action**
- [ ] *l.*2 **react**
- [ ] *l.*2 **behavior**
- [ ] *l.*3 **feeling**
- [ ] *l.*4 **tell of ～**
- [ ] *l.*6 **function**
- [ ] *l.*7 **human being**
- [ ] *l.*8 **capture**
- [ ] *l.*11 **used to do**
- [ ] *l.*12 **at first**

チャレンジ！ 1st_____月_____日 2nd_____月_____日
目標146秒→タイム_____秒 目標116秒→タイム_____秒

　ネコは，本能的にほとんどの活動を行うように見えるが，人間の行動に反応して，それに合わせているようにも見える。例えば，まるで自分の飼い主の感情を理解しているかのように行動するネコもいる。あるネコの飼い主が，彼女がベッドの上で泣きながら疲れ果てて横になっていると，彼女のネコが自分の前脚を彼女の頭のまわりに回して，彼女を慰めてくれた時のことについて話していた。ネコは時に，人間が使う多くの物の機能を理解できるようにも見える。例えば，捕まえた鳥やネズミを家の中に持って来る時に，それを平皿や大皿に載せるネコがいる。取っ手を回してドアを開ける方法を知っているネコもいる。さらに，多くのネコが，飼い主の言うことを理解しているようである。ある作家が，彼女のワープロの上で眠るのが常だったネコの話をしている。最初は，ネコのしっぽが画面を遮ると，飼い主がしっぽを押しのけて，「しっぽをのけてちょうだい」と言ったものだった。最終的には，彼女はしっぽを押しのける必要がなくなり，ネコにしっぽを動かすよう言うだけでよくなった。

□行動；活動　　□反応する　　□行動　　□気持ち
□〜について話す　□機能　　□人間　　□を捕まえる
□よく…したものだ　□最初は

19 英単語はいくつあるか (1) [言語]

英単語数を数えるのが難しい要因とは？

❶ English is a language with an **enormous** number of words, but how many English words are there? Most dictionaries used by **college** students have about 200,000 words, while most full-**length** dictionaries have about 300,000 to 600,000. **Meanwhile**, an **organization** called the Global Language **Monitor** positively claims that there are **exactly** 1,019,729 English words.

❷ But counting the number of words in English is not an easy **task**. First of all, many words that we use in English today were **originally** words in other languages. Should the words *sushi* or *tsunami* be **considered** English words now that they are frequently used? Then there is the question of words that were used **centuries** ago but are no longer used today. Should they be counted too? What about words that are only used in **certain regions** of a country?

(135 words)

Check

- [ ] *l*.2 dictionary
- [ ] *l*.5 positively
- [ ] *l*.5 **claim**
- [ ] *l*.7 **count**
- [ ] *l*.8 **first of all**
- [ ] *l*.10 **now that ...**
- [ ] *l*.10 **frequently**
- [ ] *l*.11 *no longer*

❶　英語は，莫大な数の単語を持つ言語であるが，英単語はいくつあるのだろうか。大学生が使うたいていの辞書には，約20万語が載っているが，大部分の標準的な（長さの）辞書には，約30万語から60万語が載っている。それに対し，グローバル・ランゲージ・モニターと呼ばれる団体は，ちょうど1,019,729個の英単語があると，きっぱりと主張している。

❷　しかし，英語の単語の数を数えることは，簡単な仕事ではない。まず第1に，今日私たちが英語において使う多くの単語は，元来他の言語の言葉だったのだ。sushi や tsunami という単語は今や頻繁に使われているので，それらは英単語であるとみなされるべきだろうか。それから，数世紀前に使われていたが，今日ではもう使われていない単語の問題がある。それらも数に入れられるべきだろうか。一国のある地域でしか使われていない単語はどうだろう。

□辞書　　　　　　□きっぱりと　　　□と主張する　　　□を数える
□まず第1に　　　□今や…だから　　□頻繁に　　　　　□もはや～でない

20 英単語はいくつあるか (2) [言語]

■変化する言語は何をもたらすか。

❶ And the **list** of questions goes on. Should we count the **verb**, the adjective, the noun, and other **forms** of a word as separate words? In other words, would *drive*, *driving*, and *driver* be counted as separate words? Should a **compound** word be counted as one word or should each of the words in it be counted separately? How about the **huge** number of **technical** and **scientific terms**? **Finally**, to **add** to the difficulties of counting words, we need to consider new words that are being **created** all the time.

❷ The **constantly** changing **nature** of language is **frustrating** for anyone trying to count words. But this is also what makes language so interesting. English, like other languages, always offers something new to learn!

(123 words)

Check

- ☐ *l.*1 **go on**
- ☐ *l.*2 **adjective**
- ☐ *l.*2 **noun**
- ☐ *l.*2 ***in other words***
- ☐ *l.*5 **separately**
- ☐ *l.*7 **difficulty**
- ☐ *l.*8 ***all the time***
- ☐ *l.*11 **offer**

チャレンジ！ 1st_____月_____日　　2nd_____月_____日
目標 **92** 秒→タイム_____秒　　目標 **74** 秒→タイム_____秒

❶ さらに問題のリストは続く。私たちは，1つの単語の動詞，形容詞，名詞，そして他の形を別々の単語として数えるべきだろうか。言い換えれば，drive（自動車を運転する），driving（運転），driver（運転手）は，別々の単語として数えられるのだろうか。複合語は，1つの単語として数えられるべきなのか，あるいは複合語の中に含まれるそれぞれの単語が別々に数えられるべきなのか。膨大な数の専門用語や科学用語はどうだろう。最後に，単語を数えることの難しさに加えて，私たちは絶えず生み出されている新語を考慮に入れる必要がある。

❷ 絶えず変化している言語の性質は，単語を数えようとしている人なら誰にとってもいらいらするものである。しかし，これが，言語を非常に面白くするものでもある。英語は，他の言語と同様に，学ぶべき新しいことをいつも提供してくれるのだ！

□ 続く　　　　　□ 形容詞　　　　□ 名詞　　　　　□ *言い換えれば*
□ 別々に　　　　□ **困難；難しさ**　□ ずっと　　　　□ *を提供する*

STAGE 3

Reading 21 ～ 30

英文中には，見出し語だけではなく，さまざまな語が登場するが，焦って一度にすべて覚えようとするのは禁物。**まずは英文をしっかり読みこなせるように，赤文字の語から着実に覚えたい**。覚えたら，Check 欄なども活用してその他の語句も確認し，知識を増やしていこう。

21 サッカーの起源（1）[歴史]

■■日本の蹴鞠と中国の蹴鞠の特徴とは？

❶ There is much **debate** on the origin of the game of football. The Japanese and Chinese claim to have **invented** a sport similar to **modern** soccer many centuries ago.

❷ In **comparison** to modern soccer, the Japanese game of *kemari* was a game that used a large ball **stuffed** with *sawdust. This **version** used a **field** which was **set** up by **choosing** four trees. These trees were usually cherry, maple, pine and willow. Many large houses in Japan would grow these trees to make a field for *kemari*. *Kemari* was **normally** played with two to twelve players.

❸ China's version, *tsu chu*, **involved** players **hitting** a **leather**, fur-stuffed ball into a small hole. As in soccer, no player could use his hands during play. It was considered an **honor** to be part of a team. The first **international** soccer or *tsu chu* **match** is believed to have been held in China around 50 B.C.

(152 words)

*sawdust「おがくず」 *tsu chu「蹴鞠」

Check
- ☐ *l.*2 **claim**
- ☐ *l.*2 ***similar to*** ~
- ☐ *l.*8 would
- ☐ *l.*11 **hole**
- ☐ *l.*12 **consider**
- ☐ *l.*14 hold

チャレンジ！　1st_____月_____日　　2nd_____月_____日
目標114秒→タイム_____秒　　目標91秒→タイム_____秒

❶　フットボール競技の起源については，大きな論争がある。日本人と中国人は，何世紀も前に現代のサッカーによく似たスポーツを考案したと主張している。

❷　現代のサッカーと比較すると，日本の蹴鞠(けまり)競技は，おがくずを詰め込んだ大きな鞠を使う競技だった。この（日本）版は，4種の木を選ぶことによって設定された競技場を利用した。これらの木は通例，サクラ，カエデ，マツ，そしてヤナギだった。多くの日本の広い家は，蹴鞠用の競技場を作るために，これらの木を生やしたものだった。蹴鞠は普通は，2名から12名の競技者で行われた。

❸　中国版蹴鞠は，競技者が，毛を詰めた革製の鞠を小さな穴の中にたたき込むことを意味した。サッカーと同様に，競技者は誰も，競技中に手を使うことができなかった。チームの一員になることは，名誉であると考えられていた。最初の国際的なサッカーあるいは蹴鞠の試合は，中国で紀元前50年頃に行われたと考えられている。

□と主張する　　□～と似ている　　□よく…したものだった
□穴　　　　　　□と考える　　　　□を開催する；を行う

22 サッカーの起源 (2) [歴史]

■■イギリス人の主張するサッカーの起源とは？

❶ The Emperor of the *Han Dynasty was an *avid, early player and fan of *tsu chu*. This spread the popularity of *tsu chu* all over China. Some people in China claim that it is even possible *tsu chu* could go back to 5000 B.C.

❷ The British claim that soccer was created in the 8th century in Britain. It was not a recreational sport at the time, but a war game. It was a violent game and serious injury and even death were not uncommon. It was not until 1815 when Eton College set up a series of rules for the game that it became a less violent sport. At that time, colleges began to play using similar rules. In 1848, the rules were set by Cambridge University. In the Cambridge rules, shin-kicking and carrying the ball were forbidden. This is where rugby and soccer developed into two different sports.

(149 words)

*Han Dynasty「(中国の) 漢」 *avid「熱烈な」

Check

- [ ] *l.2* **all over ~**
- [ ] *l.3* **go back to ~**
- [ ] *l.5* **create**
- [ ] *l.6* recreational
- [ ] *l.6* **at the time**
- [ ] *l.7* **serious**
- [ ] *l.8* **uncommon**
- [ ] *l.8* ***It is not until ~ that ...***
- [ ] *l.10* **set**

チャレンジ!　　1st_____月_____日　　2nd_____月_____日
目標112秒→タイム_____秒　　目標89秒→タイム_____秒

❶ 漢の**皇帝**は，蹴鞠の初期の熱烈な競技者でありファンであった。このことが，中国全土に蹴鞠の**人気を広めた**。一部の中国の人々は，蹴鞠が紀元前5000年にさかのぼることさえ**あり得る**と主張している。

❷ **イギリス人**は，サッカーは8世紀に英国で生み出されたと主張している。サッカーは当時，娯楽のスポーツではなく，軍事演習だった。それは，**暴力的な**競技で，深刻な**負傷**や**死**でさえもめずらしくはなかった。イートン校が競技の**一連のルール**を設けた1815年になって初めて，サッカーはそれほど暴力的ではないスポーツになったのである。その当時，複数の大学が同様のルールを使って競技を行うようになった。1848年には，ケンブリッジ**大学**によってルールが定められた。ケンブリッジルールでは，脛(すね)蹴りやボールを手で持って移動することが**禁止**された。ここで，ラグビーとサッカーが，2つの別々のスポーツへと発展したのである。

□〜の至るところに　□〜にさかのぼる　□を創り出す　□娯楽の
□当時は　□重大な；深刻な　□まれな
□〜して初めて…する　□を定める

23 遊びを通して学ぶこと (1) [教育]

人間の子供にはどのような遊びが必要か。

❶ When we watch *kittens and *puppies playing, we **realize** that through play they are learning how to live. They learn various physical **skills**, such as how to **jump** over **barriers** without getting **hurt**. They also learn **social interaction**. For example, if a kitten **bites** his sister too hard, she will get **angry** and bite him back. These physical and social skills form part of the training that young animals need in **order** to grow up.

❷ Just as kittens and puppies learn about how to live through play, so do children. But in present-day Japan, especially in cities, there is not much space for children to play in. Children need to **release** their **energy** for their mental and physical health. They need space, especially outdoors, so that they can run, jump, and **yell**. (132 words)

*kitten「子猫」 *puppy「子犬」

Check

- ☐ *l.2* **physical**
- ☐ *l.3* ***such as*** ~
- ☐ *l.4* ***for example***
- ☐ *l.6* **form**
- ☐ *l.6* **training**
- ☐ *l.7* ***grow up***
- ☐ *l.9* **present-day**
- ☐ *l.10* **space**
- ☐ *l.11* **mental**
- ☐ *l.12* outdoors

チャレンジ！ 1st_____月_____日　　2nd_____月_____日
目標 99 秒→タイム_____秒　　目標 79 秒→タイム_____秒

❶　子猫や子犬が遊んでいるのを見ると，彼らが遊びを通して生きるすべを学んでいることに気づく。彼らは，けがをすることなく障害物を跳び越える方法など，さまざまな身体的な技能を身につける。彼らはまた社会的な交流も学ぶ。例えば，ある子猫がきょうだいを強くかみ過ぎると，そのきょうだいは怒ってかみ返すだろう。こうした身体的かつ社会的な技能が，動物の子供が成長するために必要な訓練の一部となる。

❷　子猫や子犬が遊びを通して生きるすべについて学ぶのと同じように，（人間の）子供も学ぶ。しかし，現在の日本，特に都市部では，子供たちが遊ぶための空間は多くない。子供たちには，精神的・身体的健康のために，そのエネルギーを発散する必要がある。彼らには，走り，跳び，そして大声で叫ぶことができるように，空間，特に屋外の空間が必要なのだ。

☐ **身体的な**　　☐ *〜のような*　　☐ *例えば*　　☐ を形作る
☐ 訓練　　　　　☐ *成長する*　　　☐ 現在の　　　　☐ **空間**
☐ **精神的な**　　☐ 屋外

24 遊びを通して学ぶこと (2) [教育]

子供は屋外での遊びから何を学ぶか。

❶ Another point to consider is how much time children have to play. Some people say that four to five hours a day of playing outdoors with others is necessary, even for twelve-year-olds. It is very **doubtful**, however, **whether** any Japanese children get that much free time. **Concerned** about their future in an **increasingly competitive** society, parents generally tell their children to study more; very few would tell them to go out and play.

❷ What do these children do at home when they are not studying? They tend to spend time by themselves. They play video games or watch TV, for instance. These activities do not teach them how to get along with others. This can only be learned through playing with other children. They need to play without being told what to do by **adults** in order to learn about leadership and group **harmony** on their own. Outdoor space is particularly **suitable** for this **purpose**. Children need a **proper** outdoor **environment** where they can freely spend their time playing with friends.

(171 words)

Check

- l.1 **consider**
- l.3 **necessary**
- l.6 **generally**
- l.6 **few**
- l.9 ***tend to do***
- l.10 ***for instance***
- l.10 ***get along with ~***
- l.13 ***in order to do***
- l.13 **leadership**
- l.14 **particularly**

チャレンジ！ 1st_____月_____日　　2nd_____月_____日
目標 128 秒→タイム_____秒　　目標 103 秒→タイム_____秒

❶　考慮すべきもう1つの重要な点は，子供はどのくらい遊ぶ時間を持っているかということである。12歳の子供でさえも，他の子供と一緒に屋外で1日に4，5時間遊ぶことが必要だと言う人もいる。しかし，どの日本の子供にもそれほど多くの自由時間があるかどうかは非常に疑わしい。ますます競争が激しくなる社会における子供の将来を心配して，親はたいてい子供にもっと勉強するように言う。外へ行って遊ぶように言う親は，ほとんどいないだろう。

❷　このような子供は，勉強していない時には家で何をするのだろうか。彼らは1人で過ごす傾向がある。例えば，テレビゲームをしたり，テレビを見たりする。このような活動は，彼らに他人との付き合い方を教えてはくれない。こうしたことは，他の子供と一緒に遊ぶことを通してしか，学べないのである。子供は，自分で統率力やグループの調和について学ぶために，大人から何をすべきかを言われることなく遊ぶ必要がある。屋外の空間は，こうした目的には特に適している。子供には，自由に友達と一緒に遊んで過ごせる適切な屋外環境が必要なのだ。

□を考慮する　　　□必要な　　　　□たいてい　　　　□ほとんどない
□…する傾向がある　□例えば　　　　□～とうまくやっていく
□…するために　　□統率力　　　　□特に

25 結婚式の慣習 (1) [文化]

■ ウェディングドレスの色の持つ意味とは?

❶ **Traditions** and customs based on **superstitions** and **religion** have been an important aspect of weddings in all cultures. They vary greatly from one country to another and sometimes even between different **ethnic** groups in a particular country.

❷ Though many traditions and customs have been forgotten through the years, many of today's wedding **ceremonies** have their beginnings in ancient **beliefs** and customs that originated in **medieval** times. In a Christian wedding, the *bride usually wears a white wedding *gown to show that she is **pure**. White was a color that was once believed to keep **evil spirits** away. On the other hand, in *Hinduism, white signifies the color of death. A Hindu bride usually wears a red dress with gold *stitching. In China, both the bride and *groom are dressed in red, which is a color **associated** with celebration and good **fortune**.

(141 words)

*bride「新婦」 *gown「ロングドレス」 *Hinduism「ヒンドゥー教」 *stitching「縫い目」
*groom「新郎」

Check

- [ ] *l.*1 custom
- [ ] *l.*1 be based on ~
- [ ] *l.*2 culture
- [ ] *l.*4 particular
- [ ] *l.*5 though
- [ ] *l.*7 originate
- [ ] *l.*8 usually
- [ ] *l.*11 signify
- [ ] *l.*11 death
- [ ] *l.*12 be dressed in ~
- [ ] *l.*13 celebration

チャレンジ！ 1st_____月_____日　　2nd_____月_____日
目標106秒→タイム_____秒　　目標85秒→タイム_____秒

❶ 迷信や信仰に基づく伝統や慣習は，あらゆる文化において，結婚式の重要な側面となってきた。それらは国によって，また時には特定の国の異なる（少数）民族集団間においてさえも，大いに異なっている。

❷ 多くの伝統や慣習は，長い年月を経るうちに忘れられてきたが，今日の結婚式の多くには，中世の時代に起源を持つ古くからの信仰や慣習にその発端がある。キリスト教の結婚式では，新婦は彼女が純潔であることを示すために，通常は白いウエディングドレスを身にまとう。白は，邪悪な霊を遠ざけるとかつて信じられていた色だった。一方で，ヒンドゥー教では，白は死の色を意味している。ヒンドゥー教信者の新婦はたいてい，金色の縫い目のある赤いドレスを羽織る。中国では，新郎新婦の両人が赤い色に身を包むが，これは祝賀と幸運に結び付けられている色なのである。

□慣習　　　　　　□〜に基づく　　　□文化　　　　　□特定の
□…にもかかわらず　□起源を持つ　　　□通常は　　　　□を意味する
□死　　　　　　　□〜の服を着る　　□祝賀

26 結婚式の慣習 (2) [文化]

結婚式の慣習は変化しているのか。

❶ In many cultures, after the wedding it is traditional for the groom to carry the bride over the *threshold of their new home. This custom originated from the belief that bad **luck** may fall on the bride if she **enters** a new home with her left foot first. The custom of throwing rice or flowers at the newly married couple to **wish** them **fertility** and **prosperity** originated in Asia and later became popular in America. At a traditional Japanese wedding, it is considered unlucky to use words like "cut", "separate", or "leave".

❷ Though weddings in many parts of the world still **continue** to be **rituals** that reflect ethnic, cultural, and social backgrounds, **contemporary** weddings **incorporate** more meaningful customs better suited to today's **values**. (123 words)

*threshold「敷居」

Check

- [ ] *l.1 it is ~ for A to do*
- [ ] *l.5* **married**
- [ ] *l.7 consider A B*
- [ ] *l.7* **unlucky**
- [ ] *l.8* **separate**
- [ ] *l.10* **reflect**
- [ ] *l.10* **cultural**
- [ ] *l.10* **social**
- [ ] *l.10* **background**

チャレンジ！ 1st＿＿＿月＿＿＿日　　2nd＿＿＿月＿＿＿日
目標92秒→タイム＿＿＿秒　　目標74秒→タイム＿＿＿秒

❶　多くの文化で，結婚式の後には，新郎が新婦を抱えて彼らの新しい家の敷居を越えるのが伝統となっている。この慣習は，新婦が左足から最初に新しい家に入ると，悪運が彼女に降りかかるかもしれない，という考えに由来した。米あるいは花を，新婚の2人に，彼らに多産と繁栄を願うために投げるという慣習は，アジアで始まって，後にアメリカで一般的になった。伝統的な日本の結婚式では，「切る」，「離れる」，あるいは「去る」といった言葉を使うことは，縁起が悪いと考えられている。

❷　世界の多くの地域における結婚式は，依然として民族的，文化的そして社会的な背景を反映する儀式であり続けているが，現代の結婚式は，今日の価値観により適した，より有意義な慣習を取り入れている。

□ Aが…するのは〜だ　　□ 結婚した　　□ AをBと見なす
□ 運が悪い；不吉な　□ 離れる　　□ を反映する　　□ 文化的な
□ 社会的な　　□ 背景

27 クローン技術の是非 (1) [科学]

クローン作製はなぜ反対されるのか。

❶ A basic rule of **medical** science is that no human life should be used for the benefit of another. Some people are against human **cloning** and **related** techniques for this reason. In cloning, an egg cell is used to develop **ordinary** cells. The **opponents** of cloning **insist** that this is killing, because it **destroys** the potential of the egg to develop into a human being.

❷ Other people oppose cloning because at this stage it is **unreliable**. In animal experiments, for example, success rates are very low. Still others are concerned about the future that cloning might bring about. They are afraid that cloning will lead to the production of human beings for body parts. They also **fear** that cloning might lead to attempts to create "**superior**" humans.

(127 words)

Check

- ☐ *l.*1 **basic**
- ☐ *l.*2 *for the benefit of* ～
- ☐ *l.*2 **against**
- ☐ *l.*3 **technique**
- ☐ *l.*3 **cell**
- ☐ *l.*5 **potential**
- ☐ *l.*6 *human being*
- ☐ *l.*8 **rate**
- ☐ *l.*9 *bring about* ～
- ☐ *l.*10 *lead to* ～
- ☐ *l.*10 **production**
- ☐ *l.*12 **attempt**

❶ 医学の基本的な規則とは，いかなるヒトの命も他人の利益のために使われるべきではないということである。こうした理由で，ヒトのクローニング〔クローン作製〕やそれに関連した技術に反対している人もいる。クローニングでは，卵細胞が普通の細胞を作り出すのに利用される。クローニングの反対者は，このことは殺人であると主張するが，それはヒトに成長する卵の可能性を破壊するという理由からだ。

❷ クローニングは現段階では信頼できないという理由で，それに反対する人もいる。例えば，動物実験では成功率は非常に低い。さらに，クローニングがもたらすかもしれない将来を懸念する人もいる。彼らは，クローニングが，身体の一部を得るためにヒトを生産することにつながることを恐れている。彼らはまた，クローニングが「優れた」ヒトを作り出す試みにつながるかもしれないことを危惧している。

□基本的な　　□〜の利益のために　　□に反対して
□技術　　　　□細胞　　　　　　　　□可能性　　　□ヒト
□率；割合　　□〜をもたらす　　　　□〜につながる　□生産
□試み

28 クローン技術の是非（2）[科学]

支持者の主張はどのようなものか。

❶ Not everyone is against human cloning, however. Some people support cloning if it is for the purpose of medical treatment, although they oppose the cloning of babies. The medical benefits of cloning and related techniques, they **argue**, could be huge. For example, if a heart can be developed from a **patient**'s own cell, the body will not **reject** it. Furthermore, he or she will not have to wait for someone to die to get a new heart.

❷ Supporters claim that the use of such techniques is not killing. Just as ordinary store-bought eggs do not develop into chickens, the eggs used for cloning do not develop into human beings by themselves. They also argue that it is already **practically** impossible to stop a patient from **receiving** medical treatment that in some way depends on cloning and related techniques. Even if one country **bans** cloning, there will always be another country that **promotes** it. The supporters, therefore, **maintain** that scientists should have the **freedom** to experiment and that people should have the freedom to **seek** lifesaving treatments. In other words, they feel that cloning should be continued **unless** it is **clearly** shown to be **harmful**. The debate over this **issue** is likely to go on for some time.

(207 words)

Check

- [ ] *l.2* **support**
- [ ] *l.2* **purpose**
- [ ] *l.2* **medical**
- [ ] *l.3* **benefit**
- [ ] *l.4* **related**
- [ ] *l.6* **furthermore**
- [ ] *l.8* **claim**
- [ ] *l.9* **ordinary**
- [ ] *l.9* ***develop into*** ～
- [ ] *l.11* ***stop A from …ing***
- [ ] *l.17* ***in other words***
- [ ] *l.19* ***for some time***

チャレンジ！ 1st_____月_____日 2nd_____月_____日
目標 155 秒→タイム_____秒　　目標 124 秒→タイム_____秒

❶　しかし，誰もがヒトのクローニングに反対しているわけではない。赤ん坊のクローニングには反対しているものの，医学的な治療が目的ならば，クローニングを支持する人もいる。彼らは，クローニングやそれに関連した技術の医学的な恩恵は莫大なものになり得ると主張する。例えば，心臓が患者自身の細胞から作り出せるなら，体がそれを拒絶することはないだろう。さらには，新しい心臓を手に入れるために，誰かが死ぬのを待つ必要はないだろう。

❷　支持者たちは，そうした技術を利用することは殺人ではないと主張する。店で買った普通の卵がニワトリに成長しないのと同様に，クローニングに使われる卵（らん）は，それだけではヒトに成長しない。彼らはまた，患者が何らかの方法で，クローニングやそれに関連した技術に依存する医療を受けるのをやめさせることはもうほとんど不可能であると主張している。たとえ１つの国がクローニングを禁じるとしても，クローニングを促進する別の国が必ずあるだろう。それゆえに，支持者らは，科学者は実験をする自由を持つべきであり，また人々は救命治療を求める自由を持つべきであると主張する。言い換えれば，クローニングは，それが有害であると明らかに示されない限り，継続されるべきであると彼らは感じている。この問題をめぐる議論はしばらくの間は続いていきそうである。

□ を支持する　　□ 目的　　□ 医学的な　　□ 恩恵
□ 関連した　　□ さらに；その上　　□ と主張する　　□ 普通の
□ ～に発達〔成長〕する　　□ Aが…するのをやめさせる
□ 言い換えれば　　□ しばらくの間

69

29 家族で食事をすることの重要性（1）[社会]

■■アメリカ人とフランス人の食事習慣の違いとは？

❶ When it comes to eating, the United States has a **lesson** to learn from France. I'm not talking about the kind of **elaborate** dinners Americans often associate with the French. Many of the **meals** the French eat are quick and simple. The difference is that the French eat together. They have **managed** to **preserve** a tradition that is good for everyone's health — the family meal.

❷ According to the French government's **Committee** for Health **Education**, 75 percent of the French eat dinner together as a family and many French schoolchildren still go home for lunch.

❸ These **figures** haven't changed much in **decades**. In the United States, on the other hand, **national** studies show that on average, only one family in three sits down for dinner together on a **daily** basis. Over the last two decades, there has been a **steady decline** in the number of American families that eat together regularly. It looks like the family meal is disappearing.

(158 words)

Check

- *l.1 when it comes to ～*
- *l.3 associate A with B*
- *l.7 according to ～*
- *l.7 government*
- *l.11 on the other hand*
- *l.11 on average*
- *l.14 regularly*
- *l.14 look like ～*
- *l.15 disappear*

チャレンジ！ 1st_____月_____日 2nd_____月_____日
目標119秒→タイム_____秒 目標95秒→タイム_____秒

❶ 食べることに関して言えば，アメリカ合衆国には，フランスから学ぶべき教訓がある。アメリカ人がよくフランス人と結びつけて考えるような手の込んだような食事のことを，私は話しているのではない。フランス人が食べる食事の多くは，さっと済ませる簡単なものである。異なるのは，フランス人は一緒に食事を取るということである。彼らは，皆の健康に良い慣習，すなわち家族そろっての食事をなんとか維持してきたのだ。

❷ フランス政府の健康教育委員会によると，フランス人の75％が家族で食事を取り，多くのフランス人の生徒たちは，今でも昼食を食べに家に帰るという。

❸ こうした数字は，数十年間あまり変わっていない。一方，合衆国では，全国的な調査によると，平均して3家族のうち1家族だけしか，日常的に一緒に食事の席に着いていないことが明らかになっている。過去20年間にわたって，いつも一緒に食事をするアメリカ人家族数の着実な減少が起こっている。家族そろっての食事が，なくなりつつあるようだ。

□ 〜に関しては　　　　　□ AをBと関連づける
□ 〜によると　　□ 政府　　□ 一方で
□ 平均して　　□ いつも　　□ 〜のようだ　　□ なくなる

30 家族で食事をすることの重要性（2） [社会]

■家族での一緒の食事は何をもたらすか。

❶ How and why did the family meal start to disappear in the United States? My friends in the United States have various explanations why meals together aren't an option for their families. Parents and children lead *hectic lives and there just isn't time for a sit-down meal. Kids' sports schedules run on into dinner hour. After a long day at work, parents are too tired to cook. Teenagers are off on their own after school. "Everyone likes different foods," they say, "so what is the point of eating together?"

❷ Yet study after study shows that having meals together as a family is good for both adults and children. A University of Michigan study found that mealtime at home was the single strongest factor predicting better achievement scores and fewer behavioral problems for children. Mealtime was far more powerful than time spent in school, studying, worshiping, playing sports or doing arts activities.

❸ Other studies show that children like family meals. In one report, nearly four-fifths of adolescents cited eating dinner at home as one of their top-rated family activities. In a national YMCA poll in 2000, when teenagers were asked about their worries, 21 percent rated "not having enough time with parents" as their top concern. (205 words)

*hectic「大忙しの」

Check

- [ ] *l.*2 **various**
- [ ] *l.*2 **explanation**
- [ ] *l.*4 ***lead a ~ life***
- [ ] *l.*6 **off**
- [ ] *l.*6 ***on one's own***
- [ ] *l.*7 **point**
- [ ] *l.*18 **national**
- [ ] *l.*20 **concern**

チャレンジ！ 1st_____月_____日 2nd_____月_____日
目標 154 秒→タイム_____秒 目標 123 秒→タイム_____秒

❶ どのようにして，そしてなぜ，家族そろっての食事が合衆国では消滅し始めたのだろうか。合衆国にいる私の友人たちは，一緒の食事が自分の家族にとっては選択肢にはない理由について，さまざまな説明をする。親も子供もとても忙しい生活を送っており，腰を下ろして食事を取る時間がとてもないのである。子供のスポーツのスケジュールは，夕食の時間とぶつかる。職場での長い1日を終えて，親は疲れ過ぎて料理を作ることができない。10代の若者は，学校が終わると1人で出かけてしまう。「皆が違う食べ物を好きなのだから，一緒に食事することに何の意味があるの？」と彼らは言う。

❷ しかし，研究に次ぐ研究により，家族で一緒に食事を取ることは大人と子供の両方のためになるということが明らかになっている。ミシガン大学の研究によって，家庭での食事時間が，子供の学力得点の向上や，問題行動の減少を予測するまさに最大の要因であることが発見された。食事時間は，学校で過ごしたり，勉強をしたり，礼拝したり，スポーツをしたり，芸術活動をしたりするのに使う時間よりも，はるかに影響力があった。

❸ 他の研究は，子供が家族そろっての食事を好きであるということを示している。ある報告では，青年のほぼ5分の4が，重要な家族の活動の1つとして，家で食事を取ることを挙げた。2000年に行われたYMCAの全国的な世論調査では，10代の若者が心配事について尋ねられると，21%が「親と十分な時間を過ごしていないこと」を心配事のトップに挙げたのである。

□ さまざまな　　□ 説明　　　　□ ～な生活を送る　□ 出かけて
□ 1人で　　　　□ 意味　　　　□ 全国的な　　　　□ 心配事

STAGE 4

Reading 31 〜 40

続きものの話が多く登場してきているが，**この先のストーリーはどのような内容が展開されるかを推測しながら読む**のも，読解力を磨く上で効果的だ。

単語は意味だけ覚えておしまいではなく，**日本語の意味から英語を思い起こせるような練習**もするとよいだろう。英作文をする際にも役立つはずだ。

31 数学の歴史 (1) [歴史]

いつ、どこで、どのように数学が起こったのか。

❶ The knowledge of **mathematics** developed rapidly in **Europe** and North America after the **industrial revolution**. But the study of mathematics was carried out many centuries before in other countries, like China.

❷ Over two thousand years ago, the Chinese began their study of numbers, **mostly** related to **astronomy** and the perfection of a calendar. Already as early as 200 B.C. they had written a textbook on mathematics that was called *The Nine Chapters on the* **Mathematical Art**. Interestingly, the ideas in this book seem to have been developed in China without any influence from Europe or other regions.

(97 words)

Check

- [ ] *l.*1 **knowledge**
- [ ] *l.*1 **develop**
- [ ] *l.*1 **rapidly**
- [ ] *l.*3 ***carry out* ~**
- [ ] *l.*6 **related**
- [ ] *l.*6 **perfection**
- [ ] *l.*7 **textbook**
- [ ] *l.*8 **chapter**

❶ 数学の知識は、産業革命後、ヨーロッパや北アメリカにおいて急速に発達した。しかし数学の研究は、その何世紀も前に中国のような他の国々で実施された。

❷ 2000年以上前に、中国人は数について彼らの研究を始めたが、それは主として天文学や暦の完成に関連したものだった。早くも紀元前200年には、すでに彼らは『九章算術』と呼ばれる数学についての教科書を記していた。興味深いことに、この書籍の中の考え方は、ヨーロッパやその他の地域からのいかなる影響も受けることなしに、中国で発展してきたようだ。

□知識　　　　　□発達する　　　□急速に　　　　□〜を実施する
□関連のある　　□完成　　　　　□教科書　　　　□章

32 数学の歴史（2）[歴史]

中国では今日まで常に数学の研究は盛んだったか。

❶ Various other books on mathematics appeared in the following centuries. But, by the 5th century, it seems that the Chinese already had the concept of negative numbers and perhaps also had the concept of "zero". Around the 13th century, Chinese mathematicians were solving equations using methods that Europeans would not discover until 500 years later!

❷ Unfortunately, near the end of the 14th century, the leaders of China began to be critical of math and science. Because of this change in attitude, people turned away from the study of math to study plants and medicine instead. It wasn't until the 19th century that the Chinese would become interested in math again, but this time under the influence of European mathematical knowledge. (120 words)

Check
- l.1 various
- l.3 concept
- l.3 negative
- l.3 perhaps
- l.5 solve
- l.5 *not ~ until ...*
- l.5 discover
- l.7 leader
- l.8 *because of ~*
- l.10 instead

❶ 数学に関するさまざまな他の書籍が、その後の数世紀の間に登場した。しかし、5世紀までには、中国人はすでに負の数の概念を持ち、またおそらく「ゼロ」の概念も持っていただろうと思われる。13世紀頃、中国人の数学者たちは、ヨーロッパ人たちが500年のちまで発見しなかった方法を用いて、方程式を解いていたのだ！

❷ 残念なことに、14世紀の終わり近くには、中国の指導者たちが数学や科学に対して批判的になり始めた。姿勢におけるこうした変化が原因で、人々は数学の研究に背を向け、その代わりに植物や医学を研究したのだ。19世紀になって初めて、中国人は数学に再び関心を持つようになったが、この時にはヨーロッパの数学の知識の影響を受けていた。

- □ さまざまな
- □ 概念
- □ 負の
- □ おそらく
- □ を解く
- □ …まで〜しない
- □ を発見する
- □ 指導者
- □ 〜が原因で
- □ その代わりに

33 アレルギーが増加する背景（1）[医療]

■今日の子供にアレルギーが多い理由とは？

❶ The past thirty to forty years have seen a huge increase in the number of children who suffer from allergies, and scientists are still looking for the explanation. Some have blamed increased air pollution, but it has also been found that allergies are common not only among children in the city but also among children in the countryside, where pollution is typically much lower.

❷ A currently popular explanation for the rise in allergies is the so-called "*hygiene hypothesis." The basic idea is that young children brought up in an environment which is too clean are more at risk of developing allergies. Nowadays, people bathe and wash their clothes more frequently than in the past, and thanks to vacuum cleaners homes are less dusty, too. One result of all these changes is that in their early lives children are exposed to fewer *allergens — substances that can cause allergies — and this means that their bodies cannot build up natural *immunity to them. Simply put, exposure to allergy-causing substances is necessary for natural protection against them to develop.

(175 words)

*hygiene「衛生」　*allergen「アレルゲン（アレルギーの原因となる物質）」
*immunity「免疫」

Check

- [ ] *l.*2 **suffer from** ~   - [ ] *l.*3 **air pollution**   - [ ] *l.*4 **common**
- [ ] *l.*4 **not only A but also B**   - [ ] *l.*7 **explanation**   - [ ] *l.*9 **bring up** ~
- [ ] *l.*11 **thanks to** ~

チャレンジ！ 1st_____月_____日　　2nd_____月_____日
目標 **131** 秒→タイム_____秒　　目標 **105** 秒→タイム_____秒

❶　ここ 30 年から 40 年で，アレルギーに苦しむ子供の数が大幅に増加しており，科学者たちは今もなおその原因を探している。拡大した大気汚染を非難している者もいるが，都市の子供だけでなく，汚染が概してはるかに少ないような田舎の子供の間でもまた，アレルギーはめずらしくないこともわかっている。

❷　アレルギーの増加に関して現在のところ一般的な説明は，いわゆる「衛生仮説」である。その根本的な考え方は，清潔すぎる環境の中で育てられた幼い子供は，アレルギーになる危険性がより高いということだ。今日では，人々は昔よりも頻繁に入浴し，衣服を洗濯する上に，電気掃除機のおかげで家もあまりほこりっぽくなくなっている。これらすべての変化の 1 つの結果は，アレルゲン，つまりアレルギーの原因となりうる物質に子供が幼少時にさらされる量が少なくなっているということであり，これはすなわち，子供の体がアレルゲンに対する自然免疫を作り上げることができないということである。簡単に言うと，アレルギーを誘発する物質にさらされることは，それらに対して自然に備わる抵抗力を発達させるために必要なことなのである。

□ ～に苦しむ　　□ 大気汚染　　□ よく起こる；ありふれた
□ A ばかりでなく B も　　□ 説明　　□ ～を育てる
□ ～のおかげで

34 アレルギーが増加する背景（2） [医療]

■■「衛生仮説」は正しいと言えるか。

❶ The **trend** towards smaller families also means that young children **encounter** fewer allergens in the home. In fact, it is known that children who have older brothers and sisters are more *resistant to allergies. The same is true of children who **share** their home with a pet. Such children are much less likely to develop the very common allergy to cat or dog hair, for example.

❷ Scientists agree that being exposed to a **wider range** of allergens early in life helps children to develop greater immunity. There is, however, also some **data** suggesting that genetics, family **income**, and even the parents' **level** of education may play a part in how likely a child is to suffer from allergies. **Thus**, although the hygiene hypothesis is an important area for research, we cannot yet be sure that too much **attention** to cleanliness is the only explanation for the enormous rise in the number of allergy **victims**.

(154 words)

*resistant「抵抗力のある」

Check

- *l.*2 **in fact**
- *l.*4 **be true of** ~
- *l.*5 **such**
- *l.*5 **be likely to do**
- *l.*9 **however**
- *l.*9 **suggest**
- *l.*9 **genetics**
- *l.*10 **education**
- *l.*10 **play a part**
- *l.*12 **area**
- *l.*12 **yet**
- *l.*13 **cleanliness**
- *l.*13 **enormous**

チャレンジ！ 1st_____月_____日　　2nd_____月_____日
目標116秒→タイム_____秒　　目標92秒→タイム_____秒

❶　小家族化の傾向もまた，幼い子供が家庭でアレルゲンに遭遇する量を減らすことになる。実際に，兄や姉がいる子供の方が，アレルギーに対して抵抗力があるということが知られている。同じことが，ペットと家を共有する子供にも当てはまる。例えば，このような子供は，ネコやイヌの毛に対する非常によく見られるアレルギーになる可能性がはるかに低い。

❷　科学者たちは，幼少期により広い範囲のアレルゲンにさらされることが，子供がより強い免疫をつけるのに役立つ，ということに同意している。しかし，遺伝的性質，家庭の収入，そして親の教育のレベルさえもが，子供のアレルギーにかかる可能性に関わるかもしれないということを示唆するデータもある。したがって，衛生仮説は重要な研究分野ではあるが，清潔さに注意し過ぎることが，アレルギー患者数の大幅な増加に対する唯一の説明である，と確信することはまだできない。

□ 実際に(は)　□ 〜に当てはまる　□ そのような
□ …する可能性がある　□ しかし　□ を示唆する
□ 遺伝的性質　□ 教育　□ 役割を果たす　□ 分野
□ まだ　□ 清潔さ　□ 莫大な

35 つらい経験について書くことの効用（1） [人間]

つらい経験を書いた学生はどうなったか。

❶ Why is it that many people who have suffered a **major shock**, such as divorce or the death of a family member, seem to be **weaker** against a variety of major and **minor** illnesses? One common idea among psychologists has been that people could deal with suffering more effectively if they were able to understand and **accept** it. **Indeed**, many experts **emphasize** the value of expressing thoughts and feelings associated with **upsetting** events.

❷ Recently, a team of medical researchers **investigated** the links between describing psychologically **painful** events and long-term health. In one experiment healthy college students were asked to write about either **personally disturbing** experiences or ordinary **topics** over a **period** of four days. In the months **afterwards**, students who had chosen to **reveal** their **inner** thoughts and feelings in their writing visited the health **center** for **illness** much less often than those who had written about **everyday** topics.

(149 words)

チャレンジ！ 1st_____月_____日   2nd_____月_____日
目標112秒→タイム_____秒 目標89秒→タイム_____秒

❶ 離婚や家族の死のような，大きなショックを受けた多くの人たちが，さまざまな重・軽度の病気に対してより弱くなっているように見えるのはいったいなぜだろうか。心理学者の間で共通している1つの意見は，人々が苦しみを理解し受け入れることができれば，もっと効果的にそれに対処できるかもしれないということだ。実のところ，多くの専門家が，気持ちをかき乱すような出来事に関連した考えや感情を表現することの重要性を強調している。

❷ つい最近，ある医療研究者のチームが，精神的につらい出来事を言葉で表現することと長期間でみる健康状態との関連性を調査した。ある実験で，健康な大学生が4日間にわたって，個人的に心をかき乱す経験か，ごく普通の話題のどちらかについて書くよう依頼された。その後数カ月の間，文章の中で心の中の思いや感情を明らかにすることを選んだ学生たちは，日常の話題について書いた学生たちよりも，病気で医療センターを訪れる回数がはるかに少なかった。

- □を経験する
- □離婚
- □さまざまな〜
- □共通の
- □心理学者
- □〜に対処する
- □効果的に
- □価値；重要性
- □を表現する
- □関連性
- □を表現する
- □AかBかどちらか
- □普通の

36 つらい経験について書くことの効用（2） [人間]

実験結果はどのようなものだったか。

❶ In an experiment that followed, another group of healthy students were given the four-day writing **exercise**. Some chose to write about **highly** personal and upsetting experiences (**including loneliness**, problems with family and friends, and death). When questioned **immediately** afterwards, they stated that they did not feel any better. However, their blood **samples** taken before and after the experiment showed **evidence** of an **improved resistance** to illness. The white cells that **fight** off bacteria and viruses had increased their reaction and **sensitivity** to these "**invaders**." This trend continued over the following six weeks, when another blood sample was taken. **Individuals** who showed the best results were those who wrote about topics that they had actively refrained from telling others about.

❷ The researchers **propose** that **failure** to face up to painful experience can be a form of stress itself, and can increase the possibility of illness. It follows, then, that actively dealing with a major shock makes possible its understanding and acceptance. The answer is not to suffer in **silence**. It may not always be possible to talk about personal problems, but writing them down will help the body to fight disease in the long run.

(194 words)

Check

- ☐ *l*.1 experiment
- ☐ *l*.5 afterwards
- ☐ *l*.5 state
- ☐ *l*.9 trend
- ☐ *l*.12 *refrain from* ~
- ☐ *l*.13 *face up to* ~
- ☐ *l*.13 painful
- ☐ *l*.14 increase
- ☐ *l*.15 *it follows that ...*
- ☐ *l*.18 *write down* ~
- ☐ *l*.18 in the long run

チャレンジ!	1st_____月_____日	2nd_____月_____日
▶▶▶	目標146秒→タイム_____秒	目標116秒→タイム_____秒

❶　続く実験で，健康な学生たちの別のグループが，4日間文章を書く**課題**を与えられた。中には，（**孤独**，家族や友人に関する問題，そして死**を含めた**）**非常に**個人的で気持ちをかき乱す経験について書くことを選んだ学生もいた。その後**すぐに**質問を受けた際，少しも気が楽にはなっていないと彼らは述べていた。しかし，その実験の前後に採取された彼らの血液**サンプル**は，病気に対する**抵抗力**が**改善された形跡**を示していた。バクテリアやウイルス**を撃退する**白血球が，こうした「侵入者」に対する反応や**感度**を高めていたのである。この傾向は，次の6週間にわたって継続し，それからもう一度血液サンプルが採取された。一番良い結果を示したのは，人に話すのを意識的に控えてきた話題について書いた**人たち**だった。

❷　研究者たちは，苦しい経験を直視**できないこと**がそれ自体，一種のストレスになり得る上に，病気の可能性を増加させる場合もある**と提唱している**。それなら，積極的に大きなショックに立ち向かっていけば，それを理解し，受け入れることができるようになる。解決策は，**沈黙**して苦しまないことである。いつも個人的な問題について話すことができるわけではないかもしれないが，それらを書き留めることは，結局は体が病気と闘う助けとなるだろう。

□実験　　　　　　□後で　　　　　　□と述べる　　　　□傾向
□〜を差し控える　□〜を直視する　　□苦しい　　　　　□を増やす
□…という結果になる　　　　　　　　□〜を書き留める　□結局は

37 真実を使ったうそ（1）[人間]

宝くじの例は、何が不誠実か。

❶ *Beware of those who **deliberately** use **aspects** of the **truth** to **deceive** you and others. When someone tells you something that is true, but **intentionally** leaves out important information that should be included for full *comprehension on your part to take place, they can create a false **impression**.

❷ For example, an **acquaintance** might tell you, "I just won a hundred **dollars** in the state *lottery and it was **fantastic** when I took that one dollar ticket back to the store and turned it in for one hundred *bucks!" This woman's a winner, right? Maybe, maybe not. In fact, you later learn that she had **purchased** not one ticket but instead two hundred for this **specific** lottery — and only one of these a winner! Eventually, you realize this woman, who you thought was 'lucky' or 'fortunate' is, in fact, a huge loser. Although she didn't say anything false, she clearly left out important information and likely did so on purpose. That's called a *half-truth which is not technically a lie, but it's just as dishonest.

(174 words)

*beware「気をつける」　*comprehension「理解」　*lottery「(宝)くじ」　*buck「ドル」
*half-truth「一部だけが真実の話」

Check

- [ ] *l.*3 *leave out* ~
- [ ] *l.*4 include
- [ ] *l.*4 *on one's part*
- [ ] *l.*4 *take place*
- [ ] *l.*5 false
- [ ] *l.*7 state
- [ ] *l.*10 *instead*
- [ ] *l.*13 huge
- [ ] *l.*13 clearly
- [ ] *l.*14 *on purpose*
- [ ] *l.*15 *not A but B*
- [ ] *l.*15 technically
- [ ] *l.*15 lie

チャレンジ！　1st_____月_____日　　2nd_____月_____日
目標 131 秒→タイム_____秒　　目標 104 秒→タイム_____秒

❶　あなたや他の人たちをだますために，故意に真実の側面を使うような人たちには，気をつけた方がいい。誰かがあなたに真実であることを話していても，あなたが完全に理解するために含まれるべき重要な情報をその人が意図的に省くと，誤った印象を作り出すことができる。

❷　例えば，ある知り合いが，あなたに言ってくるかもしれない。「私は州の宝くじで 100 ドル当たったばかりでしてね，その 1 ドルの宝くじ券を店に持って行ってそれを渡して 100 ドルに換えた時は，気分最高でしたよ！」と。この女性は勝者だろうか。そうかもしれないし，そうではないのかもしれない。実際には，あなたは後になって，彼女がこの特定の宝くじに対して 1 枚ではなく 200 枚の宝くじ券を購入していたこと，そしてこのうちのたった 1 枚だけが当たりくじだったということを知るのだ！　結局のところ，「ついている」とか「幸運である」とあなたが思っていたこの女性は，実は非常に大きな損をしているということに，あなたは気づくのである。彼女は何も事実に反することは言わなかったとはいえ，明らかに重要な情報を省き，そしておそらく故意にそうしたのだろう。そういうものは，厳密にはうそではない，一部だけが真実の話とみなされるが，（うそと）同程度に不誠実である。

□ ～を省く　　□ を含む　　□ ～の側で　　□ 起こる：生じる
□ 誤った　　□ 州　　□ 代わりに　　□ 莫大な
□ 明らかに　　□ 故意に　　□ A ではなく B　　□ 厳密には
□ うそ

38 真実を使ったうそ (2) [人間]

挙げられた2つの例は、何が不誠実か。

❶ *Untrustworthy **candidates** in **political campaigns** often use such *deceptive communication **strategies** to **trick voters** into supporting them. Let's say that during **Governor** Smith's last term, her state lost one million jobs but **gained** three million new ones. Then she seeks another term in office and enters the **election race**. One of her opponents in that race **subsequently** begins a multimedia **advertising** campaign saying, "During Governor Smith's term, the state lost one million jobs!" That is indeed true but, at the same time, it is intentionally deceptive. A more **honest** statement from her opponent would have been, "During Governor Smith's term, the state had a *net gain of two million jobs."

❷ Advertisers sometimes use half-truths as well. Because it's **illegal** in many countries to openly make false claims about a product or **service**, some advertisers try to *mislead you with the truth. An ad might **consequently** *boast, "Nine out of ten doctors **recommend** Yucky Pills to **cure** nose *pimples." This is also a *factual statement but one which deliberately fails to **mention** that only ten doctors were asked about Yucky Pills and nine of these actually work for the Yucky **Corporation**.

(190 words)

*untrustworthy「信頼できない」　*deceptive「人をだますための」　*net「正味の」
*mislead「を誤解させる」　*boast「自慢する」　*pimple「吹き出物」　*factual「事実の」

Check
- ☐ *l.3 let's say*
- ☐ *l.3 term*
- ☐ *l.5 seek*
- ☐ *l.6 opponent*
- ☐ *l.8 indeed ~ but ...*
- ☐ *l.8 at the same time*
- ☐ *l.9 statement*
- ☐ *l.12 as well*
- ☐ *l.17 fail to do*
- ☐ *l.18 work for ~*

チャレンジ！ 1st_____月_____日 2nd_____月_____日
目標143秒→タイム_____秒 目標114秒→タイム_____秒

❶ 政治の選挙運動で信頼できない候補者はよく，有権者をだまして自分を支持させるために，このような人をだますためのコミュニケーション戦略を用いる。仮にスミス州知事の前任期中に，彼女の州は100万の職を失ったが，300万の新たな職を得たとしよう。その後，彼女は再任を目指して，選挙戦に参入する。その選挙戦における彼女の対立候補者の1人がそれに続いて，「スミス州知事の任期中に，この州は100万の職を失ったのです！」と訴えるマルチメディアを使った宣伝活動を始める。言っていることは確かに真実であるが，同時に，それはわざと人をだますような内容である。彼女の対立候補者からのより正直な言葉は，「スミス州知事の任期中に，この州では正味200万の職が増えました」であっただろうに。

❷ 広告主も時に，一部だけが真実の話を用いることがある。製品やサービスについて，公然と虚偽の主張をすることは，多くの国で違法なため，真実を使ってあなたを誤解させようとする広告主もいる。その結果ある広告は，「10人中9人の医者が，鼻の吹き出物を治療するのにヤッキー・ピルズを推薦しています」と自慢するかもしれない。これも，事実に基づく発言ではあるが，10人の医者しかヤッキー・ピルズについて質問されなかったことや，そのうちの9人が本当はヤッキー株式会社に勤めているということに，わざと言及していないのである。

□ 例えば　　　　□ 期間　　　　　□ を求める　　　　□ （争いの）相手
□ 確かに〜だが…　□ 同時に　　　　□ 発言　　　　　　□ もまた
□ …しない　　　□ 〜で働く

39 企業のニーズ調査能力（1） [社会]

企業は我々の何を調査しているのか。

❶ No one knows better than your mother, right? But does she know how much underwear you own? Jockey International does. Or the number of ice cubes you put in a glass? Coca-Cola knows that we put 3.2 ice cubes in a glass and **prefer** cans to **pop** out of vending machines at a temperature of 2 **degrees**. Which potato **chips** do you usually eat first, the broken ones or the whole ones? Try asking a big snack maker. Big companies know the what, where, how, and when of their **consumers**' wants and **demands**. They figure out all **sorts** of things about us that we don't even know ourselves. Most companies research us in **detail** and **collect** mountains of facts about our buying **habits** and **preferences**.

❷ Did you know that 51 percent of all **males** pull their left pants leg on first, **whereas** 65 percent of women start with the right leg? Nothing about our behavior is **sacred**. A study showed that 68 percent of consumers prefer their toilet paper to *unwind over the *spool **rather** than under. But Americans are not always easy to figure out. A few years ago, Campbell Soup gave up trying to learn our opinions about the **ideal**-sized meatball after a series of tests showed that we prefer one so big it wouldn't **fit** in the can. (221 words)

*unwind「（巻いたものが）ほどける」 *spool「（糸などを巻き取る車輪状の）枠」

Check

- ☐ *l.*2 **underwear**
- ☐ *l.*2 **own**
- ☐ *l.*5 **temperature**
- ☐ *l.*6 **whole**
- ☐ *l.*8 ***figure out*** ~
- ☐ *l.*10 **research**
- ☐ *l.*10 **fact**
- ☐ *l.*17 ***give up*** ~
- ☐ *l.*17 **opinion**
- ☐ *l.*18 ***a series of*** ~

チャレンジ！ 1st_____月_____日　　2nd_____月_____日
目標166秒→タイム_____秒　　目標133秒→タイム_____秒

❶ あなたの母親ほどよくわかっている人はいないだろう。しかし，彼女はあなたがどれくらい下着を持っているか知っているだろうか。ジョッキー・インターナショナルは知っている。あるいは，グラスに入れる角氷の数はどうだろう。コカ・コーラは，私たちがグラスに 3.2 個の角氷を入れ，缶が 2 度の温度で自動販売機からポンと出てくることを好むということを知っている。あなたは普段，どちらのポテトチップを最初に食べるだろうか。割れたものだろうか，それとも割れていないものだろうか。大手のスナック菓子製造業者に尋ねてみるとよい。大企業は，自分たちの消費者の必要なものと要求が何であるのか，どこで，どのように，いつ生じるのかを知っている。大企業は，私たち自身でさえ知らないような，私たちに関するあらゆる種類の事柄を見つけ出す。大部分の企業は，私たちのことを詳細に調査し，私たちの購買習慣や好みに関する大量の事実を集める。

❷ あなたは，全男性の 51％がまず左脚からズボンを履くのに対して，65％の女性が右脚から履くことを知っていただろうか。私たちの行動に関して神聖なことは何もない。ある調査では，68％の消費者が，巻き枠の下側よりもむしろ巻き枠の上側からトイレットペーパーがほどけるのを好むということが明らかになった。しかし，アメリカ人がいつも簡単に理解できるとは限らない。数年前，キャンベル・スープは，私たちが缶の中に収まらないほど大きなミートボールを好むということが一連のテストによって明らかになった後，理想の大きさのミートボールに関する意見を知ろうとすることを断念した。

□下着　　　　　□を所有する　　□温度　　　　　□まるごとの
□〜を見つけ出す　□を調査する　　□事実　　　　　□〜をあきらめる
□意見　　　　　□一連の〜

40 企業のニーズ調査能力（2）［社会］

企業が最も知りたい情報とは？

❶ In fact, almost everything we **swallow** is closely monitored by someone. Each year, we consume 156 hamburgers, 95 hot dogs, 283 eggs, 5 **pounds** of yogurt, 9 pounds of cereal, and 2 pounds of peanut butter. We spend 90 minutes a day *munching it.

❷ Of all **businesses**, however, the **prize** for research *thoroughness may go to *toothpaste makers. Among other things, they know that our **favorite** toothbrush color is blue and that only 37 percent of us are using one that's more than six months old. About 47 percent of us put water on our **brush** before we **apply** the paste, 15 percent put water on after the paste, 24 percent do both, and 14 percent don't wet the brush at all.

❸ Thus, most big companies have answers to all the what, where, when, and how questions about their consumer demand. But to **affect** demand, companies need the answer to one more question: they need to know what causes us to want the things we buy. That's a much harder question to answer.

(173 words)

*munch「をむしゃむしゃ食べる」 *thoroughness「徹底ぶり」 *toothpaste「練り歯みがき」

Check

- ☐ *l.*1 **in fact**
- ☐ *l.*1 **closely**
- ☐ *l.*1 **monitor**
- ☐ *l.*2 **consume**
- ☐ *l.*5 **research**
- ☐ *l.*10 **not ～ at all**
- ☐ *l.*12 **thus**
- ☐ *l.*15 **cause**

チャレンジ！ 1st_____月_____日 2nd_____月_____日
目標 130 秒→タイム_____秒 　目標 104 秒→タイム_____秒

❶　実際に，私たちが飲み込むほとんどすべてのものが，誰かによって念入りにチェックされている。毎年，私たちは 156 個のハンバーガー，95 個のホットドッグ，283 個の卵，5 ポンドのヨーグルト，9 ポンドのシリアル，そして 2 ポンドのピーナッツバターを消費している。私たちはそれをむしゃむしゃ食べるのに，1 日に 90 分を費やす。

❷　しかし，全事業の中で，調査の徹底ぶりに対する賞は，練り歯みがきの製造業者に与えられるかもしれない。特に，彼らは，私たちのお気に入りの歯ブラシの色は青で，37％の人しか使用開始後 6 カ月以上になる歯ブラシを使っていないということを知っている。約 47％の人が，練り歯みがきをつける前にブラシを水で濡らし，15％が練り歯みがきをつけた後に水で濡らし，24％は両方を行い，14％がまったくブラシを濡らさない。

❸　このように，ほとんどの大企業は，消費者の要求に関して，何を，どこで，いつ，どのように，というあらゆる質問に対しての答えを持っている。しかし，要求に影響を与えるためには，企業はもう 1 つの質問に対する答えが必要である。つまり，私たちの購買意欲を引き起こすものは何なのかを企業は知る必要があるのだ。それは，はるかに答えづらい質問である。

□実際に（は）　　□念入りに　　　　□をチェックする　　□を消費する
□調査　　　　　　□まったく〜ない　□このように　　　　□を引き起こす

95

STAGE 5

Reading 41 ～ 50

必修編も折り返し地点を過ぎ，標準的な個別・私大試験レベルの英文が多く含まれる STAGE となった。
一気にたくさんの単語を覚えようとしすぎるのではなく，**自分なりのペースでコツコツと積み上げよう。**
また，当初の学習計画から外れてきたら，少し立ち止まって計画を再度立て直すとよいだろう。

41 言葉と身体言語の違い（1）[言語]

人の本心はどこに現れるのか。

❶ As a young boy, I was always aware that what people said was not always what they really meant or felt. I also knew that it was possible to get others to do what I wanted if I read their real feelings and responded **appropriately** to their needs. At the age of eleven, I began my **sales career** by selling **rubber** sponges from door to door after school to make pocket money. I quickly figured out how to tell if someone was **likely** to buy from me or not.

❷ When I **knocked** on a door, if someone told me to go away but their hands were open and they showed their **palms**, I knew it was safe to keep trying. No matter how negative they may have sounded, their open hands showed me that they weren't **aggressive**. On the other hand, if someone told me to go away in a soft voice but used a pointed finger or closed hand, I knew it was time to leave.

(167 words)

Check

- *l*.1 **aware**
- *l*.1 **not always ～**
- *l*.2 **possible**
- *l*.4 **respond**
- *l*.4 **need**
- *l*.4 ***at the age of ～***
- *l*.5 ***from door to door***
- *l*.6 **pocket money**
- *l*.8 ***go away***
- *l*.9 **safe**
- *l*.10 ***no matter how ...***
- *l*.10 **negative**
- *l*.10 **sound**
- *l*.11 ***on the other hand***

❶ 少年の頃，私はずっと，人が口に出すことが，必ずしも本当に言いたかったり感じたりしていることではないと気づいていた。人の本当の気持ちを読み取って，適切に人の要求に対応すれば，自分が望むことを人にしてもらうことが可能だということも，私は知っていた。11歳の時に，小遣いを稼ぐため，放課後一軒一軒ゴムスポンジを売り歩くことで，私は販売の仕事を始めた。私にはすぐに，人が私から買ってくれそうかどうかを見定める方法がわかった。

❷ 私がドアをたたいた時に，誰かが私に立ち去るように言ったとしても，その人の手が開いていて手のひらを見せていたら，粘っても安全だということが私にはわかっていた。どれほど否定的に聞こえたとしても，その開いた手が，その人が攻撃的ではないことを私に示していた。一方，穏やかな声で私に立ち去るように言ったとしても，指差したり手を閉じたりしていたら，引き際だということがわかった。

□ 気づいて　　□ 必ずしも～とは限らない　　□ 可能な
□ 対応する　　□ 要求　　□ ～歳の時に
□ 一軒一軒　　　　　　　□ 小遣い　　□ 立ち去る
□ 安全な　　□ どれほど…であろうとも　　□ 否定的な
□ 聞こえる　　□ 一方で

42 言葉と身体言語の違い（2）[言語]

身体言語は言葉の代わりになるか。

❶ As a teenager, I became a magazine salesperson, selling at night. My **ability** to read people's body language **earned** me enough money to buy my first house. I joined the life **insurance** business at the age of twenty, and went on to break **several** sales **records** at my company. I became the youngest person to sell over a million dollars' **worth** of business in my first year. It turned out that the techniques I had learned as a boy in reading body language, through my experience in selling sponges and magazines, were **directly** related to the success I could have in any **situation** involving people.

❷ Most researchers now agree that words are used mainly for giving information, while body language is used for communicating attitudes and feelings. In some **cases**, however, body language can be used as a **substitute** for verbal messages. Reading body language is a skill that can be learned because in any culture, words and body **movements** **occur** together in highly predictable **patterns**. Thus, a well-trained person can tell what movement someone is making simply by listening to what he or she is saying. A person who is trained to read body language can also guess which country someone is from just by watching his or her gestures.

(211 words)

Check

- [ ] *l.*6 *it turns out that ...*
- [ ] *l.*8 **success**
- [ ] *l.*10 **mainly**
- [ ] *l.*11 **communicate**
- [ ] *l.*11 **attitude**
- [ ] *l.*15 **predictable**
- [ ] *l.*15 **thus**

チャレンジ！ 1st_____月_____日 2nd_____月_____日
目標 158 秒→タイム_____秒　目標 127 秒→タイム_____秒

❶ 10代の時に，私は雑誌の販売員になり，夜間に販売活動をしていた。人の身体言語が読める私の能力が，最初の自分の家を購入するのに十分なお金を私にもたらしてくれた。20歳の時に，私は生命保険の仕事を始めると，私の会社のいくつかの販売記録をうち破ることとなった。私は1年目にして，100万ドル超に相当する営業を行った最年少者になった。少年の頃に，スポンジや雑誌の販売経験を通じて，身体言語を読むことにおいて私が身に付けた技術が，人が関わるどんな状況でも私が手にすることができた成功に，直接結びついているということがわかった。

❷ 現在の大部分の研究者の一致した見解によれば，言葉は主に情報を与えるために使われるが，身体言語は態度や感情を伝えるために使われるという。しかし，場合によっては，身体言語を言葉によるメッセージの代わりとして使うことができる。どんな文化においても，言葉と体の動きは，かなり予測のできるパターンで同時に起こるものであるため，身体言語の読み取りは，身に付けられる技術なのだ。したがって，十分に訓練された人ならば，人が言っていることを聞くだけで，その人がどんな動きをしているかがわかる。身体言語を読み取る訓練を受けている人ならば，人の身ぶりを観察するだけで，その人がどの国の出身かを推測することもできる。

□…であるとわかる　　　　□成功　　　　□主に
□を伝達する　　□態度　　□予測のできる　□したがって

43 「触れること」の作用（1） [人間]

触れられた時の男女間の反応の違いとは？

❶ Touching is the language of physical **intimacy**. Because of this, touch can be the most powerful of all the communication **channels**. In May 1985, Brigitte Gerney was **trapped** for six hours **beneath** a collapsed **construction** crane in New York City. **Throughout** her *ordeal, she held the hand of a **rescue** worker, who stayed by her side as heavy machinery removed the **tons** of **twisted steel** from her **crushed** legs. A **stranger**'s touch gave her hope and the will to live.

❷ Touch appears to affect the **sexes differently**. Women sometimes react much more favorably to touch than men. In an interesting study, psychologists asked a group of nurses to lightly touch a patient once or twice **shortly** before the patient **underwent surgery**. The touching produced a strongly positive reaction — but only among women. It appeared to **lower** their blood **pressure** and **anxiety** levels both before and after surgery.

❸ For men, however, the touching proved to be very upsetting. Their blood pressure and anxiety levels both rose. The psychologists suspect that because men are taught to be more *stoic, that is, to **hide** their feelings and to **ignore** their fears, the touching *rattled them by **reminding** them that life is *fragile.

(199 words)

*ordeal「つらい経験」 *stoic「冷静な」 *rattle「を混乱させる」 *fragile「もろい」

From *TEACHERS EDITION: SPEECH COMMUNICATION MATTERS 2ND REVISED* by *Randall McCutheon, James Schaffer, Joseph R. Wycoff.* Copyright© *2001 by Randall McCutheon, James Schaffer, Joseph R. Wycoff.* Used by permission of *McGraw-Hill Education.*

Check

- ☐ *l*.1 **physical**
- ☐ *l*.2 **powerful**
- ☐ *l*.6 **remove**
- ☐ *l*.7 **will**
- ☐ *l*.8 **appear to do**
- ☐ *l*.8 **affect**
- ☐ *l*.9 **favorably**
- ☐ *l*.10 **patient**
- ☐ *l*.12 **reaction**
- ☐ *l*.15 **upsetting**
- ☐ *l*.16 **suspect**
- ☐ *l*.17 ***that is***

チャレンジ！ 1st_____月_____日 2nd_____月_____日
目標149秒→タイム_____秒 目標119秒→タイム_____秒

❶ 触れることは，身体的な親密さの伝達手段である。このために，触れることは，すべてのコミュニケーション手段の中で最も強力なものになり得る。1985年5月，ニューヨーク市で，ブリジット・ガーニーは，6時間にわたって倒れた建設用クレーンの下に閉じこめられた。つらい経験の間ずっと，彼女は救助隊員の手を握り続け，その救助隊員は，重機が彼女の押しつぶされた足から何トンものねじれた鋼鉄を取り除いている間，彼女のそばについていた。1人の見知らぬ人が触れていたことが，彼女に希望と生きる意志を与えた。

❷ 触れることは，男女に異なる影響を与えるようである。女性は時に，触れることに対して，男性よりもはるかに好意的に反応することがある。ある興味深い研究で，心理学者は看護師のグループに，患者が手術を受ける少し前に，一度か二度，患者に軽く触れるよう頼んだ。触れることが，非常に好ましい反応を引き起こしたが，それは女性のみであった。手術前と手術後の両方で，彼女たちの血圧と不安の度合いを下げるようだった。

❸ しかし，男性にとっては，触れることは非常に動揺させることだとわかった。彼らの血圧と不安の度合いは，両方とも上昇した。心理学者は，男性はより冷静でいるように，すなわち，感情を隠し，恐怖心を無視するように教えられているため，触れることで彼らに生命はもろいものだということを思い出させてしまい，彼らを混乱させたのではないかと考えている。

□身体的な　　　□強力な　　　　□を取り除く　　□意志
□…するようである　□に影響を与える　□好意的に　　　■患者
□反応　　　　　□動揺させるような　□と思う　　　　□すなわち

44 「触れること」の作用（2） [人間]

日本人が人込みの中でとる態度とは？

❶ How do you feel about touching and being touched? Sales-people think they know — research shows that it is harder to say "no" to someone who touches you when making a **request** — but not everyone is happy about being touched by a stranger. Think about your own comfort level when you find yourself in a **crowd**. Are you relaxed and loose, or does physical contact make you feel *awkward and **tense**?

❷ In some situations, we can't help touching each other. Take a **crowded elevator**, for instance. Normally, people stand **shoulder** to shoulder and arm to arm, accepting such close contact without **complaint**. The rule seems to be "Touch only from shoulder to elbow, but **nowhere** else." Even though the Japanese are regarded as a nontouching society, their crowded cities force them to be **jammed** into **subways** and trains. Edward T. Hall, an **anthropologist**, says the Japanese handle their *uneasiness about being **packed** into **public** places by **avoiding** eye contact and drawing within themselves **emotionally**, thus "touching without feeling." (167 words)

*awkward「気まずい」 *uneasiness「落ち着かない気持ち」

From *TEACHERS EDITION: SPEECH COMMUNICATION MATTERS 2ND REVISED* by *Randall McCutheon, James Schaffer, Joseph R. Wycoff.* Copyright© *2001 by Randall McCutheon, James Schaffer, Joseph R. Wycoff.* Used by permission of *McGraw-Hill Education.*

Check

- [ ] *l.*4 **stranger**
- [ ] *l.*5 **comfort**
- [ ] *l.*5 **relaxed**
- [ ] *l.*7 **can't help …ing**
- [ ] *l.*7 *take ~ for instance*
- [ ] *l.*11 *regard A as B*
- [ ] *l.*12 *force A to do*
- [ ] *l.*14 **handle**

❶ 触れることと触れられることについて、あなたはどう思うだろうか。販売員は、自分はわかっていると思っている。すなわち、研究によれば、頼みごとをしながら自分に触れている人に対して「ノー」と言うことは、より難しいということなのだ。しかし、皆が、知らない人に触れられてうれしいわけではない。人込みにいる時の、自分自身の快適度を考えてみるとよい。リラックスして落ち着いているだろうか、それとも身体的接触で、居心地が悪く緊張した思いをしているだろうか。

❷ 場合によっては、私たちはお互いに触れざるを得ない。例えば、満員のエレベーターに乗るとしよう。通常、肩と肩や、腕と腕とが触れ合って立っているが、人々は不平も言わずにかなり密接な接触を受け入れている。ルールは、「肩からひじまでだけならば触れてもよいが、それ以外の場所はどこにも触れてはいけない」ということのようである。たとえ日本人は人の体に触れない社会だと考えられているとしても、混雑した都会では、人は地下鉄や電車に無理やり詰め込まれる。人類学者のエドワード・T・ホールが言うには、日本人は視線を合わせることを避け、感情的に自分の中に引きこもり、そうして「感情を持たずに触れること」によって、公共の場に詰め込まれることに対する不快さをうまく処理しているのだ。

□ 知らない人　　□ 快適さ　　□ くつろいだ　　□ …せざるを得ない
□ 例として〜を挙げる　　□ AをBとみなす
□ Aに…することを強制する　　□ を処理する

45 テレビゲームの影響力 (1) [社会]

■ テレビゲームが与える悪影響・好影響とは？

❶ "The impact of exposure to violent video games has not been studied as extensively as the impact of exposure to TV or movie violence," the researchers write in *Psychological Science in the Public Interest*. "However, on the whole, the results reported for video games to date are very similar to those **obtained** in the investigations of TV and movie violence." Among the effects of violent game playing are increases in *physiological arousal and physically aggressive behavior, such as hitting, **kicking**, and pulling clothes or hair. Studies also have found a reduction in **helpful** behavior among **youths** exposed to violent video games.

❷ Males tend to prefer action-oriented video games involving **shooting**, fighting, sports, action **adventure**, fantasy role-playing, and strategy, **according** to the Michigan State **survey**. Females prefer classic **board** games, trivia quizzes, puzzles, and arcade games. **Electronic** game playing gets young people involved with technologies and opens up opportunities in high-paying tech careers, **notes** communications **professor** Bradley Greenberg of Michigan State.

(160 words)

Psychological Science in the Public Interest：Association for Psychological Science（科学的心理学会：アメリカの学会）の解説論文誌
*physiological arousal「生理的な覚醒〔興奮〕」

Check

- [ ] *l*.1 impact
- [ ] *l*.1 violent
- [ ] *l*.2 extensively
- [ ] *l*.4 **on the whole**
- [ ] *l*.4 result
- [ ] *l*.5 **to date**
- [ ] *l*.5 **be similar to** 〜
- [ ] *l*.5 investigation
- [ ] *l*.6 effect
- [ ] *l*.13 strategy
- [ ] *l*.15 technology
- [ ] *l*.16 opportunity

❶ 「暴力的なテレビゲームにさらされることで受ける影響は，テレビや映画の暴力シーンにさらされることで受ける影響ほど，広範囲には研究されてきていない」と研究者らは *Psychological Science in the Public Interest* に書いている。「しかし，全体的に見ると，テレビゲームに関して現在までに報告された結果は，テレビや映画の暴力シーンについての調査で得られたものと，非常に似ている。」暴力的なゲームを行うことによる影響の中には，生理的な興奮や，殴ること，蹴ること，また服あるいは髪を引っ張ることなどの，身体的に攻撃性のある行動が増加する，ということがある。研究により，暴力的なテレビゲームにさらされている若者の間で，人の助けになる行動が減少していることもわかってきた。

❷ ミシガン州の調査によると，男性は，射撃，戦闘，スポーツ，アクション冒険もの，空想ロール・プレイング，そして戦略ものなどの，アクション中心のテレビゲームを好む傾向がある。女性は，伝統的な卓上盤ゲーム，雑学クイズやパズル，（ゲームセンターの）ゲームを好む。電子(の)ゲームをすることは，若者を科学技術と関わらせ，給与の高い科学技術関係の仕事への機会を広げている，とミシガン州（立大学）のコミュニケーション学のブラッドリー・グリーンバーグ教授は指摘している。

□影響；衝撃　□暴力的な　□広範囲に　□全体的に見ると
□結果　□これまで(で)　□〜に似ている　□調査
□影響　□戦略　□科学技術　□機会

46 テレビゲームの影響力 (2) [社会]

📖 今後テレビゲームに期待されていることとは？

❶ "It is believed that these opportunities *accrue to boys because they spend more time working with electronic games and computers," says Greenberg. "If girls become more involved with technology at an early **age**, it is likely that the **interest** in technology will continue into the work world." If females do become more involved in technology fields, including game development, they may create less-violent games that promote **cooperation** rather than aggression.

❷ Video games are in 80% of U.S. homes with children; they **generated** $6 **billion** in 2000 and $11 billion by 2003. "All **indications** are that the industry will continue to grow at a healthy *clip," says Greenberg. "The **emerging** market is for games **designed** more with girls in mind that **engage** them for longer periods of time and force them to investigate more the technology behind the games. The next **frontier** involves **transferring** video game technology to educational settings and using the young people's **fascination** with the games to involve them more with **innovative** teaching technologies." Until that day comes, however, more awareness is needed of the impact of violent games on young people's behavior, *Anderson and his **colleagues conclude**. (190 words)

*accrue「生じる；増加する」 *clip「速度」
*Anderson: psychologist Craig A. Anderson of Iowa State University

Check

- [ ] *l.*4 *it is likely that ...*
- [ ] *l.*5 **field**
- [ ] *l.*7 **promote**
- [ ] *l.*7 *A rather than B*
- [ ] *l.*10 **healthy**
- [ ] *l.*12 **period**
- [ ] *l.*13 **investigate**
- [ ] *l.*17 **awareness**

チャレンジ！　1st_____月_____日　　2nd_____月_____日
目標143秒→タイム_____秒　　目標114秒→タイム_____秒

❶　「こうした機会が男の子の方に生じるのは，彼らが電子ゲームやコンピュータを扱う時間がより長いためだと考えられている」とグリーンバーグは述べる。「もしも，女の子が幼い年齢で科学技術分野にもっと関わるようになれば，科学技術に関する興味が仕事の世界にまで継続する可能性は高い。」仮に女性が，ゲーム開発も含めて，科学技術分野に実際にもっと従事するようになるなら，彼女たちは，攻撃性よりもむしろ協力を促進する，あまり暴力的ではないゲームを作り出すかもしれない。

❷　テレビゲームは，子供がいるアメリカの家庭の80パーセントに存在し，2000年には六十億ドル，そして2003年までには百十億ドルを生み出した。「すべての兆候から，この産業は健全な速度で成長し続けるだろう」とグリーンバーグは述べる。「新興の市場は，女の子をより念頭において設計されたゲームのものであり，そうしたゲームは，より長時間彼女たちを没頭させ，さらにゲームの背後にある科学技術をよりいっそう研究しようという気にさせるものである。次なる未開拓分野は，テレビゲームの科学技術を教育環境へと移すことや，若者がテレビゲームに魅了されていることを利用して革新的な教育技術にもっと関わらせることを含んでいる。」しかし，その日が来るまで，若者の行動に対する暴力的なゲームの影響について，さらなる配慮が必要である，とアンダーソンおよび彼の同僚は結論づけている。

□…の可能性が高い　□分野　　　　　　□を促進する
□BというよりむしろA　　　　　　　　　□健全な　　　　　　□期間
□を研究する　　　□配慮；意識

47 読書の重要性 (1) [文化]

子供の読解力向上のために親ができることとは？

❶ Even with the hard work and caring of many **dedicated** teachers and concerned parents, the U.S. continues to have a reading problem. According to the National Center for Educational **Information**, 38 percent of fourth **grade** students cannot read and understand a short **paragraph** of the type found in a simple children's book. Results from a 1998 study showed that 60 percent of U.S. teenagers could **comprehend** specific facts, but fewer than 5 percent could elaborate on the meanings of the **material** read.

❷ No wonder many parents are **discouraged**, but they needn't be. By doing simple things like reading to their child, sharing their thinking about what they read, and telling their child stories, they can help develop the **foundation** needed for children to become good readers and learn that reading is not a **chore** but a **lifetime** adventure.

(138 words)

Check

- [ ] *l.2 continue to do*
- [ ] *l.3 according to* ~
- [ ] *l.3 national*
- [ ] *l.3 educational*
- [ ] *l.5 type*
- [ ] *l.6 teenager*
- [ ] *l.7 specific*
- [ ] *l.7 fact*
- [ ] *l.7 elaborate*
- [ ] *l.9 no wonder ...*
- [ ] *l.10 share*
- [ ] *l.12 develop*
- [ ] *l.13 adventure*

チャレンジ！ 1st_____月_____日 2nd_____月_____日
目標 104 秒→タイム_____秒　目標 83 秒→タイム_____秒

❶　多くの熱心な教師や関心を持つ保護者らの懸命な取り組みや心配にもかかわらず，アメリカは読むことに関する問題を抱え続けている。国立教育情報センターによると，38 パーセントの 4 年生の生徒が，簡単な子供向けの本にあるような種類の短い段落を読んだり理解したりできない。1998 年のある研究の結果によれば，アメリカ人のティーンエイジャーのうち 60 パーセントは，特定の事実を理解することはできたが，読んだ資料の意味について詳しく述べることができたのは，5 パーセント未満だった。

❷　多くの親ががっかりするのは当然であるが，その必要はない。自分の子供に本を読んで聞かせたり，読んだことについて思うことを親子で伝え合ったり，また物語を子供に話してやったりする，というような簡単なことを行うことによって，子供が読むことが得意になり読書が退屈なことではなく一生の冒険であると学ぶために必要な基礎を発達させる手助けをすることが，親にはできる。

□ …し続ける　□ ～によると　□ 国家の；国立の　□ 教育の
□ 種類　□ ティーンエイジャー　□ 特定の
□ 事実　□ 詳しく述べる　□ …も当然である　□ を分かち合う
□ を発達させる　□ 冒険

48 読書の重要性 (2) [文化]

■読書が必要な理由は何か。

❶ Good readers follow a number of key strategies, whether they're reading a magazine or a textbook. Firstly, they create a wide range of mental and **visual images** as they read, to feel involved with what they are reading. Then, they use their background and relevant **prior** knowledge before, during and after reading to **enhance** their understanding of what they are reading. They also make and ask questions before, during, and after reading to *clarify meaning, make predictions, and **focus** their attention on what's important.

❷ Good readers infer and determine the most important ideas or themes, and **distinguish** between these and unimportant information. Next, they **track** their thinking while reading, to get the **overall** meaning. Finally, if they have **trouble** understanding specific words, **phrases**, or longer passages, they use a wide range of problem-solving strategies including skipping **ahead**, re-reading, asking questions, using a dictionary, and reading the passage aloud to "fix-up" their understanding.

❸ Reading is **fundamental** to success in life. It's that simple. Reading opens the door to **virtually** all other learning. You have to be able to read to learn mathematics, science, history, **engineering**, **mechanics**, political science, not to mention to surf the **web** or figure out how to **operate** that new DVD player. Basically, you have to be able to read to succeed.

(214 words)

*clarify 「を明らかにする」

Check

- [ ] *l.*1 **strategy**
- [ ] *l.*2 *a wide range of ～*
- [ ] *l.*3 **mental**
- [ ] *l.*4 **relevant**
- [ ] *l.*7 *make a prediction*
- [ ] *l.*8 **attention**
- [ ] *l.*9 **infer**
- [ ] *l.*9 **determine**
- [ ] *l.*12 **specific**
- [ ] *l.*15 **aloud**
- [ ] *l.*20 ***not to mention***
- [ ] *l.*20 **surf**
- [ ] *l.*21 **basically**

チャレンジ！ 1st_____月_____日　　2nd_____月_____日
目標 **161** 秒→タイム_____秒　　目標 **128** 秒→タイム_____秒

❶　優れた読者は，彼らが読んでいるものが雑誌であろうと教科書であろうと，いくつもの重要な戦略に従う。まず第 1 に，読む時に観念的かつ視覚的な幅広いイメージを作り上げて，自分が読んでいるものに関わっている感覚をもつ。それから，自分が読んでいるものについての理解力を高めるために，読書の前，読書の最中，そして読書後も，自分の経験や関連した予備知識を利用する。彼らはまた，意味を明らかにし，予測をし，そして重要な部分に注意を集中させるために，読書の前，読書の最中，そして読書後も質問を作り，問いかける。

❷　優れた読者は，最も重要な考えあるいは主題を推論した上で特定し，それらと重要ではない情報とを区別する。次に，彼らは読書中に自分の思考をたどり，全体の意味を把握する。最後に，もし彼らが特定の言葉，句，あるいはより長い文章を理解するのが困難である場合，先へ読み飛ばすこと，再読すること，質問すること，辞書を使うこと，また理解を「整理する」ためにその一節を声に出して読むことを含んだ，幅広い問題解決の戦略を利用する。

❸　読書は，人生における成功の基盤となるものである。ただそれだけのことだ。読書は，ほとんどすべての他の学習への扉を開けてくれる。ウェブを見て回る，あるいは例の新しい DVD プレーヤーの操作法を理解するためであるのは言うまでもなく，数学，科学，歴史，工学，力学や政治学を学ぶためには，読めるようにならなければならない。要するに，成功するためには読めるようにならなければならないのである。

□ 戦略　　　　　　□ 幅広い〜　　　　　　　　　　　□ 観念的な
□ 関連のある　　　□ 予測する　　　　　　　　　　　□ 注意
□ を推論する　　　□ を決定する　　□ 特定の　　　　□ 声に出して
□ 〜は言うまでもなく　　　　　　　□ を見て回る　　□ 要するに

49 外国語を学ぶ際に必要なもの (1) [言語]

■■人はなぜ外国語を学ぶのか。

People may decide to study foreign languages for various reasons. They may do so for the immediate purpose of **satisfying** the **requirements** of some public examination or of getting greater fun and **enjoyment** out of a holiday abroad. Business people may have to deal directly or indirectly with various kinds of information from abroad. Research workers may realize the importance of being able to read the **latest** reports of **advances** made in their studies as soon as they are **published** in foreign **journals**, without waiting for a **translator**, who may or may not have the ability to make an exact **translation** with one hundred percent **accuracy**. People may be **keenly** interested in the activities of a foreign nation for political reasons. They may need information about current **affairs** that foreign newspapers and journals alone can **deliver**. Students of **literature** must surely be able to read great works first hand.

(149 words)

Check

- *l.2 for the purpose of 〜*
- *l.2* **immediate**
- *l.3 get A out of B*
- *l.5 deal with 〜*
- *l.5* **indirectly**
- *l.6* **realize**
- *l.6* **importance**
- *l.7 as soon as ...*
- *l.8 wait for 〜*
- *l.9 exact*
- *l.11* **political**
- *l.12* **reason**
- *l.12* **current**
- *l.13* **alone**

チャレンジ！ 1st_____月_____日　　2nd_____月_____日
目標112秒→タイム_____秒　　目標89秒→タイム_____秒

　人々はさまざまな理由で外国語を学習しようと決心するだろう。何かの公的試験の必要条件を満たす，あるいは海外で休暇を過ごす際により大きな喜びや楽しみを得る，といった目の前の目的のために学習しようと決めるかもしれない。実業家なら海外からのさまざまな種類の情報を直接的に，あるいは間接的に，扱わなければならないだろう。研究者なら，自分たちの研究分野で得られた進歩についての最新の研究報告を，海外の専門誌に発表されてすぐに，翻訳者を待つことなく，読むことができることの重要性を認識するだろう。その翻訳者は100パーセント正確に厳密な翻訳をする能力を持っているかもしれないし，持っていないかもしれない。政治的な理由で外国の活動に熱心に関心を持つ人もいるだろう。そうした人たちは，外国の新聞や雑誌の記事だけしか伝えられない時事問題についての情報を必要とするかもしれない。文学の研究者なら当然，名作を原文で読むことができなければならない。

□ ～の目的で　　　　　　　　　　□ 即座の；目の前の　□ BからAを得る
□ ～を扱う　　　　□ 間接的に　　□ を認識する　　　　□ 重要性
□ …するとすぐに　□ ～を待つ　　□ 厳密な　　　　　　□ 政治的な
□ 理由　　　　　　□ 最近の；今の　□ ～だけ

50 外国語を学ぶ際に必要なもの（2）[言語]

必要なものは才能か，関心か。

❶ Learning a new language **implies** entering a new world, and it **inevitably** leads to a widening of **intellectual** experience. Learning a new language well enough to be able to understand it when heard, to speak it, read it, and write it, is such hard training that we certainly need some strong **urge** to drive us on. The four distinct and separable activities just mentioned — listening, speaking, reading, and writing — call for constant, preferably daily, exercise. These activities are concerned in varying degrees with four aspects of language study — **pronunciation**, **grammar**, vocabulary, and *idiom. It is useful to keep these four activities and four aspects clearly in mind.

❷ Learning a new language calls for no great originality of mind or critical **talent**, but it does demand an **eager** intellectual curiosity and a constant and lively interest in the endless ways in which human ideas may be expressed. It demands quick observation first of all, reasonable ability to *mimic and **imitate**, good powers of association and *generalization, and a good memory.

(169 words)

*idiom「熟語」　*mimic「をまねる」　*generalization「一般化」

Check

- ☐ *l*.1 **enter**
- ☐ *l*.2 **experience**
- ☐ *l*.3 **~ enough to do**
- ☐ *l*.4 **such ~ that ...**
- ☐ *l*.5 **drive on ~**
- ☐ *l*.5 **distinct**
- ☐ *l*.6 **mention**
- ☐ *l*.7 **call for**
- ☐ *l*.7 **be concerned with ~**
- ☐ *l*.8 **aspect**
- ☐ *l*.9 **keep ~ in mind**
- ☐ *l*.12 **curiosity**
- ☐ *l*.14 **observation**

チャレンジ！ 1st_____月_____日   2nd_____月_____日
目標 127 秒→タイム_____秒   目標 101 秒→タイム_____秒

❶ 　新たな言語を学ぶということは，新しい世界に入っていくことを意味しており，さらにそれは必然的に，知的な経験を広げることにつながる。新しい言語を，聞いた時に理解することができ，話したり，読んだり，書いたりすることが十分できるほど学ぶことは大変厳しい訓練なので，私たちは間違いなく，自らを駆り立てる何らかの強い欲求を必要とする。先ほど述べた，4つの異なった区別して考えられる活動，すなわち聞くこと，話すこと，読むこと，書くことは，継続的な，できれば毎日の訓練を必要とする。これらの活動は，発音，文法，語彙，熟語という言語学習の4つの側面と，それぞれ異なる度合いで，関連している。これらの4つの活動および4つの側面を，明確に意識しておくことは役に立つ。

❷ 　新たな言語を学ぶことは，思考の卓越した創造性や決定的な才能を必要としてはおらず，旺盛な知的好奇心や，人間の考えが表現される無限の方法に対する不変の強い関心をこそ必要とする。それには，まず第1に鋭い観察力，さらに，まねしたり模倣したりするそこそこの能力，連想したり一般化したりする優れた能力，そして十分な記憶力が必要だ。

□に入る　　　　　　□経験　　　　　　□…するほど十分〜　□とても〜なので…
□〜を駆り立てる　　□まったく異なった　□を述べる　　　　　□〜を必要とする
□〜に関連している　　　　　　　　　　　□側面　　　　　　　□〜を心に留める
□好奇心　　　　　　□観察

117

STAGE 6

Reading 51 ~ 60

ある程度まとまった英文を読む際には，1文1文正確に意味をとることも必要だが，**まずは知っている単語で大まかに意味を捉えてみるとよい。**
ストーリーの流れがわかれば，おのずとその文脈で使われている単語の意味も見えてくる。木を見て森を見ずにならないように気をつけよう。

51 風邪に関する常識 [医療]

■風邪に対する免疫をつけることは可能か。

Ben Hemmens is the father of three children, including four year-old Sophie. According to medical **experts**, it is normal for kids around this age to catch colds four to five times a year. In adults, the **ratio** is about two to three times a year, for reasons that are not completely clear. However, says Dr. Ranit Mishori of Georgetown University Hospital, many people believe that it is possible to become *immune to the common cold so that one gets fewer and fewer colds as he ages. "There are about 200 types of **virus** that cause the common cold, yet people think that once you get **infected** one time, you develop *immunity for the **rest** of your life. This is **entirely** wrong," she claims. There are simply too many different viruses, many of which change in slight ways as they pass from person to person.

(144 words)

*immune「免疫がある」 *immunity「免疫」

Check
- l.1 including
- l.2 *according to* ～
- l.2 medical
- l.4 completely
- l.5 clear
- l.12 *slight*
- l.12 pass

チャレンジ！ 1st_____月_____日　　2nd_____月_____日
目標108秒→タイム_____秒　　目標86秒→タイム_____秒

　ベン・ヘメンズという人物は，4歳のソフィーを含めて，3人の子供の父親である。医療の専門家たちによると，この年齢くらいの子供たちにとって，1年に4～5回風邪を引くことは普通という。成人では，根拠は完全に明らかではないが，その割合は1年におよそ2～3回である。しかし，とジョージタウン大学病院のラニ・ミショリ博士が言うには，多くの人々が，風邪に対して免疫をつけることが可能なので人は歳を取るにつれてどんどん風邪を引くことが少なくなる，と考えている。「風邪を引き起こすウイルスはおよそ200種類あります。でも人々は，1回感染してしまえば，残りの生涯の間は免疫ができると考えるのです。これはまったく誤りです。」と彼女は主張している。種類の異なるウイルスが本当にあまりにたくさんあって，そのうちの多くは，人から人へとうつるにしたがって，わずかに変化するのである。

□を含めて　　□〜によると　　□医療の　　□完全に
□明らかな　　□わずかな　　□うつる

52 スーパーの便利さと運搬燃料（1）[環境]

■便利さのために犠牲にしていることは何か。

❶ A modern supermarket is a thing of **wonder**. Even if it's snowing outside and summer is a **distant** memory, you can buy strawberries, peaches or grapes. If you want **root** vegetables in the **middle** of a *heatwave, you can have them. *Ex-pat Americans can have their Oreo cookies, while homesick New Zealanders can *console themselves with wine and kiwi fruit. Within days of being picked off the *vines, the fruit is in your *trolley, tasting of spring as the leaves are falling outside.

❷ It's all great until you start *contemplating the **vast** *mileage sitting in your shopping basket. Those kiwi fruits have **travelled** nearly 20,000 kilometres — or 12,000 **miles**. They've flown in a plane and travelled by **road**. By the time they **reach** the supermarket, they're responsible for five times their own **weight** in **greenhouse gases** being **pumped** into the **atmosphere**. Increasingly, our food is coming from further and further away, and we're becoming more and more dependent on the **fuel** it takes to get them to us. (168 words)

*heatwave「熱波」　*ex-pat「国外在住の」　*console「を元気づける」　*vine「蔓」
*trolley「ショッピングカート」　*contemplate「をじっくり考える」
*mileage「総走行〔飛行〕マイル数」

Check

☐ *l.1 even if ...*　☐ *l.2 memory*　☐ *l.9 nearly*　☐ *l.11 by the time ...*
☐ *l.13 increasingly*

チャレンジ！　　1st_____月_____日　　2nd_____月_____日
目標 126 秒→タイム_____秒　　目標 101 秒→タイム_____秒

❶　現代のスーパーマーケットとは，不思議なものである。たとえ外には雪が降っていて，夏が遠い記憶であっても，イチゴ，モモ，あるいはブドウを買うことができる。もし，熱波のさなかに根菜類を欲しても，手に入れることが可能だ。国外在住のアメリカ人は，自国のオレオクッキーを手に入れられるし，一方で故郷が恋しいニュージーランド人は，ワインとキーウィフルーツで自分たちを元気づけることができる。その果物は，蔓から摘み取られて数日以内に，外で木の葉が舞い落ちている時に，春の風味で，あなたのショッピングカートに入っている。

❷　自分の買い物かごにかかっている膨大な総走行マイル数をじっくりと考え始めるまでは，すべては素晴らしい。それらのキーウィフルーツは，20,000 キロメートル近く，すなわち 12,000 マイルを旅してきた。飛行機に乗って飛び，道路を通って移動してきている。スーパーマーケットに到着するまでには，そのキーウィフルーツは，それ自体の重量の 5 倍の重さの，大気中に排出される温室効果ガスに対して責任がある。ますます，私たちの食物は，もっともっと遠くからやって来るようになっているので，それらを私たちのもとへ届けるのにかかる燃料に，ますます依存するようになっているのである。

□たとえ…でも　　□記憶　　　　□ほとんど　　　　□…する時までに
□ますます

53 スーパーの便利さと運搬燃料（2）[環境]

■■ 燃料依存はイギリスではどのようになっているか。

❶ This dependence was **illustrated** very clearly during the September 2000 fuel price **protests** in Britain. **Inspired** by similar actions in France, a group of farmers and *lorry drivers decided to *blockade the Stanlow oil *refinery in Cheshire. The protest quickly snowballed, and *petrol tankers were unable to leave refineries. **Panic** buying saw more than 90 **per cent** of petrol stations run dry. And with **supplies** unable to get through, supermarket **shelves** quickly **emptied**.

❷ It's **estimated** that food now **accounts** for as much as 40 per cent of all UK road *freight, and the international food **trade** is increasing faster than the world's **population** and food production. In other words, food is moving around more than ever, and the environmental **impact** could be huge.

❸ Despite the UK's cool **climate** being perfectly suited for growing apples, nearly three-quarters of the apples eaten in the UK are **imported**, and more than 60 per cent of Britain's apple *orchards have been destroyed in the past 30 years. We're now putting more energy into **transporting** some **crops** than we get out of eating them. For every **calorie** of *lettuce imported to the UK from America's west coast, 127 calories of fuel are used. Put it another way: flying over a kilogram of Californian lettuce uses enough energy to keep a 100-watt light bulb glowing for eight days.

(222 words)

*lorry「トラック」 *blockade「を封鎖する」 *refinery「精製所」 *petrol「ガソリン」
*freight「運送貨物」 *orchard「果樹園」 *lettuce「レタス」

Check

- □ *l.*7 get through
- □ *l.*10 production
- □ *l.*10 in other words
- □ *l.*11 more than ever
- □ *l.*11 environmental
- □ *l.*12 huge
- □ *l.*13 perfectly
- □ *l.*16 destroy
- □ *l.*19 fuel
- □ *l.*21 glow

❶ このような依存は，イギリスにおける 2000 年 9 月の燃料価格抗議の中で，非常に明確に実証された。フランスにおける同じような行動に触発されて，農場経営者とトラック運転手らのグループが，チェシャー州のスタンロー石油精製所を封鎖することを決断した。その抗議はすぐさま加速度的に拡大し，ガソリンタンカーは精製所を出港することができなかった。パニック買いにより，90 パーセントを超えるガソリンスタンドが干上がった。さらに供給が届かないために，スーパーマーケットの棚はまたたく間に空になった。

❷ 現在は，食物がイギリスのすべての道路運送貨物のうち，40 パーセントをも占めていると概算されており，国際的な食物貿易は，世界の人口や食物生産よりも速い速度で増加している。言い換えれば，食物はこれまで以上にあちこちに移動しており，しかも環境上の影響は莫大なものになり得る。

❸ イギリスの涼しい気候は，リンゴの栽培にきわめて適しているにもかかわらず，イギリスで食されているリンゴのおよそ 4 分の 3 は輸入されており，60 パーセントを上回るイギリスのリンゴ果樹園が，過去 30 年間に破壊されている。私たちは，今や，いくつかの農産物を輸送することに，それらの農産物を食べることから摂取するよりも多くのエネルギーをつぎ込んでいる。アメリカの西海岸からイギリスへ輸入されるレタスの 1 カロリーごとに，127 カロリーの燃料が使われる。別の言い方をしてみよう。カリフォルニア産レタス 1 キログラムを空輸するには，100 ワットの灯りの電球が 8 日間光り続けるのに十分なエネルギーを使うのである。

□ 到達する　□ 生産　□ 言い換えれば　□ これまで以上に
□ 環境上の　□ 莫大な　□ 完全に　□ を破壊する
□ 燃料　□ 輝く

54 ディズニーの大きな決断（1）[社会]

■会議は何のために開かれたか。

❶ On April 4, 2003, Glen Keane, one of Walt Disney's most **respected** animators, called for a meeting to **discuss** the war breaking out at the **studio**. Disney's animators had **settled** into two opposing camps: those who were skilled in computer **animation** and those who **refused** to give up their pencils.

❷ Keane, a 31-year *veteran who created the **beast** for "**Beauty and the Beast**" and Ariel for "The Little Mermaid," was a Disney *traditionalist. But after a series of experiments to see whether he could create a computer-animated *ballerina, his opposition softened. So he **invited** the 50 animators to discuss the *pros and cons of both art forms, calling his seminar "The Best of Both Worlds." (115 words)

*veteran「ベテラン」 *traditionalist「伝統主義者」 *ballerina「バレリーナ」
*pros and cons「賛否；良し悪し」

Copyright© 2013 by *International Herald Tribune*.
Used by permission of *International Herald Tribune*.

Check
- *l.2* **call for** 〜
- *l.2* **war**
- *l.2* **break out**
- *l.4* **be skilled in** 〜
- *l.5* **give up** 〜
- *l.8* **a series of** 〜
- *l.8* **experiment**
- *l.9* **create**
- *l.9* **opposition**
- *l.9* **soften**
- *l.11* **form**

チャレンジ！ 1st_____月_____日　　2nd_____月_____日
目標 86 秒→タイム_____秒　　目標 69 秒→タイム_____秒

❶ 2003 年 4 月 4 日，ウォルト・ディズニー社の最も尊敬されているアニメ制作者の 1 人，グレン・キーンは，スタジオで起きている争いについて話し合うための会議を召集した。ディズニーのアニメ制作者たちは，2 つの対立する陣営に落ち着いていた。それは，コンピュータのアニメに熟練した者たちと，鉛筆を手放すことを拒否した者たちだった。

❷ キーンは 31 年のベテランで，『美女と野獣』の野獣や，『リトル・マーメイド』のアリエルを創り出しており，ディズニーの伝統主義者であった。しかし，彼がコンピュータ・アニメのバレリーナを創り出すことができるかどうかを検討するための，一連の実験を行った後には，彼の反発は和らいだ。そこで彼は，自身の研究会を「2 つの世界の最高のもの」と呼んで，双方の技法形態の良し悪しを話し合うために，50 人のアニメ制作者を招いた。

□ 〜を要求する　□ 争い　□ 勃発する；始まる　□ 〜に熟練している
□ 〜を手放す　□ 一連の〜　□ 実験　□ を創り出す
□ 反発　□ 和らぐ　□ 形態

55 ディズニーの大きな決断（2）[社会]

■■ディズニーが決断したことは何か。

❶ For an hour, Keane listed the pluses and minuses of each technique while the other animators listened quietly. After a few questions, the crowd **burst** into chatter as animators **shouted** over one another, some arguing that computers should not **replace** people and others expressing fears that they would be **forced** to **draw** by hand.

❷ In a **recent interview**, Keane **recalled** that Kevin Geiger, a computer animation *supervisor, then stood up and demanded of him, "If you can do all this cool stuff that you're talking about — that you want to see in animation — but you have to give up the pencil to do it, are you in?" Keane **hesitated** before answering, "I'm in."

❸ Three weeks later, the company's animators were told that Disney would **concentrate** on making computer-animated movies, **abandoning** a 70-year-old hand-drawn tradition in favor of a style popularized by newer and more successful rivals like Pixar Animation Studios and DreamWorks Animation.   (153 words)

*supervisor「監督」

Copyright© *2013* by *International Herald Tribune*.
Used by permission of *International Herald Tribune*.

Check

- *l.*1 **list**
- *l.*1 **technique**
- *l.*3 **chatter**
- *l.*5 **express**
- *l.*5 **fear**
- *l.*7 ***demand of* ~**
- *l.*8 **stuff**
- *l.*13 **tradition**
- *l.*13 ***in favor of* ~**
- *l.*14 **popularize**
- *l.*14 **successful**

チャレンジ！　1st_____月_____日　　2nd_____月_____日
目標 115 秒→タイム_____秒　　目標 92 秒→タイム_____秒

❶ 1時間にわたって，他のアニメ制作者たちが静かに聞いている間，キーンはそれぞれの技法の長所と短所を列挙した。いくつかの質問の後，アニメ制作者たちがお互いに怒鳴り合うと同時に，聴衆はおしゃべりを突然始め，コンピュータは人間に取って代わるべきではないと論じる者もいれば，手描きで絵を描くことを強いられるのではないかという不安を述べる者もいた。

❷ 最近のインタビューの中でキーンは，コンピュータ・アニメの監督，ケビン・ガイガーがその時立ち上がり，キーンに問いただしたことを思い起こしていた。「もしあなたが，今話題にしている，つまりアニメで見たいと思っている，このすごい内容のすべてができるが，それを行うためには鉛筆を手放さなければならないとすると，あなたは（こちらへ）加わりますか。」キーンはためらった後，「加わります」と答えた。

❸ 3週間後，会社のアニメ制作者たちは次のように告げられた。ディズニーはコンピュータ・アニメ映画の制作に専念し，ピクサー・アニメーション・スタジオやドリームワークス・アニメーションといった，より新しく大きな成功を収めているライバルが普及させた制作方式を選択し，70年に及ぶ手描きの伝統を捨てるつもりであると。

□を列挙する　　□技法　　　　　　□おしゃべり　　□を述べる
□不安　　　　　□〜に問いただす　□物事　　　　　□伝統
□〜の方を選んで　□を世に広める　□成功している

56 ディズニーの大きな決断（3） [社会]

■この決断の最大の目的は何か。

❶ The results were *nothing short of a cultural revolution at the studio, which is famous for the hand-drawn **classics** championed by its founder, Walt Disney, like "Snow White and the Seven Dwarfs" and "Peter Pan."

❷ Two years and a half after that **decision**, Disney released "Chicken Little," the first of four computer-animated **films** developed at the newly *reorganized studio. The company hoped that this movie, along with others like "Meet the Robinsons," "American Dog," and Keane's "Rapunzel Unbraided," would **return** Disney to its past **glory**.

❸ There was a lot more than **pride**, however, riding on its success. Animation was once Disney's heart, a profitable *lifeline that **fed** the company's **theme** park, book, and home video **divisions**. And restoring **profit** was as essential to Disney in those days as *regaining its **reputation**.

(131 words)

*nothing short of ～「～にほかならない」 *reorganize「を再編成する」 *lifeline「生命線」
*regain「を取り戻す」

Copyright© *2013* by *International Herald Tribune*.
Used by permission of *International Herald Tribune*.

Check

- [ ] *l*.1 **result**
- [ ] *l*.1 **cultural**
- [ ] *l*.2 ***be famous for*** ～
- [ ] *l*.2 **champion**
- [ ] *l*.3 **founder**
- [ ] *l*.5 **release**
- [ ] *l*.6 **develop**
- [ ] *l*.7 **newly**
- [ ] *l*.7 ***along with*** ～
- [ ] *l*.9 **past**
- [ ] *l*.10 **however**
- [ ] *l*.10 **success**
- [ ] *l*.11 **heart**
- [ ] *l*.13 **restore**
- [ ] *l*.13 **essential**
- [ ] *l*.13 ***in those days***

チャレンジ！ 1st_____月_____日 2nd_____月_____日
目標98秒→タイム_____秒 目標79秒→タイム_____秒

❶ その結果とは、『白雪姫』や『ピーターパン』など、その創設者であるウォルト・ディズニーによって擁護されてきた手描きの傑作で名高いスタジオにおける、文化的な革命にほかならなかった。

❷ その決定から2年半後、ディズニーは『チキン・リトル』を公開したが、それは新しく再編成されたスタジオで作り上げられた、4本のコンピュータ・アニメ映画のうちの最初の1つであった。会社は、その他の『ルイスと未来泥棒』、『アメリカンドッグ』、そしてキーンの『ラプンツェル』などとともに、この映画がディズニーを過去の栄光へと戻してくれることを願っていた。

❸ しかし、誇りよりももっと多くの事情がその成功に乗っかっていた。アニメはかつてディズニーの中核であり、会社のテーマパーク、書籍、そしてホームビデオ部門を養う、収益性の高い生命線だった。当時のディズニーにとって、収益を回復させることは、その名声を取り戻すことと同様に、必要不可欠なことだったのである。

□ 結果　　　　　□ 文化的な　　　　□ ～で有名である　□ を擁護する
□ 創設者　　　　□ を公開する　　　□ を開発する　　　□ 新しく
□ ～とともに　　□ 過去の　　　　　□ しかし　　　　　□ 成功
□ 中核　　　　　□ を回復させる　　□ 必要不可欠な　　□ その当時

57 インターネット情報の真偽（1） [社会]

■ケイシー・ニコルとはどのような人物か。

❶ Kaycee Nicole was a nineteen-year-old girl from Kansas dying of cancer. Or so believed the thousands of people who visited her website on which she kept a diary of her fight against cancer. For over a year Kaycee Nicole had added updates to her diary, letting people know about the ups and downs of her struggle with the disease, about her hope when her condition temporarily improved, and about her fear when the cancer *reappeared. Kaycee's mother, Debbie, maintained a companion journal in which she discussed what it was like caring for a child with cancer. Many people grew extremely close to Kaycee. They communicated with her via e-mail, chatted with her in online chatrooms, and some even phoned her.

❷ Then on May 15, 2001 Kaycee Nicole died from bleeding in the brain. Her online friends despaired. They sought for ways to express their sorrow. They wanted to send gifts to her family. Some even wanted to attend her funeral. And that's when things began to get suspicious.

(168 words)

*reappear「再び現れる」

Check

- [ ] *l.*1 ***die of*** ~
- [ ] *l.*3 ***keep a diary***
- [ ] *l.*3 **fight**
- [ ] *l.*5 ***ups and downs***
- [ ] *l.*5 **disease**
- [ ] *l.*6 **improve**
- [ ] *l.*7 **maintain**
- [ ] *l.*8 ***care for*** ~
- [ ] *l.*12 ***die from*** ~
- [ ] *l.*13 **despair**
- [ ] *l.*13 ***seek for*** ~
- [ ] *l.*15 **attend**

チャレンジ！ 1st＿＿＿月＿＿＿日 2nd＿＿＿月＿＿＿日
目標 126 秒→タイム＿＿＿＿秒 目標 101 秒→タイム＿＿＿＿秒

❶ ケイシー・ニコルは，がんで死に瀕しているカンザス州の 19 歳の女の子だった。あるいは，彼女ががんと闘う日記を書いていたウェブサイトを訪れた何千もの人々は，そのように信じていた。1 年以上の間，ケイシー・ニコルは自分の日記を更新して，その病気との闘いの浮き沈みについて，自分の状態が一時的に改善した時の希望について，そしてがんが再発した時の恐怖について，人々に知らせてきた。ケイシーの母デビーは，付き添いの日記を続けており，がんを患う子供の世話とはどのようなものかについて書いていた。多くの人々が，ケイシーと非常に親しくなっていった。彼らは彼女と電子メールを通じて対話したり，オンラインのチャットルームで彼女とおしゃべりしたり，さらには彼女に電話をかけた人すらいた。

❷ その後，2001 年 5 月 15 日，ケイシー・ニコルは脳内出血で亡くなった。彼女のインターネット上の友人らは落胆した。彼らは悲しみを表現する方法を探した。彼らは彼女の家族に贈り物を送りたがった。彼女の葬儀に出席したいとまで望む人もいた。そして，事態があやしくなり始めたのはその時だった。

□ ～がもとで死ぬ　□ 日記をつける　□ 闘い　□ 浮き沈み
□ 病気　□ 改善する　□ を維持する　□ ～の世話をする
□ ～で死ぬ　□ 落ち込む　□ ～を探し求める　□ に出席する

133

58 インターネット情報の真偽（2）[社会]

ケイシー・ニコルの死から明らかになったこととは？

❶ Kaycee's mother refused to **provide** anyone with information about where the funeral was being held or where to send gifts. This **prompted** a group of individuals who **participated** in the online community Metafilter, to find out what was going on. What they discovered was disturbing. Kaycee's death had not been recorded by any *obituary they could **locate**. Nor could anyone remember ever having **met** Kaycee in person. They began to wonder if Kaycee actually **existed**.

❷ Their fears were proved a few days later when Debbie Swenson, a forty-year-old woman from Kansas, **confessed** that she had invented Kaycee and written all the diary entries herself. The photos of Kaycee that appeared on the **site** were simply pictures of a **neighbor**, used without the neighbor's knowledge. **Whenever** anyone had thought that they were e-mailing Kaycee, it was actually Debbie they were communicating with.

❸ Debbie Swenson **remained unwilling** to **admit** her **fault** in her **confessions**, claiming that Kaycee was real, in a way, because the **character** of Kaycee was a blend of a number of cancer victims whom Debbie had known. She added that she hadn't realized so many people were reading the diary. This **hardly** satisfied the thousands of people who felt **cheated** because their kindness and **sympathy** had been taken **advantage** of. The FBI even looked into the case, but determined that because Debbie Swenson hadn't gained money from the *hoax she hadn't actually committed a **crime** which was serious enough to take her to **court**.

(245 words)

*obituary「死亡記事」 *hoax「捏造；ほら話」

Check

- ☐ *l.*1 **refuse**
- ☐ *l.*2 **funeral**
- ☐ *l.*3 **individual**
- ☐ *l.*4 ***find out*** ~
- ☐ *l.*5 **disturbing**
- ☐ *l.*7 **actually**
- ☐ *l.*9 **prove**
- ☐ *l.*10 **invent**
- ☐ *l.*22 ***look into*** ~

チャレンジ！　1st_____月_____日　　2nd_____月_____日
目標184秒→タイム_____秒　　目標147秒→タイム_____秒

❶　ケイシーの母は，誰に対しても，葬儀がどこで行われるか，あるいは贈り物をどこに送ればいいかについての情報を提供することを拒んだ。このことが，ネットコミュニティの「メタフィルター」に参加した人のグループを，何が起きているかを突き止めるよう駆り立てた。彼らが発見したことは，戸惑うようなことだった。ケイシーの死は，彼らが探し出すことができたいずれの死亡記事にも記録されていなかった。これまでケイシー本人に会ったという記憶のある人も誰もいなかった。彼らは，ケイシーが実際に存在したかどうかを疑い始めた。

❷　彼らの不安は，数日後，カンザス州の40歳の女性，デビー・スウェンソンが，自分がケイシーを作り上げて，すべての日記のエントリーを自分で書き込んでいたと告白した時に，事実であることが証明された。サイトに掲載されていたケイシーの写真は単に，ある隣人の写真であり，その隣人に知らせないまま使用されていた。誰もがケイシーに電子メールを送っていたと思っていた時はいつも，彼らが連絡を取っていたのは実はデビーだった。

❸　デビー・スウェンソンは，彼女の告白の中で自分の責任を認めようとしないままで，ケイシーの人格はデビーが知っていた数多くのがん患者を組み合わせたものであることから，ある意味ではケイシーは現実だと主張した。彼女は，それほど多くの人々がその日記を読んでいるとは認識していなかったと付け加えた。これでは，自分たちの親切心や同情が利用されたためにだまされたと感じた数多くの人々を満足させることは，ほとんどできなかった。連邦捜査局（FBI）までもがその事件を詳しく調べたが，デビー・スウェンソンはそのはら話から金を得たわけではないので，彼女を法廷へ連れて行く〔起訴する〕ほど重大な犯罪を実際には犯したわけではないと断定した。

□ ～を拒絶する　　□ 葬儀　　□ 個人　　□ ～を突き止める
□ 動揺させる　　　□ 実際に　□ ～を証明する　□ ～を作り上げる
□ ～を調べる

59 インターネット時代の印刷物の役割（1）[社会]

■■インターネットの情報と本の違いとは？

❶ The Internet is very much like television in that it takes time away from other **pursuits**, provides **entertainment** and information, but in no way can compare with the warm, personal experience of reading a good book. This is not the only reason why the Internet will never replace books, for books provide the **sufficient** knowledge of a **subject** that sitting in front of a computer monitor cannot provide. We can transfer **text** from an Internet **source**, but the artistic **quality** of **sheets** of transferred text leaves much to be **desired**. A well-designed book makes the reading experience important.

❷ The book is still the most *compact and **economical** means of **conveying** a lot of knowledge in a convenient package, and this is what makes it popular. The idea that one can carry in one's pocket a play by Shakespeare, a **novel** by *Charles Dickens or the **Bible** in a small book with a *stiff, paper cover is **incredible**. We take such uncommon convenience for **granted**, not realizing that the book itself has undergone quite an **evolution** since the production of the Gutenberg Bible in 1455 and Shakespeare's book of plays in 1623.

(191 words)

*compact「小型の」 *Charles Dickens「（小説家）チャールズ・ディケンズ」 *stiff「硬い」

Check

- [ ] *l.1* ***in that ...***
- [ ] *l.2* **provide**
- [ ] *l.3* **compare**
- [ ] *l.3* **personal**
- [ ] *l.6* ***in front of ~***
- [ ] *l.7* **transfer**
- [ ] *l.10* **means**
- [ ] *l.11* **convenient**
- [ ] *l.15* **uncommon**
- [ ] *l.16* **undergo**
- [ ] *l.16* **production**

チャレンジ！ 1st_____月_____日 2nd_____月_____日
目標143秒→タイム_____秒 目標115秒→タイム_____秒

❶ インターネットは，他の仕事に費やす時間を奪い，娯楽と情報を提供する，という点でテレビにとてもよく似ているが，良書を読むという心温まる個人的な体験とは決して比べものにはならない。これは，インターネットが決して本に取って代わることはないといえる唯一の理由ではない。というのも，コンピュータのモニターの前に座っていても与えられない，ある主題に関する十分な知識を本は提供してくれるからである。我々はインターネットソースからテキストを転送することができるが，転送されたテキストのシートの芸術性は望まれるべき点が多く残っている〔遺憾な点が多い〕。よくできた本は，読書体験を重要なものにしてくれるのである。

❷ 本は今もなお，便利なパッケージでたくさんの知識を伝える最もコンパクトかつ経済的な手段であり，これが本を人気のあるものにしている。硬い紙表紙の小型本で，シェイクスピアの劇やチャールズ・ディケンズの小説や聖書をポケットに入れて持ち歩くことができるという発想は素晴らしい。1455年のグーテンベルク聖書や1623年のシェイクスピアの劇集の制作以来，本自体がかなりの進化を経てきたことに気づくことなく，我々は，そのような並外れた便利さを当然のことと考えている。

□ …という点で　□ を提供する　□ 匹敵する　□ 個人的な
□ 〜の前に　□ を転送する　□ 手段　□ 便利な
□ 並外れた　□ を経る　□ 制作

60 インターネット時代の印刷物の役割（2）［社会］

■■ 作家になりたい人はなぜ本を好むのか。

❶ Not only has the art and **craft** of **printing** and making books been greatly improved over the centuries, but the great variety of subject matter now **available** in books is surprising, *to say the least. In fact, the Internet requires the constant entry of **authors** and their books to obtain the information that makes it a useful **tool** for research and learning.

❷ Another important reason why the Internet will never replace books is because those who wish to become writers want to see their works **permanently** published as books — something you can hold, see, feel, look through, and read at your **leisure** without the need for an **electric** current **apart** from a lamp. The writer may use a computer instead of a pen and pad, but the finished product must eventually end up as a book if it is to have value to the reading public. The writer may use the Internet in the course of researching a subject just as he may use a library for that purpose, but the end product will still be a book.

(178 words)

*to say the least 「控えめに言っても」

Check

- [ ] *l.*2 **improve**
- [ ] *l.*2 **variety**
- [ ] *l.*3 *in fact*
- [ ] *l.*4 **constant**
- [ ] *l.*5 **obtain**
- [ ] *l.*7 **replace**
- [ ] *l.*9 **publish**
- [ ] *l.*11 *instead of* 〜
- [ ] *l.*12 **product**
- [ ] *l.*12 *end up as* 〜
- [ ] *l.*14 *in the course of* 〜
- [ ] *l.*15 **library**
- [ ] *l.*15 **purpose**

チャレンジ！ 1st＿＿＿月＿＿＿日　　2nd＿＿＿月＿＿＿日
目標134秒→タイム＿＿＿＿秒　　目標107秒→タイム＿＿＿＿秒

❶　本を印刷して製作するという技術やわざが，何世紀にもわたって大いに改善されてきただけではなく，現在本で得られる題材の多種多様さは，控えめに言っても驚くほどである。実は，インターネットが，研究や学習に便利な道具となるような情報を入手するためには，著者とその著書（の内容）が絶えずインターネットに掲載されることが求められるのだ。

❷　インターネットが決して本に取って代わることがないもう１つの重要な理由は，作家になることを願う人たちが，本として，すなわち，電気スタンドは別として，電流を必要とせず，暇な時に〔ゆっくり〕手に持ったり，見たり，触れたり，目を通したり，読んだりすることができるものとして，自分の作品が永久的に出版されているのを見たいためである。作家はペンとメモ用紙の代わりにコンピュータを使うかもしれないが，完成した作品が一般読者にとって価値あるものでありたいなら，結局最後には本になる必要がある。作家は題材を調べる過程で，その目的で図書館を利用するのとまさに同じように，インターネットを利用するかもしれないが，それでも最終的な作品は本になるのである。

□を改善する　　□多様性　　　　　□実は　　　　　□絶え間ない
□を入手する　　□に取って代わる　□を出版する　　□〜の代わりに
□(製)作品　　　□最終的には〜となる
□〜の過程で　　　　　　　　　　　□図書館　　　　□目的

STAGE 7

Reading 61 〜 70

ついに最終 STAGE に到達だ。ここまで本当にお疲れさま！ かなり速読力や読解力がついているはずなので，残り 10 本の英文も楽しみながら読んでほしい。単語集は 1 回通して学習するだけでなく，2 回，3 回と繰り返し取り組んで，英文と単語を体に染み込ませよう。さぁ，あと一息。いってらっしゃい！

61 食の安全と有機農業 (1) [環境]

■ 有機農業とはどのようなものか。

❶ People today are worried about food **safety**. As a result, the popularity of "organic" **farming** of fruits and vegetables is increasing. But what exactly does organic farming mean?

❷ It is **probably** easier to explain what organic farming is not. Organic farming does not use *pesticides or fertilizers. Instead, this **style** of farming uses natural methods to protect plants and help them grow. So, organic **agricultural** products are thought to be generally safer than non-organic ones.

❸ In the United States, about two percent of all food is grown using organic methods. The U.S. government officially **licenses** farms as "organic" if they pass an examination. **Presently**, there are about 10,000 licensed **farmers** in the U.S., and this number is growing by about 20% a year.

(123 words)

*pesticide「農薬」

Check

- ☐ *l.1* **be worried about ~**
- ☐ *l.1* **as a result**
- ☐ *l.2* **popularity**
- ☐ *l.2* **increase**
- ☐ *l.3* **exactly**
- ☐ *l.4* **explain**
- ☐ *l.5* **instead**
- ☐ *l.6* **protect**
- ☐ *l.6* **plant**
- ☐ *l.7* **generally**
- ☐ *l.10* **government**
- ☐ *l.10* **officially**
- ☐ *l.11* **pass**

チャレンジ！ 1st_____月_____日　　2nd_____月_____日
目標 92 秒→タイム_____秒　　目標 74 秒→タイム_____秒

❶　今日，人々は食物の<u>安全</u>について懸念している。結果として，果物や野菜の「有機栽培の」<u>農業</u>の人気が高まっている。しかし，有機農業とは正確には何を意味しているのだろうか。

❷　<u>おそらく</u>，有機農業ではないものは何かを説明する方が簡単だろう。有機農業は農薬や化学肥料を使わない。その代わりに，この<u>形式</u>の農業は，植物を保護し，成長を助けるために，自然な方法を使う。したがって，有機<u>農業の</u>生産物は，有機栽培ではないものと比べて一般的により安全であると考えられている。

❸　合衆国では，すべての食物のおよそ 2 パーセントが，有機栽培の方法を利用して育てられている。合衆国政府は，農場が試験に合格すれば，「有機栽培農場」としてそれら<u>を公式に</u><u>認可する。現在では</u>，合衆国には認可を受けた<u>農場経営者</u>がおよそ 1 万人おり，この数字は年に約 20 パーセントずつ増加している。

□ ~を心配している　　□ 結果として　　□ 人気
□ 増加する　　□ 正確に　　□ を説明する　　□ その代わりに
□ を保護する　　□ 植物　　□ 一般的に　　□ 政府
□ 公式に　　□ に合格する

143

62 食の安全と有機農業（2）[環境]

有機食品は高価と言えるか。

❶ In addition to food safety, another reason for the popularity of organic fruits and vegetables is that they taste better. This is why many restaurants only buy organic products.

❷ A lot of people think organic farming is not competitive compared to other methods because it cannot grow the same **quantity** of food. However, new research has shown that organic farming only grows, on average, about five percent less than non-organic methods. Still, organic food today is more expensive than non-organic food. But when the environmental and health **costs** of non-organic farming are considered, such as the **pollution** of water by pesticides, most people would **agree** that the higher **price** of organic farming is in fact a small price to **pay** for our health and safety.

(125 words)

Check

- [ ] *l.1* **in addition to ~**
- [ ] *l.1* **reason**
- [ ] *l.2* **taste**
- [ ] *l.3* **product**
- [ ] *l.4* **competitive**
- [ ] *l.7* **on average**
- [ ] *l.7* **still**
- [ ] *l.8* **expensive**
- [ ] *l.9* **environmental**
- [ ] *l.10* **consider**

チャレンジ！ 1st_____月_____日 2nd_____月_____日
目標 94 秒→タイム_____秒 目標 75 秒→タイム_____秒

❶ 食物の安全に加えて，有機栽培の果物や野菜が人気であるもう1つの理由は，それらの方が味がよいということだ。これが，多くのレストランが有機栽培の生産物のみを購入する理由である。

❷ 多くの人々は，有機農業が他の方法と比べて競争力があるわけでないのは，他の方法と同じ量の食物を栽培することができないからであると考える。しかし，新たな研究が示したところでは，有機農業の栽培量は，平均すると，非有機農法よりもおよそ5パーセント少ないだけである。それでもなお，現在の有機食品は，非有機食品よりも価格が高い。しかし，農薬による水質汚染など，非有機農業による環境や健康への犠牲を考慮すると，大部分の人々は，有機農業のより高い価格は，実際には，私たちの健康や安全のために支払う代金としては少ないものだ，ということに同意するだろう。

□ ～に加えて　　□ 理由　　　　　　□ の味がする　　□ 生産物
□ 競争力のある　□ 平均して　　　　□ それでもなお　□ 高価な
□ 環境の　　　　□ を考慮する

63 医食同源（1） [医療]

■ ジョエル・ファーマン博士の主張とは？

❶ Doctors have long told patients that medicine is something you swallow in a *pill, but evidence is growing that shows the best medicine might be found in your grocery store, not your drug store. More and more researchers are concluding that the right foods will not only prevent disease but, in some cases, actually cure it as well.

❷ "Most major diseases can be reversed through approaches using good nutrition," said Dr. Joel Fuhrman, a doctor who specializes in nutritional medicine as an alternative to surgery and drugs. Fuhrman is the author of a book about eating for health. "Food is more effective than medicine," he stated. "All we've got to do is eat right, and disease melts away."

❸ Some other doctors find Fuhrman's views on food and disease a bit extreme, but he is not alone in his belief that diet plays an important role in human health. Researchers at the University of Illinois are conducting a major program to identify food components that can fight disease and promote good health. One of the major foods being investigated is the *soybean.

(181 words)

*pill「錠剤」 *soybean「大豆」

Check

- [ ] *l*.1 **patient**
- [ ] *l*.2 **swallow**
- [ ] *l*.2 **evidence**
- [ ] *l*.4 **conclude**
- [ ] *l*.5 **disease**
- [ ] *l*.5 **cure**
- [ ] *l*.6 **approach**
- [ ] *l*.8 **surgery**
- [ ] *l*.9 **author**
- [ ] *l*.9 **effective**
- [ ] *l*.13 **extreme**

チャレンジ！　1st＿＿＿月＿＿＿日　　2nd＿＿＿月＿＿＿日
目標 **136** 秒→タイム＿＿＿＿秒　　目標 **109** 秒→タイム＿＿＿＿秒

❶　医師は，薬とは錠剤の形で飲み込むものであると長い間患者に教えてきたが，最良の薬は薬局ではなくて食料品店で見つけられるかもしれないということを示す証拠が増えてきている。ますます多くの研究者が，適切な食物は病気を予防するだけでなく，時として，実際に病気を治すこともあるだろうと結論づけるようになってきている。

❷　「ほとんどの主要な病気は，良質の栄養を利用する方法によって，反対にされる〔回復に向かう〕可能性があります」と述べたのはジョエル・ファーマン博士で，彼は手術や薬剤に代わるものとしての栄養医学を専門とする医師だ。ファーマンは健康のための摂食に関する書籍の著者である。「食物は薬よりも効き目があります」と彼は述べた。「私たちがしなければならないのは適切に食事をすることだけです。そうすれば病気は徐々に消えてなくなります。」

❸　他の医師たちの中には，食物と病気についてのファーマンの考え方は少し極端であるとみる人もいるが，食事が人間の健康において重要な役割を果たしていると確信しているのは彼だけではない。イリノイ大学の研究者は，病気と闘い，良好な健康状態を促進することができる食物成分を特定するための重要な計画を実施している。（そこで）研究されている主な食物の1つは大豆である。

□患者　　　　□を飲み込む　　□証拠　　　□と結論を下す
□病気　　　　□を治す　　　　□方法　　　□外科手術
□著者　　　　□効き目がある　□極端な

147

64 医食同源（2）[医療]

■大豆の大きな効果が期待されている病気とは？

❶ "There has been a **tremendous** amount of information that shows the soybean's ability to reduce *cholesterol," said Clare M. Hasler, director of the research program at the University of Illinois, "and by lowering your cholesterol, you lower the risks for heart disease."

❷ In one of the three **clinical** tests on humans performed at the university, a diet that included 50 grams of soybean **extract** per day — in the form of drinks and baked foods — was found to "be **significant** in reducing cholesterol in a four-week period," according to Hasler. She *cautions that people with high cholesterol levels should see a doctor but said soybean products can safely be **introduced** into the diet as part of an overall health improvement strategy.

❸ According to Dr. Keith Block, "The soybean is one of the most powerful medicines and is a great food to prevent disease. It probably has significant treatment benefits for cancer patients." Soybeans **contain** a compound that naturally stops the supply of nutrients and blood that cancer needs to grow. At Block's **private** clinics, he uses what he calls "nutrition **therapy**" as one component for treating cancer patients.

(187 words)

*cholesterol「コレステロール」　*caution that ...「…だと警告する」

Check

- ☐ *l.*1 **amount**
- ☐ *l.*2 **ability**
- ☐ *l.*2 **reduce**
- ☐ *l.*4 **lower**
- ☐ *l.*5 **perform**
- ☐ *l.*6 **per**
- ☐ *l.*8 **period**
- ☐ *l.*10 **safely**
- ☐ *l.*11 **overall**
- ☐ *l.*11 **improvement**
- ☐ *l.*11 **strategy**
- ☐ *l.*13 **powerful**

チャレンジ！ 1st_____月_____日   2nd_____月_____日
目標 140 秒→タイム_____秒   目標 112 秒→タイム_____秒

❶ 「コレステロールを減少させる大豆の力を示す膨大な量の情報があります」とイリノイ大学の研究計画の責任者，クレア・M・ハスラーは語った。「また，コレステロールを下げることによって，心臓疾患の危険性が低下するのです。」

❷ この大学で行われた人体を対象とした3つの臨床の試験のうちの1つでは，1日あたり50グラムの大豆抽出物を含んだ食事——飲み物や焼いた食物の形で——は，ハスラーによると「4週間でのコレステロールの減少が有意である」ことがわかった。彼女は，コレステロール値が高い人々は医師にかかるべきであると警告はするものの，大豆製品は総合的な健康改善戦略の一環として，食事に安全に導入されることができると述べた。

❸ キース・ブロック博士は言う。「大豆は最も強力な薬の1つであり，病気を予防するための優れた食品です。大豆は，おそらくがん患者にとって大きな治療効果があるでしょう。」大豆は，がんが増殖するのに必要な栄養や血液の供給を自然に阻止する化合物を含む。ブロックの個人診療所では，がん患者治療のための1つの要素として「栄養療法」と彼が呼ぶものを用いている。

□量　　　　　□能力　　　　□を減少させる　□を下げる
□を行う　　　□～につき　　□期間　　　　　□安全に
□総合的な　　□改善　　　　□戦略　　　　　□強力な

65 イヌががんを発見する！？ (1) [医療]

■■イヌはどのようにしてがんを発見するのか。

❶ Ordinary **household** dogs with only a few weeks of basic "puppy training" learned to accurately distinguish between breath samples of **lung**- and breast-cancer patients and healthy subjects. "Our study provides strong evidence that cancers hidden beneath the skin can be **detected** simply by dogs **examining** the smell of a person's breath," said Michael McCulloch, who led the research. Early **detection** of cancers greatly improves a patient's survival chances, and researchers hope that man's best friend, the dog, can become an important tool in finding cancers early. The new study, scheduled to appear in the March issue of the journal *Integrative Cancer Therapies*, was conducted by the Pine Street Foundation, a cancer research organization in San Anselmo, California.

❷ Dogs can identify chemical **traces** in the range of parts per *trillion. Previous studies have **confirmed** the ability of trained dogs to detect skin-cancer by smelling the skin **damage**. Also, some researchers hope to prove dogs can detect *prostate cancer by smelling patients' *urine. "Dogs' *scent ability to detect the scent of cancer was something that was often discussed for many years, but we felt it was appropriate to design a thorough study that seriously investigated this topic to see if it is really effective," said Nicholas Broffman, **executive** director of the Pine Street Foundation.

(212 words)

*Integrative Cancer Therapies：医学雑誌の名前　*trillion「1兆」　*prostate「前立腺」
*urine「尿」　*scent「におい」

Check

- [ ] l.1 ordinary
- [ ] l.2 accurately
- [ ] l.2 distinguish
- [ ] l.3 subject
- [ ] l.4 beneath
- [ ] l.7 survival
- [ ] l.9 be scheduled to do
- [ ] l.10 issue
- [ ] l.11 foundation
- [ ] l.13 identify
- [ ] l.18 appropriate

チャレンジ！ 1st_____月_____日 　　2nd_____月_____日
目標 159 秒→タイム_____秒　　目標 127 秒→タイム_____秒

❶ たった数週間の基本的な「パピートレーニング」を受けた普通の家庭用のイヌ〔飼い犬〕が，肺がんおよび乳がんの患者と，健康な被験者の息のサンプルを，正確に判別できるようになった。「我々の研究は，単にイヌが人の息のにおいを検査するだけで，皮膚の下に隠れたがんが発見され得るという有力な証拠を提供しています」と，その研究を主導したマイケル・マカロックは述べた。がんの早期発見は，患者の生存の可能性を大いに高めるので，研究者たちは，人間の一番の親友であるイヌが早期にがんを発見する上で重要な手段になることを期待している。この新しい研究は，*Integrative Cancer Therapies* の 3 月号に掲載される予定だが，カリフォルニア州サンアンセルモにあるがん研究団体であるパインストリート財団によって行われた。

❷ イヌは，1 兆分の 1 の幅で化学的痕跡を発見することができる。以前の研究が，訓練されたイヌが持つ，皮膚の損傷のにおいをかぐことによって皮膚がんを発見する能力を立証している。さらに，イヌが患者の尿のにおいをかぐことによって前立腺がんを発見することができるということを立証したいと考えている研究者もいる。「がんのにおいを発見するイヌの嗅覚能力は，何年もの間たびたび議論されていたことでしたが，それが本当に有効であるかどうかを確かめるために，この論題を真剣に調査する徹底的な研究を計画してしかるべきだと思いました」と，パインストリート財団の幹部の役員〔理事〕，ニコラス・ブロフマンは語った。

□ 普通の　　　　　□ 正確に　　　　□ 区別する　　　　　□ 被験者
□ の下に　　　　　□ 生存　　　　　□ …する予定である
□ （雑誌などの）号 □ 財団；基金　　□ を発見する　　　　□ 適切な

66 イヌががんを発見する！？(2) [医療]

■■イヌによるがん判別の精度とは？

❶ Lung- and breast-cancer patients are known to breathe out patterns of *biochemical markers in their breath. "Cancer cells produce different *metabolic waste products than normal cells," Broffman said. "The differences between these metabolic products are so great that they can be detected by a dog's keen sense of smell, even in the early stages of disease."

❷ The researchers used a food reward-based method to train five ordinary household dogs. Encountering breath samples captured in tubes, the dogs gave a positive identification of a cancer patient by sitting in front of the correct sign. By scent alone, the dogs distinguished 55 lung and 31 breast cancer patients from 83 healthy humans. The results of the study showed that the dogs could detect breast cancer and lung cancer between 88 and 97 percent of the time. The high degree of accuracy persisted whether the patients were smokers or not. Moreover, it did not seem to matter which dog it was or which stage the cancer had reached.

(165 words)

*biochemical「生化学の」　*metabolic「代謝の」

Check

- [ ] *l.1* **breathe out ~**
- [ ] *l.3* **normal**
- [ ] *l.4* **so ~ that ...**
- [ ] *l.5* **keen**
- [ ] *l.5* **sense**
- [ ] *l.8* **encounter**
- [ ] *l.14* **degree**
- [ ] *l.14* **accuracy**
- [ ] *l.15* **matter**

チャレンジ！ 1st_____月_____日　　2nd_____月_____日
目標124秒→タイム_____秒　　目標99秒→タイム_____秒

❶ 肺がん患者や乳がん患者は，呼気に数種類の生化学マーカーを吐き出すことが知られている。「がん細胞は，正常な細胞とは異なる代謝老廃物を生じさせます」と，プロフマンは語った。「これらの代謝物間の違いはとても大きいため，病気の初期段階でさえ，イヌの鋭い嗅覚によって発見され得るのです。」

❷ 研究者は，5匹の普通の飼い犬を訓練するのに，褒美のえさを利用した方法を用いた。管内に捕集された息のサンプルを前にした時，イヌたちは正しい徴候（を示したもの）の前でお座りすることによって，がん患者をはっきりと識別した。においだけで，イヌたちは，55人の肺がん患者と31人の乳がん患者を，83人の健康な人たちと区別した。この研究の結果は，イヌが88％から97％の確率で乳がんと肺がんを発見することができるということを示した。患者が喫煙者であろうとなかろうと，この精度の高さは変わらなかった。さらに，それがどのイヌであるか，あるいはがんがどの段階まで進行しているかは問題にならないようだった。

□〜を吐き出す　□正常な　□とても〜なので…　□鋭い
□感覚　□に出くわす　□程度　□正確さ
□重要である

67 石油から代替エネルギーへ [環境]

■■筆者が言及する最も有望な代替エネルギーは？

❶ If everybody on Earth consumed as much oil as the **average** American, the world's known **reserves** would be gone in a decade. Even at current rates of consumption, known reserves would not **last** through the current century. Experts, however, are not worried. New **technologies**, they say, will *avert a **global** energy crisis.

❷ Already, oil companies have developed **cheaper** ways to find oil and extract it from the **ground**, effectively extending the supply into the twenty-second century. Still, there is a *finite amount of oil on the planet, and someday it will be gone. Even before that happens, concerns about global warming may **compel** the world to stop burning so much **fossil** fuel.

❸ The energy industry is **preparing** for that day by **investing** in technologies that will replace fossil fuels. **Solar**, **nuclear**, and **wind** power are all possibilities, but many experts say the most likely candidate is the fuel cell. A fuel cell is **essentially** a **hydrogen**-powered **battery** that produces no pollution. Its only *by-product is water. And since hydrogen is the most **abundant element** in the **universe**, supply should not be a problem. This all depends, however, on the technology being developed.

(192 words)

*avert「を回避する」 *finite「有限の」 *by-product「副産物」

記事使用許諾：AP Images

Check

- [ ] *l*.1 consume
- [ ] *l*.5 crisis
- [ ] *l*.7 extract
- [ ] *l*.10 *global warming*
- [ ] *l*.16 produce
- [ ] *l*.16 pollution
- [ ] *l*.18 *depend on* ～

チャレンジ！

1st＿＿＿月＿＿＿日　　2nd＿＿＿月＿＿＿日
目標 **144** 秒→タイム＿＿＿＿秒　　目標 **115** 秒→タイム＿＿＿＿秒

❶　仮に地球上の誰もが，平均的なアメリカ人と同じだけの石油を消費したとしたら，既知の世界の（石油の）埋蔵量は，10年のうちに尽きてしまうだろう。現在の消費率においてさえも，既知の埋蔵量は，今世紀中は持ちこたえないだろう。しかし，専門家は心配していない。新たな技術が，世界的なエネルギー危機を回避するだろう，と彼らは言う。

❷　すでに，複数の石油会社は，地中から石油を発見し，それを採掘する，より安価な方法を開発しており，実質上その供給を22世紀に延長している。それでも，地球上の石油の量は有限であり，いつか尽きてしまうだろう。それが起こる前でさえも，地球温暖化に関する懸念が，それほど多くの化石燃料を燃やすことを，世界に止めさせるかもしれない。

❸　エネルギー産業は，化石燃料に取って代わることになる技術に投資することで，その日に備えている。太陽の，原子力の，そして風のエネルギーは，すべて可能性があるが，多くの専門家が言うには，最も有望な候補は燃料電池である。燃料電池とは，本質的には，公害をまったく発生させない水素動力電池である。その唯一の副産物は水である。さらに，水素は全世界で最も豊富な元素であることから，供給は問題とはならないはずである。しかし，こうしたことはすべて，技術の開発にかかっている。

□を消費する　　□危機　　□を採掘する　　□*地球温暖化*
□を引き起こす　□公害；汚染　□～次第である

68 ヒトの自然治癒力 [医療]

■医学の発達によって失われたものとは？

❶ **Neglect** of the mind-body **link** by technological medicine is actually a **brief** *aberration when viewed against the whole history of the **healing** art. In traditional *tribal medicine and in Western practice from its beginning in the work of Hippocrates, the need to operate through the patient's mind has always been recognized. Until the nineteenth century, medical writers **rarely** failed to note the influence of *grief, **despair**, or discouragement on the *onset and **outcome** of illness, nor did they ignore the healing effects of **faith**, **confidence**, and peace of mind. *Contentment used to be considered a *prerequisite for health.

❷ The modern medicine man has gained so much power over certain diseases through drugs, however, that he has forgotten about the **potential strength** within the patient. One **elderly** physician friend recently told me of reading the diary of his uncle, also a doctor. In the early years, the *diarist always recorded what happened to the individual or the **community** prior to an illness or **epidemic**, but as medicine became more technological, this part of the history grew less and less important to him and finally was *omitted **altogether**. Awareness of the mind's powers was lost as medicine **cast** out all "soft" data, the information that's not easily *quantified or scientific.

(208 words)

*aberration「逸脱」 *tribal「部族の」 *grief「悲しみ」 *onset「始まり」
*contentment「心の安らぎ」 *prerequisite「必要条件」 *diarist「日記をつける人」
*omit「を除外する」 *quantify「を数量化する」

Check

- [ ] *l.*1 **technological**
- [ ] *l.*2 **view**
- [ ] *l.*2 **whole**
- [ ] *l.*3 **practice**
- [ ] *l.*4 **operate**
- [ ] *l.*6 **influence**
- [ ] *l.*8 **ignore**
- [ ] *l.*9 **peace of mind**
- [ ] *l.*15 **record**
- [ ] *l.*16 ***prior to*** ~
- [ ] *l.*19 **awareness**

❶　科学技術的医学によって心身の関連性が軽視されていることは，治療技術の歴史全体に照らしてみれば，実は短期間の逸脱と言える。伝統的な部族の医術や，ヒポクラテスの成果に始まる西洋の医療行為においては，患者の心を通じて処置を施す必要性が常に認識されてきた。19世紀までは，医学に関して記した人たちは，悲しみ，絶望，あるいは落胆が発病や病気の結果に及ぼす影響を書きそびれることはめったになかったし，また信頼や自信，そして心の安らぎによる治療効果を無視することもなかった。心の安らぎは，健康の必要条件であるとかつては考えられていた。

❷　しかし，医学に携わる現代の人間は，薬によって特定の病気に対してあまりにも大きな力を手に入れてきたので，患者の中にある潜在的な力について忘れてしまっている。1人の年配の医師の友人が，最近私に，やはり医者である彼の叔父の日記を読んだことを話してくれた。昔は，その日記をつけていた人（＝叔父）は，病気あるいは伝染病が発生する前に，個人または地域社会に起こったことを常に記録していたが，医学が科学技術化するにつれ，履歴のこの部分は彼にとってだんだん重要ではなくなり，最後には完全に除外されてしまった。心の力に関する認識は，医学がすべての「ソフトな」資料，すなわち容易に数量化できない，あるいは科学的でない情報を追い出したので，失われたのである。

- □科学技術の
- □処置をする
- □を記録する
- □を見る
- □影響
- □〜より前に
- □全体の
- □を無視する
- □認識
- □診療；医療行為
- □心の安らぎ

69 ハエの超能力 (1) [科学]

■■ ハエの飛行能力を研究する目的は何か。

❶ A fly can do one thing extremely well: fly. Recently a team of British scientists **declared** that the common *housefly is the most talented *aerodynamicist on the **planet**, superior to any bird, **bat**, or **bee**. A housefly can make six turns a second; *hover; fly straight up, down, or backward; land on the **ceiling**; and perform various other *show-off maneuvers. And it has a brain smaller than a *sesame **seed**.

❷ Michael Dickinson, who studies fly **flight** in his **lab** at the California **Institute** of Technology, says the housefly isn't actually the best flier. "*Hoverflies are *the be-all and end-all," he says. They can hover in one **spot**, dash to another location, and then race back to their original hovering point — **precisely**.

❸ Scientists, engineers, and **military** researchers want to know how creatures with such small brains can do that. Maybe they could *reverse-engineer a fly to make a robotic **device** that could *reconnoiter dangerous places, such as **earthquake zones** or collapsed **mines**.

(161 words)

*housefly「イエバエ」 *aerodynamicist「空気力学者」 *hover「空中でとどまる」
*show-off maneuver「見せびらかしの飛行」 *sesame「ゴマ」 *hoverfly「ハナアブ」
*the be-all and end-all「究極のもの」 *reverse-engineer「を解析して模倣する」
*reconnoiter「を偵察する」

Check

- ☐ *l*.1 **extremely**
- ☐ *l*.1 **recently**
- ☐ *l*.2 **common**
- ☐ *l*.3 *superior to* ~
- ☐ *l*.4 **second**
- ☐ *l*.5 **perform**
- ☐ *l*.6 **brain**
- ☐ *l*.11 **original**
- ☐ *l*.12 **engineer**
- ☐ *l*.13 **creature**
- ☐ *l*.14 **robotic**
- ☐ *l*.15 *such as* ~

チャレンジ！ 1st_____月_____日　　2nd_____月_____日
目標 121 秒→タイム_____秒　目標 97 秒→タイム_____秒

❶　ハエはあることを非常にうまく行うことができる。飛ぶことである。最近，英国の科学者のチームが，どこにでもいるイエバエが，地球上で最も有能な空気力学者であり，どんな鳥類やコウモリやハチよりも優れていることを明らかにした。イエバエは，1秒間に6回転したり，空中でとどまったり，上，下あるいは後方へまっすぐに飛んだり，天井にとまったりすることができる上に，他にもさまざまな見せびらかしの飛行を行うことができる。それなのに，イエバエが持っているのはゴマ（の種）よりも小さな脳なのである。

❷　マイケル・ディキンソンは，カリフォルニア工科大学にある自身の研究室でハエの飛行を研究しているが，最も優秀な飛行士は実はイエバエではないと述べている。「ハナアブが究極のものなのです」と彼は語る。ハナアブはある地点で空中にとどまり，別の地点に急行し，さらにそれから初めにとどまっていた地点に全速力で戻ることができる。それも正確に。

❸　科学者，技術者，そして軍の研究者は，これほど小さな脳しか持たない生き物が，どうしてそのようなことができるのか知りたがっている。ハエを解析して模倣し，地震区域や崩落した鉱山といった危険な場所を偵察することができるロボットの装置を作ることができるかもしれないのだ。

□非常に　　　□最近　　　　□普通の　　　□〜より優れて
□秒　　　　　□を行う　　　□脳　　　　　□元の
□技術者　　　□生き物　　　□ロボットの　□〜のような

70 ハエの超能力（2）[科学]

ハエの飛行のための機能はどのようなものか。

❶ Dickinson's laboratory works with fruit flies. Researchers put them in *chambers and manipulate the visual field, filming the flies in super-slow motion, 6,000 frames a second. Dickinson is interested in knowing how flies avoid collisions. He has found that certain patterns, such as 90-degree turns, are triggered by visual cues and two *equilibrium organs on their backs that function like a *gyroscope.

❷ Flies have only a dozen muscles for maneuvering, but they're loaded with sensors. In addition to their compound eyes, which permit *panoramic *imagery and are excellent at detecting motion, they have wind-sensitive hairs and *antennae. They also have three light sensors on the tops of their heads, which tell them which way is up. Roughly two-thirds of a fly's entire nervous system is devoted to processing visual images. They take all this sensory data and boil it down to a few basic commands, such as "go left" and "go right."

(152 words)

*chamber「小室」 *equilibrium「平衡」 *gyroscope「ジャイロスコープ〔姿勢制御装置〕」
*panoramic「全景が見渡せる」 *imagery「画像」 *antennae「触角（antennaの複数形）」

Check

- ☐ *l.*1 **laboratory**
- ☐ *l.*2 **visual**
- ☐ *l.*4 **avoid**
- ☐ *l.*4 **certain**
- ☐ *l.*5 **pattern**
- ☐ *l.*6 **organ**
- ☐ *l.*6 **function**
- ☐ *l.*8 *in addition to ～*
- ☐ *l.*8 **compound**
- ☐ *l.*12 **roughly**
- ☐ *l.*12 **nervous**

チャレンジ！　1st_____月_____日　　2nd_____月_____日
目標 114 秒→タイム_____秒　　目標 91 秒→タイム_____秒

❶　ディキンソンの研究室はミバエを扱っている。研究者たちはミバエを小室に入れて視野を操作して，1 秒間に 6,000 コマというスーパースローモーションでハエを撮影する。ディキンソンは，ハエがどのように衝突を避けるかを理解することに関心を持っている。彼は，90 度回転などの特定の型は，視覚的な刺激や，ハエの背中にあってジャイロスコープのように機能する 2 つの平衡器官によって引き起こされることを発見している。

❷　ハエには，飛行操作のための筋肉は 12 しかないが，センサーが備わっている。全景が見渡せる画像を可能にし，動きを探知するのに秀でた複眼に加え，風に敏感な体毛と触角を持っている。頭頂部には 3 つの光を感じ取るセンサーも持っており，それらがどの方向が上なのかを教えてくれる。ハエの全神経系統のおおよそ 3 分の 2 は，視覚映像を処理することに充てられる。ハエはこうした感覚情報をすべて取り入れ，それを「左へ行け」，「右へ行け」といったいくつかの基本的な指令に煎じつめるのである。

□研究室　　　□視覚の　　　□を避ける　　　□特定の
□パターン；型　□器官　　　□機能する　　　□～に加えて
□複合の　　　□おおよそ　　□神経の

英文出典

1 〜 **9** センター試験

10 兵庫医科大学　医

From THE DISCOVERY OF OXYGEN (posted on http://www.juliantrubin.com/bigten/oxygenexperiments.html) by juliantrubin.com. Copyright©Julian Rubin (juliantrubin.com) by Julian Rubin. Used by permission of Julian Rubin.

11 **12** 立教大学　現代心理，社会　　　　　　　　　**13** **14** センター試験

15 近畿大学　経営，経済，工，産業理工，生物理工，農，文芸，法，薬

BLANCHARD, KAREN; ROOT, CHRISTINE, READY TO READ MORE, 1st Edition, ©2006. Reprinted by permission of Pearson Education, Inc., Upper Saddle River, NJ.

16 獨協大学　外国語，経済，法　　　　　　　　　　**17** **18** センター試験

19 〜 **22** 獨協大学　外国語，経済，国際教養，法　　**23** **24** センター試験

25 **26** 獨協大学　外国語，経済，国際教養，法　　　**27** **28** センター試験

29 **30** 学習院大学　経済

31 **32** 獨協大学　外国語，経済，国際教養，法　　　**33** 〜 **36** センター試験

37 **38** 明海大学　ホスピタリティ・ツーリズム，外国語，経済，不動産

39 **40** 法政大学　キャリアデザイン，国際文化，法

KOTLER, PHILIP R; ARMSTRONG, GARY, PRINCIPLES OF MARKETING, 10th Edition, ©2004. Reprinted by permission of Pearson Education, Inc., Upper Saddle River, NJ.

41 **42** 明治大学　文

Excerpted from "The Definitive Book of Body Language" by Allan and Barbara Peace ©2004 Allan and Barbara Peace. All rights reserved. English language reprint rights arranged with Allan and Barbara Peace in case of Dorie Simmonds Literary Agency, London through Tuttle-Mori Agency, Inc., Tokyo

43 **44** 東洋大学　経営1部，国際地域，法1部，文1部

From TEACHERS EDITION: SPEECH COMMUNICATION MATTERS 2ND REVISED by Randall McCutheon, James Schaffer, Joseph R. Wycoff. Copyright©2001 by Randall McCutheon, James Schaffer, Joseph R. Wycoff. Used by permission of McGraw-Hill Education.

45 **46** 法政大学　人間環境

From AGGRESSION AND VIOLENT MEDIA (THE FUTURIST, July 2004 Vol.38, No.4) (posted on http://www.wfs.org/trend3ja04.htm) by Cinthia G. Wagner. Copyright©2004 by the World Future Society. Originally published in THE FUTURIST. Used with permission from the World Future Society (www.wfs.org).

47 **48** 京都産業大学　法，経済

49 **50** 東海大学　海洋，開発工，教養，健康科学，情報理工，政治経済，法

51 京都女子大学　文　発達教育　家政　現代社会　法

From Think You Know All About the Common Cold? Think Again (April 17, 2011 Voice of America) (posted on http://www.voanews.com/content/think-you-know-all-about-the-common-cold--think-again-120059924/138207.html) by Ayesha Khalid. Copyright©2011 by Voice of America. Used by permission of Voice of America.

52 53 明治薬科大学　薬

50 FACTS THAT SHOULD CHANGE THE WORLD by Jessica Williams. Text copyright©2004 by Jessica Williams. Permission from Icon Books Ltd, arranged through The English Agency (Japan) Ltd.

54 ～ **56** 南山大学　外国語

From BOTTOM LINE DROVE DISNEY ANIMATORS TO SWAP PENCILS FOR COMPUTERS (September 19, 2005 The New York Times) (posted on http://www.nytimes.com/2005/09/19/technology/19iht-disney.html?_r=0) by Laura M. Holson. Copyright©2013 by International Herald Tribune. Used by permission of International Herald Tribune.

57 58 甲南大学　経営, 法

From THE MUSEUM OF HOAXES by Alex Boese, copyright©2002 by Alex Boese. Used by permission of Dutton, a division of Penguin Group (USA) LLC.

59 60 神奈川大学

From PRACTICAL HOMESCHOOLING #27 WHY THE INTERNET WILL NEVER REPLACE BOOKS (Practical Homeschooling #27, 1999) (posted on http://www.home-school.com/Articles/why-the-internet-will-never-replace-books.php) by Sam Blumenfeld. Copyright©1999 by Home Life, Inc. Used by permission of Home Life, Inc.

61 62 獨協大学　外国語, 経済, 国際教養, 法
63 64 京都産業大学　経済, 経営, 法, 外国語, 文化, 理, 工
65 66 甲南大学　経済, 法

From DOGS SMELL CANCER IN PATIENTS' BREATH, STUDY SHOWS (National Geographic News, January 12, 2006) (posted on http://news.nationalgeographic.com/news/2006/01/0112_060112_dog_cancer.html) by Stefan Lovgren. Copyright© by Stefan Lovgren/National Geographic Stock. Used by permission of Stefan Lovgren/National Geographic Stock.

67 中央大学　理工

From The Tuscaloosa News (2001/1/14). Used by permission of AP.

68 兵庫医科大学　医

Excerpt of 250 words from p.65 from LOVE, MEDICINE & MIRACLES by BERNIE S. SIEGEL, M.D. Copyright©1986 by B.S. Siegel, S. Korman, and A. Schiff, Trustees of the Bernard S. Siegel, M.D. Children's Trust. Reprinted by permission of HarperCollins Publishers.

69 70 大阪大学　医, 基礎工, 経済, 法, 理

『速読英単語 ①必修編 CD 改訂第6版対応』Track 対応表

※CDは別売です。
※1-1はDisk1のTrack1を表します。

英文No.	英文 natural	英文 slow
1	1-1	4-1
2	1-3	4-2
3	1-5	4-3
4	1-7	4-4
5	1-9	4-5
6	1-11	4-6
7	1-13	4-7
8	1-15	4-8
9	1-17	4-9
10	1-19	4-10
11	1-22	4-11
12	1-24	4-12
13	1-26	4-13
14	1-28	4-14
15	1-30	4-15
16	1-32	4-16
17	1-34	4-17
18	1-36	4-18
19	1-38	4-19
20	1-40	4-20
21	1-42	4-21
22	1-44	4-22
23	1-46	4-23
24	1-48	4-24
25	1-50	4-25
26	1-52	4-26
27	2-1	4-27
28	2-3	4-28
29	2-5	4-29
30	2-7	4-30
31	2-10	4-31
32	2-12	4-32
33	2-14	4-33
34	2-16	4-34
35	2-18	4-35
36	2-20	4-36
37	2-22	4-37
38	2-24	4-38
39	2-26	4-39
40	2-28	4-40
41	2-31	4-41
42	2-33	4-42
43	2-35	4-43
44	2-37	4-44
45	2-39	4-45
46	2-41	4-46
47	2-43	4-47
48	2-45	4-48
49	3-1	5-1
50	3-3	5-2
51	3-6	5-3
52	3-8	5-4
53	3-10	5-5
54	3-12	5-6
55	3-14	5-7
56	3-16	5-8
57	3-18	5-9
58	3-20	5-10
59	3-22	5-11
60	3-24	5-12
61	3-27	5-13
62	3-29	5-14
63	3-31	5-15
64	3-33	5-16
65	3-35	5-17
66	3-37	5-18
67	3-39	5-19
68	3-41	5-20
69	3-43	5-21
70	3-45	5-22

MEMO

MEMO

MEMO

●子音 (※〈無〉は無声音,〈有〉は有声音であることを示す。)

子音は,肺から出た空気がのどや口の中で何らかの妨害を受けてできる音である。

記号	発音の仕方	例
[p]	唇を閉じ,空気をためてから瞬時に「プッ」と空気を出す。〈無〉	paper / cup
[b]	「バ行」の子音に近いが,唇をしっかり閉じて発音する。〈有〉	book / club
[t]	舌先を上の歯ぐきにつけ,舌を離すと同時に空気を出す。〈無〉	test / stop
[d]	[t]と同様の方法で,声を出して発音する。「ダ」の子音に近い。〈有〉	day / add
[k]	「カ」行の子音とほぼ同じだが,空気をためて一気に出す。〈無〉	cat / book
[g]	[k]と同様の方法で,声を出して発音する。「ガ行」の子音に近い。〈有〉	girl / big
[f]	上の前歯に下唇を軽くあて,そのすき間から空気を出す。〈無〉	free / laugh
[v]	[f]と同様の方法で,声を出して発音する。〈有〉	very / love
[θ]	舌先を上の前歯の裏に軽くあて,そのすき間から空気を出す。〈無〉	thank / earth
[ð]	[θ]と同様の方法で,声を出して発音する。〈有〉	this / brother
[s]	舌先を上の歯ぐきに近づけ,そのすき間から空気を出す。〈無〉	see / face
[z]	[s]と同様の方法で,声を出して発音する。舌先が歯や歯ぐきにつかないように注意。〈有〉	zoo / please
[ʃ]	唇を丸め,舌全体を上あごに近づけて「シュッ」と空気を出す。〈無〉	shop / special
[ʒ]	[ʃ]と同様の方法で,声を出して発音する。舌はつけない。〈有〉	Asia / television
[h]	「ハ」の子音に近く,あごを少し下げ,のどの奥から空気を出す。〈無〉	home / behind
[tʃ]	唇を丸めて「チュ」と空気を出す。〈無〉	chair / watch
[dʒ]	[tʃ]と同様の方法で,声を出して発音する。「ジ」の子音に近い。〈有〉	just / bridge
[m]	唇を閉じ,空気を鼻に送って「ムッ」と音を出す。〈有〉	make / him
[n]	舌先を上の歯ぐきの裏につけ,鼻から「ンヌッ」と音を出す。〈有〉	nose / rain
[ŋ]	舌の奥を上あごにつけ,鼻から息を出して,ものを飲み込むように「ンッ」と音を出す。〈有〉	song / tongue
[l]	舌先をとがらせて上の歯ぐきの裏につけ,舌の両側から声を出す。〈有〉	lucky / pool
[r]	舌の先を口の中で浮かせて空気を出す。唇を少し丸めるとよい。〈有〉	right / read
[w]	唇を小さく丸めて軽く「ウ」の音を出し,すぐに次の母音に続く。〈有〉	wood / one
[j]	「イ」のように口を広げ,「ヤ」行の子音に近い音を出し,すぐに次の母音に続く。〈有〉	young / yes

速読英単語

Vocabulary Building × Rapid Reading

① 必修編 入試出現語の94％をカバーする必須1900語

風早 寛 著

改訂第6版

Vocabulary

Contents

発音記号と発音の仕方……………………巻頭
はじめに……………………………………4
『分冊 速読英単語』の特長 ………………7
Vocabulary 構成・効果的学習法 ………8
場面別活用法………………………………10
学習スタイル別 おすすめ利用法 ………11
本書の略号・記号、見出し語、通し番号、
発音記号 …………………………………14
速読英単語シリーズの単語レベル………15

STAGE 1
1 ビタミンCの働き [医療]……… 18
2 drug の定義 [言語]……………… 20
3 お茶の種類 [文化]……………… 22
4 オオカミの子育て [科学]……… 24
5 ジェスチャーの違い [言語]…… 26
6 本当のほほえみと偽りのほほえみ [人間]
 ……………………………………… 28
7 「熱い」か「辛い」か [言語]…… 30
8 紳士服と婦人服でボタンが違う理由 [社会]
 ……………………………………… 32
9 紫色のもと [文化]……………… 34
10 酸素の発見 [科学]……………… 36

STAGE 2
11 アガサ・クリスティーの失踪（1）[歴史]
 ……………………………………… 42
12 アガサ・クリスティーの失踪（2）[歴史]
 ……………………………………… 46
13 皮膚の役割 [医療]……………… 48
14 遺伝子と行動 [科学]…………… 50
15 子供への読み聞かせのすすめ [文化] 54
16 バックグラウンドミュージックの効果
 [科学]……………………………… 58
17 個人主義と協調主義 [人間]…… 62
18 ネコの習性 [科学]……………… 66
19 英単語はいくつあるか（1）[言語]… 68
20 英単語はいくつあるか（2）[言語]… 70

STAGE 3
21 サッカーの起源（1）[歴史]…… 76
22 サッカーの起源（2）[歴史]…… 78
23 遊びを通して学ぶこと（1）[教育]… 80
24 遊びを通して学ぶこと（2）[教育]… 82
25 結婚式の慣習（1）[文化]……… 86
26 結婚式の慣習（2）[文化]……… 88
27 クローン技術の是非（1）[科学] 90
28 クローン技術の是非（2）[科学] 92
29 家族で食事をすることの重要性（1）
 [社会]……………………………… 96
30 家族で食事をすることの重要性（2）
 [社会]……………………………… 98

STAGE 4
31 数学の歴史（1）[歴史]… 104
32 数学の歴史（2）[歴史]… 106
33 アレルギーが増加する背景（1）[医療]
 ……………………………………… 108
34 アレルギーが増加する背景（2）[医療]
 ……………………………………… 110
35 つらい経験について書くことの効用（1）
 [人間]……………………………… 112
36 つらい経験について書くことの効用（2）
 [人間]……………………………… 116
37 真実を使ったうそ（1）[人間]…… 120
38 真実を使ったうそ（2）[人間]…… 122
39 企業のニーズ調査能力（1）[社会] 126
40 企業のニーズ調査能力（2）[社会] 130

STAGE 5
41 言葉と身体言語の違い（1）[言語] 134
42 言葉と身体言語の違い（2）[言語] 136
43 「触れること」の作用（1）[人間] 140
44 「触れること」の作用（2）[人間] 144
45 テレビゲームの影響力（1）[社会] 146
46 テレビゲームの影響力（2）[社会] 148
47 読書の重要性（1）[文化]……… 150
48 読書の重要性（2）[文化]……… 152
49 外国語を学ぶ際に必要なもの（1）[言語]
 ……………………………………… 156
50 外国語を学ぶ際に必要なもの（2）[言語]
 ……………………………………… 160

STAGE 6
51 風邪に関する常識 [医療]……… 164

52	スーパーの便利さと運搬燃料（1）[環境] ... 166
53	スーパーの便利さと運搬燃料（2）[環境] ... 170
54	ディズニーの大きな決断（1）[社会] ... 174
55	ディズニーの大きな決断（2）[社会] ... 176
56	ディズニーの大きな決断（3）[社会] ... 178
57	インターネット情報の真偽（1）[社会] ... 180
58	インターネット情報の真偽（2）[社会] ... 182
59	インターネット時代の印刷物の役割（1）[社会] ... 186
60	インターネット時代の印刷物の役割（2）[社会] ... 190

STAGE 7

61	食の安全と有機農業（1）[環境]... 194
62	食の安全と有機農業（2）[環境]... 196
63	医食同源（1）[医療] ... 198
64	医食同源（2）[医療] ... 202
65	イヌががんを発見する!?（1）[医療] ... 204
66	イヌががんを発見する!?（2）[医療] ... 206
67	石油から代替エネルギーへ[環境] 208
68	ヒトの自然治癒力[医療] ... 212
69	ハエの超能力（1）[科学] ... 216
70	ハエの超能力（2）[科学]... 218

INDEX ... 222
別売CDトラック対応表 ... 244
覚えておきたい接頭辞・接尾辞 ... 巻末

■まとめてチェック

①	動物・植物 ... 40
②	乗り物 ... 53
③	数 ... 73
④	基本語の注意すべき意味 ... 74
⑤	感情に働きかける動詞 ... 84
⑥	考え方 ... 87
⑦	医療 ... 95
⑧	接頭辞・接尾辞（1） ... 95
⑨	人間・職業 ... 101
⑩	重要動詞（1） ... 102
⑪	国名・国民 ... 105
⑫	接頭辞・接尾辞（2） ... 119
⑬	人の性格・性質を表す語 ... 119
⑭	前置詞・副詞 ... 129
⑮	単位・図形 ... 131
⑯	地域・自然 ... 132
⑰	カタカナ語（1） ... 135
⑱	接頭辞・接尾辞（3） ... 139
⑲	カタカナ語（2） ... 159
⑳	重要動詞（2） ... 162
㉑	カタカナ語（3） ... 165
㉒	環境問題 ... 169
㉓	方角 ... 169
㉔	道具・材料 ... 173
㉕	家庭用品 ... 173
㉖	多義語（1） ... 181
㉗	犯罪・裁判 ... 192
㉘	-ever がつく単語 ... 192
㉙	カタカナ語（4） ... 195
㉚	カタカナ語（5） ... 201
㉛	巣 ... 201
㉜	語尾につくと品詞が変わるもの ... 201
㉝	人体 ... 205
㉞	科学 ... 211
㉟	多義語（2） ... 215
㊱	お金 ... 220
㊲	軍事 ... 220
㊳	接頭辞・接尾辞（4） ... 221
㊴	some-, no-, any- で始まる語 ... 221

はじめに

1992年の初版発行以来,『速読英単語』はたくさんの読者のみなさんにご愛読いただいてきました。受験生として必要な英単語との出会いは,興味深い英文の中であってほしい,そしてその英文のストーリーとともにいつまでも記憶に残るものであってほしいという強い願いは,初版制作からおよそ20年経過した今もまったく変わっていません。今回の必修編の改訂では「興味深い英文はそのままに,より新しいものを読んでもらいたい」「学習の順序や大学入試での頻度をよりわかりやすく伝えたい」という思いを込めて,さまざまな面で改良を重ねました。

基本的な理念として,本書では次の7項目を重視しています。

① 文脈の中で覚えられること:単語力×速読力

単語の意味だけをチェックするやり方や,面白みのない短い例文で単語を覚えるやり方は,簡単に取り組めるものの,単調で忘れやすいという欠点もあります。本書では,ストーリーごとに単語に触れられるようにして,印象に残りやすくしています。さらに,英文を繰り返し読めば,何度も重要語に出会えますので,自然と頭の中に単語の意味が入っていきます。

また,近年の大学入試においては,短時間で大量の英文を正確に読み取らせるスタイルの読解問題が定着してきています。言い換えれば,一定量の英文を読むことを毎日の習慣にし,1日も早く,「英文を読むのが苦ではない」という状態にもっていくことが,今や時代の要請となっています。

したがって,単語力をつける上でも,長文化傾向に対応する上でも,英文をたくさん読む中で覚えるのが遠回りなようで一番確実な方法なのです。

なお,読者のみなさんから,「英文の日本語訳や単語ページを先に読んだ後に英文を読んでもいいですか?」というご質問をよくいただきます。回答はYesです。最終的に英文を繰り返し読んで覚える段階に到達すれば,最初の入り方はどのようであっても構いません。どうか最後まであきらめないで,自分に合ったやり方でこの1冊を仕上げてください。

② 必要な単語を完全に網羅:94%強のカバー率

余裕をもって大学入試問題に臨むことができる単語力とは何か? その明快な解答を得るために,初版以来,毎年徹底的なデータ分析を行い,最終的な掲載語を選定しています。

本書の分析対象大学はカバー折り返し記載の主要57大学とセンター試験

ですが，これらの大学及びそれらと同レベルの大学を受験する人が本書の想定する読者です。**本書1冊でこれらの対象大学の入試出現語の94%強をカバーすることができます。**（※「英文テキストの95%程度が既知語であれば，速読して内容を理解するのに支障はない」とも言われ，その意味で94%強という数字は必要十分な語彙数と考えます。）

この他，単語を類義語，反意語，関連語，注意語の形で積極的な関連付けを行うことにより，より容易に覚えられるように工夫しています。

③ 飽きずに，反復学習ができること

入試で出題される長文読解の英文は内容の似通ったものが多いわけですから，日頃から入試でよく出題される内容の長文を声を出して何度も読み込んでおくことが何よりも効果的です。本書では，飽きのこない面白い英文ばかりを集めましたので，記憶しようとするのではなく，結果として記憶してしまうほど読み込みましょう。

④ 毎日，無理のない量を繰り返せること

自分のペースに合わせて，1日1レッスン，あるいは2日で1レッスンくらいのペースで学習を進めてください。（英文は計70ありますので，前者なら70日で，後者なら140日で1冊仕上げることができます。）

⑤ 学習しやすいレイアウト

必要な情報をもれなく掲載する一方で，できるだけ見やすい紙面にすることを心がけました。第6版からは，重要度に応じて単語の太さを2段階（**太字**・細字）にしています。また，見出し語ごとのまとまりや，単語と語義のセクションが判別しやすいレイアウトにしています。

⑥ テーマ別にグループ化：まとめてチェック

本書は英単語の定着に理想的な文脈形式をとっていますが，一方でその必要のない語も存在します。例えば，「リズム」などの外来語はすでにみなさんの記憶に定着していますね。このような語に関しては，rhythm というつづりに直すことができれば十分でしょう。このように，外来語や意味上まとめて覚えておきたい語に関しては，独立したグループとしてまとめました。

また，英単語は意味を持った小さな部品の組み合わせでできあがっている

ものも多いです。そこで，各英単語をさらに分解する習慣を身に付けておけば，その習得が容易になりますね。そのようなものもまとめています。

⑦　場所を選ばないこと

「持ち運びに便利なコンパクトさ」＋「長文と全訳を掲載するのに必要な最低限の大きさ」という，2つの相矛盾する条件を満たしうるサイズとして，本書の大きさを選びました。

最後になりましたが，本書の改訂に際して，Z会の小黒迪明さん，向後祥子さん，㈱シー・レップスの皆さんを始め，多くの方々のお世話になりました。この場をお借りして御礼申し上げます。

2013年12月　第6版に寄せて　風早　寛

分冊 速読英単語　について

『速読英単語』で英語の学習をする理想的な方法は，英文を何度も読みながら単語の意味を考え，ストーリーを思い出しながら，単語ページで各単語の知識を確実なものにすることでしょう。もちろん，音声CDを併用するとより効果的です。

ただし，これは英語に対してある程度自信のある人向けの提案です。英語が苦手な人や，「自分は他のやり方ならばできる」という人には，その人なりの方法や順序で学習することをおすすめします。

日本語訳を先に読んで，それから英文を読むというのも決して悪い方法ではありません。また，単語解説のページで先に英単語を学習しておいて，それから英文を読み，覚えた英単語を英文の中で確認していくというのもよい方法です。いずれの方法も「英単語とストーリーがリンク」していますから，英単語が長期に記憶されやすいのです。

その場合，英文のページと単語解説のページを別冊子にした本書はとても便利です。どうぞ本物の英語の力をつけるべく，あきらめないで毎日学習してくださいね。

2014年2月　『分冊 速読英単語』に寄せて　風早　寛

『分冊 速読英単語』の特長

本書は,『速読英単語 ①必修編 改訂第6版』の分冊版です。英文冊子(**Reading**)と単語冊子(**Vocabulary**)に分かれていますので,学習シーンや用途に応じた柔軟な使い方が可能です。

特長①

『速読英単語』の英文と単語を分冊化! シーン別に使い分けられる!

英文と単語がそれぞれ別冊子になっているので,**Vocabulary** で意味を覚えてから英文で確認したり,**Reading** でストーリーを反復して読み込んだり,使い方は自由自在です。それぞれの冊子がコンパクトなので,通学中や休み時間などに手軽にチェックできます。

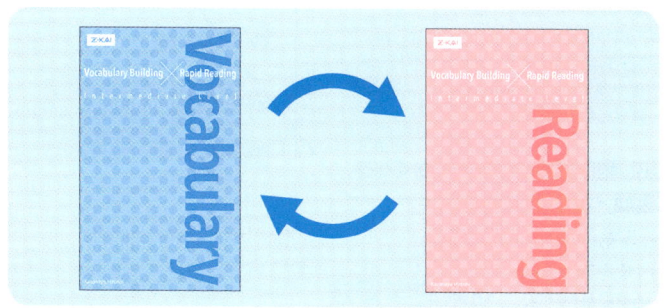

特長②

スケジュールを立てながら単語学習を効果的に進められる!

Vocabulary の各 STAGE の冒頭にはスケジュール記入欄を設けてあります。学習目標日を記入し,少しずつ取り組みましょう。各ページにもチェック欄が充実しているので,進捗を確かめながら着実に力をつけられます。

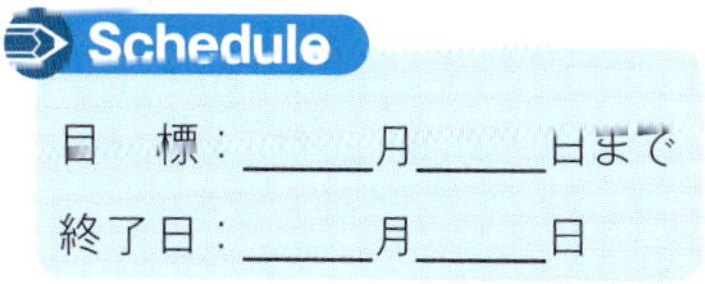

▲スケジュール記入欄

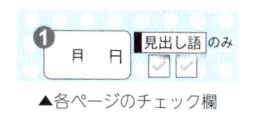

▲各ページのチェック欄

Vocabulary 構成

見出し語
入試重要語を中心に掲載。□のチェック欄には**自分の理解度に応じて，✓や○△×などを**つけ，繰り返しチェックしましょう。

＜単語の太さと重要度＞
- **太字：入試出現語の 94％強をカバーする語→必ず覚える語！**
- 細字：参考語（余力があれば合わせて覚えておきたい語）

語義
入試で問われる語義を掲載。最初にくる品詞は英文中の語と揃えています。
覚えるべき重要語義は**赤太字**または**黒太字**で，参考語義は黒細字で掲載。

見出し語に関連して覚えておくべき類義語・反意語・関連語

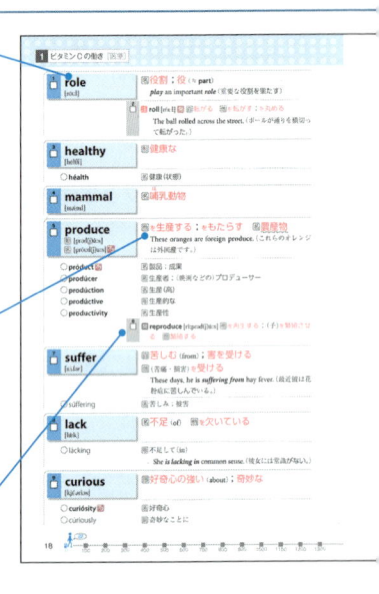

Vocabulary 効果的学習法

Vocabulary の基本的な使い方は以下の 2 Step です。

| Step1 単語の意味を確認する | → | Step2 単語を覚える |

Step1 単語の語義を赤シートで隠して，意味を確認しましょう。

Step2 繰り返し赤シートで隠す，紙に書くなどして，定着度を高めましょう。
※語義が黒太字のものは，付属のしおりなどを使って隠して覚えましょう。

発展 単語の語義を覚えたら，余力がある人は付属のしおりを活用して単語欄を隠し，英語を覚えているか確認してみましょう。語義から英語を思い出す訓練をすることで，Writing や Speaking などに応用ができます。単語や語義を見て，1 秒以内に対応する語義や単語を思い出すようにすることで，「使える」単語が増えていきます。

チェックボックス

学習した日付を書き入れ，取り組んだ回数分，□にチェックをしましょう。
3周分取り組めるようになっているので，繰り返し学習しましょう。

熟語・構文

最低限覚えておきたい熟語やコロケーションについては，**黒太字の斜体**で示してあります（例文中で熟語・構文が出てくる場合も同様です）。

まとめてチェック

外来語や意味上まとめて覚えておきたい語，あるいは多義語などに関しては，独立したグループとしてまとめました。

Readingへのリンク

対応する英文番号を表します。覚えた単語は英文の中で確認し，知識を定着させましょう。

◆単語を覚える順番

人間の記憶力には限界がありますので，1周目ですべてを覚えられるわけではありません。何度も繰り返し取り組むことで，少しずつ確実に知識を定着させましょう。

《学習例》

1周目：見出し語を覚える
2周目：見出し語と派生語（太字）を覚える
3周目：見出し語とその他の語を覚える

合わせて，まとめてチェック の単語を覚える

→**ここまでで入試出現語の94％強をカバー！　標準的な入試に十分対応できます。**

※さらに余力がある人は，細字語まで覚えましょう。
　→難関大を受験する方，英語を得点源にしたい方は，ここまでマスターしましょう。

場面別活用法

単語の習得には、毎日の継続した学習が不可欠です。スキマ時間を利用して効率的に学習しましょう。

5分

シーン①　朝起きてから／夜寝る前　　**シーン②　学校の休み時間**

- 見出し語を目で追いながら、単語の意味を確認する。品詞や発音も合わせてチェックしておこう。
- できれば単語を音読し、耳からも知識を定着させよう。
- **まとめてチェック** の単語を集中的に覚えるのも効果的。

15分

シーン③　電車での通学　　**シーン④　机に向かって**

- 赤シートを使用し、単語の意味を確認しながら読み進める。2周目、3周目は派生語や関連語なども合わせて確認する。
- 単語の理解度に応じて、チェックボックスに✓や○△×をつけて、復習する際にわかりやすくしておく。
- 覚えづらい単語については、声に出して読む、紙に書くなどして定着させる。

30分

- 赤シートを使用し、単語の意味を確認しながら読み進める。単語を音読し、記憶を定着させる。(別売CDに合わせて音読するとさらに効果的です。)
- スケジュールに合わせて、**Reading** や **まとめてチェック** も学習する。
- 時間が余れば、前のLessonの単語も確認する。

学習スタイル別　おすすめ利用法

以下の質問に答えてあなたに最適な利用法をチェックしよう！

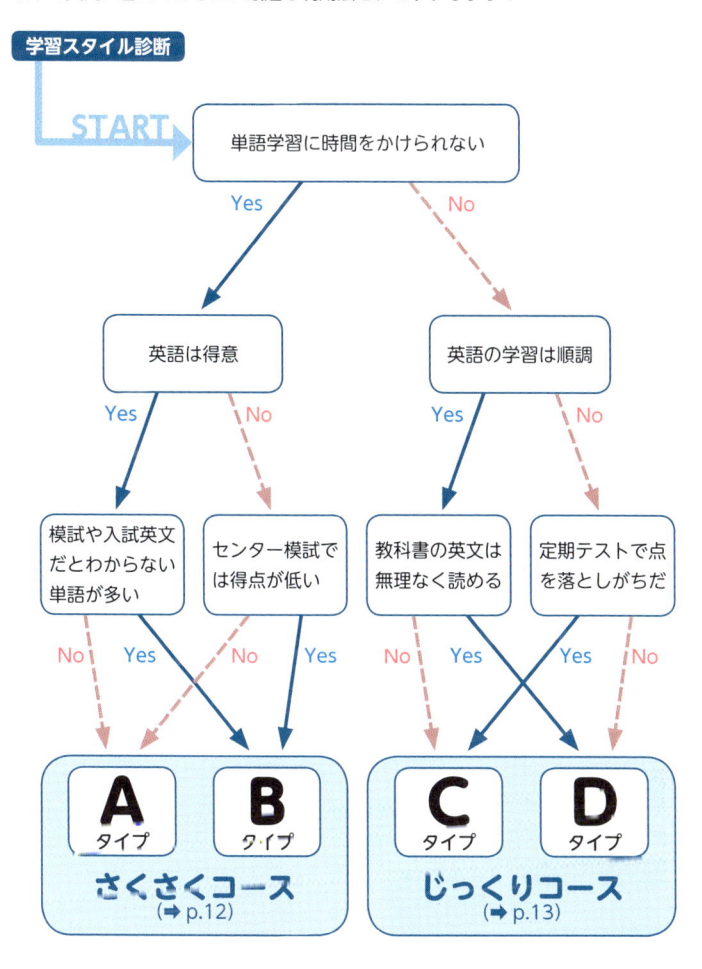

学習スタイル診断

START → 単語学習に時間をかけられない

- Yes → 英語は得意
  - Yes → 模試や入試英文だとわからない単語が多い
    - No → **A タイプ**（さくさくコース → p.12）
    - Yes → **B タイプ**（さくさくコース → p.12）
  - No → センター模試では得点が低い
    - No → **A タイプ**（さくさくコース → p.12）
    - Yes → **B タイプ**（さくさくコース → p.12）
- No → 英語の学習は順調
  - Yes → 教科書の英文は無理なく読める
    - No → **D タイプ**（じっくりコース → p.13）
    - Yes → **C タイプ**（じっくりコース → p.13）
  - No → 定期テストで点を落としがちだ
    - Yes → **C タイプ**（じっくりコース → p.13）
    - No → **D タイプ**（じっくりコース → p.13）

➡ それぞれのタイプのおすすめ利用法は次ページで紹介！

さくさくコース　他の勉強ともバランスよく，効率的に学習したい！

A タイプ：Reading → Vocabulary の順で取り組む

短期間で読解力と単語力を底上げしたいあなたにおすすめの利用法。**Reading** で英文を読みながら知らない単語の意味を推測し，**Vocabulary** で類義語や派生語もチェックしよう。

→【学習プラン】
学習時間のめやす：1日30分（**Reading** + **Vocabulary** 1 Lesson ずつ）
本書の学習期間　：約3カ月

1日のセット

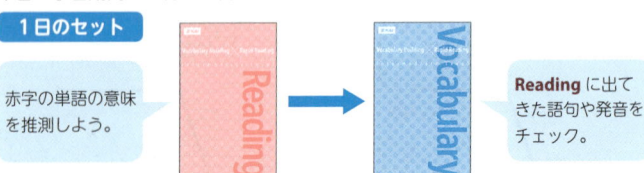

赤字の単語の意味を推測しよう。　→　Reading に出てきた語句や発音をチェック。

→【Point】日本語訳も参照しながら，英文の大まかな内容をつかめるようにしよう。

B タイプ：Vocabulary → Reading の順で取り組む

入試頻出語に的を絞って覚え切りたいあなたにおすすめの利用法。**Vocabulary** で見出し語の意味を確認した後は，**Reading** を読み込んで記憶を定着させよう。

→【学習プラン】
学習時間のめやす：1日30分（**Vocabulary** + **Reading** 1 Lesson ずつ）
本書の学習期間　：約3カ月

1日のセット

見出し語を見て意味がわかるまでチェック！　→　英文を読んで記憶を定着！

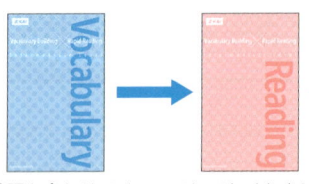

→【Point】派生語や類義語も合わせてチェックしておくとより効果的！

じっくりコース 少しずつ取り組んで確実に単語を身に付けたい!

C タイプ:Vocabulary → Reading の順で取り組む

単語を少しずつ覚えていきたいあなたにおすすめの利用法。**Vocabulary** で単語の語義を記憶してから,**Reading** で定着度を確認しよう。

【学習プラン】
学習時間のめやす:1日15分
　　　　　　　　　(**Vocabulary**:2日で1 Lesson,**Reading**:1日1 Lesson)
本書の学習期間　:約7カ月

1日目～4日目　　**5日目・6日目**

単語の意味を発音や品詞と合わせてチェック。

英文の大まかな内容をつかむ。

【Point】英文を読みながら単語の意味を確認することで,単語の復習にも!

D タイプ:Reading → Vocabulary の順で取り組む

単語の意味の推測や長文にもチャレンジしてみたいあなたにおすすめの利用法。わからない語句がなくなるまで,英文を読み込もう。

【学習プラン】
学習時間のめやす:1日15分(**Reading** または **Vocabulary** 1 Lesson ずつ)
本書の学習期間　:約5カ月

1日目　　**2日目**

何度も音読してストーリーを理解する。

単語の意味や発音を確認する。

【Point】音読を合わせて行うことで,リスニング力もアップ!

本書の略号・記号，見出し語，通し番号，発音記号

①品詞の略号

動：動詞　　自：自動詞　　他：他動詞　　名：名詞　　複：複数形
代：代名詞　形：形容詞　　副：副詞　　　前：前置詞　接：接続詞

②その他

⇔：反意語　≒：類義語　○：派生語
関：関連語（単語と意味上関連する語）　❶：語法の解説や注意したいこと
多：多義語　ア：アクセント注意　発：発音注意
注：発音やつづりなどが似ている語
to *do*：不定詞　　　　　　　　…ing：動名詞あるいは現在分詞
〔　〕：言い換え可能　　（　）：省略可能あるいは補助説明
波線つきの訳語：注意したい意外な意味
＞：活用形（過去形＞過去分詞（＞…ing）の順）
〈語義欄中の例〉
public 名 (the) 民衆：「民衆」の意味で用いる時は the がつく→ the public
major 自 専攻する (in)：自で「〜を専攻する」のように目的語が続く場合は単語の
　　　　　　　　　　　直後に in がつく→ major in 〜

③見出し語

　原則，単語ページの見出し語として色の囲みの中で示したものは，英文中に出てくる語です。

　※ただし，英文中に出てくる語が頻度の低い語である場合，その語の元になる語や派生形の方を見出し語扱いとしました。

　※英文中で同じ派生語グループの語が 2 語以上出てくる場合は，単語ページでは別々の見出し語として掲載せず，1 箇所にまとめて掲載しています。（例：p.62 の disappear と disappearance）

④通し番号

　派生語グループの中で 1 つを代表的な語（＝基本語）として位置づけて通し番号※をつけました（例：protect, protection, protective なら基本形の protect にのみ通し番号がついています）。

　この番号のついた語は，派生語グループの中で覚えるべき核となる語と考えてください。（この通し番号は全部で約 1,900 語についています。）

　1 つの基本語を覚える際に，派生する単語も含めて一緒に覚えることができるようにしてあります。

　※通し番号のついた語は，以下の 3 つを満たすものです。
　　1) 派生語グループを構成する基本となる語
　　2) 初出語
　　3) 参考語（細字の語）以外の語

⑤**発音記号**

- 原則，『ジーニアス英和辞典 第4版』(大修館書店) の表記に則り，米語の発音を中心に掲載しています (なお，学習上の便宜を考慮し，下記の表記は<u>対応しておりません</u>)。
  → abr<u>oa</u>d や l<u>aw</u> などに含まれる米音の / ɔː / という母音に，逐一 /((米＋))ɑː / を併記。
  → <u>t</u>ube や <u>d</u>ue などに含まれる英音の / tj, dj / という連鎖に / ((英＋)) tʃ, dʒ / を併記。
- 品詞や語義によって発音が異なる語で，入試において重要なものについては，複数の発音を掲載しました。　　　　　　　　　　　　　※ [r] イタリック部分は省略可能です。

速読英単語シリーズの単語レベル

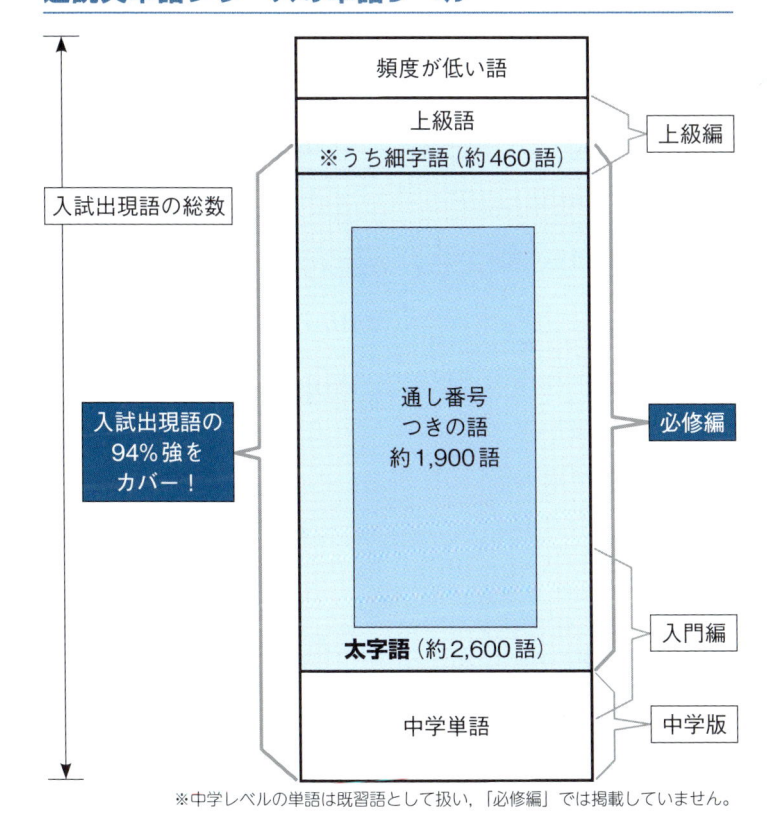

```
┌─────────────────────────┐
│     頻度が低い語          │
├─────────────────────────┤  ┐
│       上級語             │  │ 上級編
│  ※うち細字語 (約460語)    │  ┘
├─────────────────────────┤
│                          │
│                          │
│       通し番号           │  
│      つきの語            │  必修編
│      約1,900語           │
│                          │
│                          │
│                          │
├─────────────────────────┤  ┐
│                          │  │ 入門編
│    太字語 (約2,600語)     │  ┘
├─────────────────────────┤  ┐
│       中学単語           │  │ 中学版
└─────────────────────────┘  ┘
```

入試出現語の総数

入試出現語の94%強をカバー！

※中学レベルの単語は既習語として扱い，「必修編」では掲載していません。

15

STAGE 1

Vocabulary 1 〜 10

最初はペースを確認しながら。赤シートを使うなどして効果的に単語の意味を確認しよう。

Schedule

目　標：＿＿＿月＿＿＿日まで

終了日：＿＿＿月＿＿＿日

意味わかる？ ・ **temperature** → p.30 で Check!

発音できる？ ・ **breathe** → p.39 で Check!

1 ビタミンCの働き [医療]

1 role [róul]
名 役割；役 (≒ part)
play an important *role*（重要な役割を果たす）

2
注 roll [róul] 発 自 転がる 他 を転がす；を丸める
The ball **rolled** across the street.（ボールが通りを横切って転がった。）

3 healthy [hélθi]
形 健康な

○ héalth — 名 健康（状態）

4 mammal [mǽml]
名 哺乳動物

5 produce [動 [prədjúːs] 名 [próudjuːs] ア]
他 を生産する；をもたらす　名 農産物
These oranges are foreign **produce**.（これらのオレンジは外国産です。）

○ próduct ア — 名 製品；成果
○ prodúcer — 名 生産者；（映画などの）プロデューサー
○ prodúction — 名 生産（高）
○ prodúctive — 形 生産的な
○ productívity — 名 生産性

6
関 reproduce [rìːprədjúːs] 他 を再生する；（子）を繁殖させる　自 繁殖する

7 suffer [sʌ́fər]
自 苦しむ (from)；害を受ける
他 （苦痛・損害）を受ける
These days, he is **suffering from** hay fever.（最近彼は花粉症に苦しんでいる。）

○ súffering — 名 苦しみ；被害

8 lack [lǽk]
名 不足 (of)　他 を欠いている

○ lácking — 形 不足して (in)
She *is lacking in* common sense.（彼女には常識がない。）

9 curious [kjúəriəs]
形 好奇心の強い (about)；奇妙な

○ curiósity ア — 名 好奇心
○ cúriously — 副 奇妙なことに

| ❶ 月 日 見出し語のみ | ❷ 月 日 見出し語＋派生語 | ❸ 月 日 見出し語＋その他の語 |

10 however 多
[hauévər]
副 しかし；どんなに…でも；どのように…しても
However tired I may be, I must do it. (どんなに疲れていてもそれをしなければならない。)

11 関 **nevertheless** [nèvərðəlés] 多 副 それにもかかわらず
12 関 **nonetheless** [nÀnðəlés] 多 副 それにもかかわらず

13 ape
[éɪp]
名 類人猿

14 mark
[má:rk]
名 印；記号；点数 (≒ score)；標識
他 に印をつける；を示す；を特徴づける

15 ≒ **target** [tá:rgət] 名 (攻撃の)的；達成目標　他 をねらう

16 skin
[skín]
名 皮膚；皮
get wet to the skin (ずぶぬれになる)

17 tooth
[tú:θ]
名 歯 (複 teeth)
He had his *decayed* tooth extracted. (彼は虫歯を抜いてもらった。)

18 関 **decay** [dɪkéɪ] 自 腐る；荒廃する　名 腐敗；衰退

19 area
[éəriə]
名 地域 (≒ region)；分野 (≒ field)；面積
an area of science (科学の領域)

20 bleed
[blí:d]
自 出血する (from)

○ **blood** [blÁd] 発 名 血液；家系　blood type [group] (血液型)

21 plenty
[plénti]
名 たくさん (of)

◡ **plentiful** 形 豊富な (≒ abundant)

22 fresh
[fréʃ]
形 新しい；新鮮な

2 drugの定義 [言語]

23 drug
[drʌ́g]

名 薬；麻薬
- 「薬」の意味では medicine が一般的。

24 amount
[əmáunt]

名 総額；量 (of) 自 総計〜に達する (to)；等しい (to)
- 名 を修飾する「多い・少ない」は large, small。

Your answer almost *amounts to* a threat. (あなたの返答はほとんど脅迫に等しい。)

25 ≒ sum [sʌ́m] 名 金額；(the) 合計；(the) 要点 他 を要約する

After all, they were awarded a large *sum*. (結局彼らには巨額の金が与えられた。)

26 mind
[máind]

名 精神；頭脳；意見；注意(力)；記憶(力)
自他 嫌がる；気をつける

Would you mind mak*ing* some tea? (お茶を入れてもらえませんでしょうか。)

27 definition
[dèfəníʃən]

名 定義；限定

○ defíne
他 を定義する；を明瞭に示す
I **defined** the situation as unfavorable to us. (私は状況が私たちに不利であることを明らかにした。)

○ définite
形 明確な；一定の

○ définitely
副 明確に；(否定語とともに)絶対に
"So you don't believe him?" "**Definitely** not!"
(「では君は彼を信じないんだね？」「うん, 絶対に！」)

⇔ **infinite** [ínfənət] 形 無限の；莫大な
There isn't an **infinite** supply of water. (水は無限に供給されはしない。)

28 ⇔ numerous [n(j)úːmərəs] 形 多数の

29 separate
動 [sépərèit]
形 [sépərət]

他 を分ける；を引き離す：を区別する
形 離れた；別々の

○ separátion
名 離れて暮らすこと；分離

30 ≒ split [splít] 他 を分ける (into) 自 分裂する split > split
名 分裂；裂け目 (in)

31 ≒ isolate [áisəlèit] 他 を孤立させる；を隔離する (from)
○ isolátion 名 孤立(状態)

| ❶ 月 日 見出し語のみ | ❷ 月 日 見出し語+派生語 | ❸ 月 日 見出し語+その他の語 |

32 usual
[júːʒuəl]

形 いつもの
as usual（いつものように）
as is usual with ~（~にはいつものことだが）

○ úsually — 副 たいてい
⇔ unúsual — 形 普通でない

33 poison
[pɔ́ɪzn]

名 毒(物)

34 carefully
[kéərfəli]

副 注意深く；注意して

○ cáreful — 形 注意深い；(命令文で)気をつけて
⇔ cáreless — 形 不注意な；無頓着な

35 control
[kəntróul]

他 を支配する；を抑制する
名 支配(力)；抑制

36 discipline [dísəplən] 名 訓練；しつけ；規律 他 を訓練する；をしつける；を罰する

Discipline transformed the child.（しつけでその子は別人のようになった。）

37 alcohol
[ǽlkəhɔ(ː)l]

名 アルコール；酒

○ alcohólic — 形 アルコール(中毒)の

38 instance
[ínstəns]

名 実例；(特定の)場合（≒ case）
for instance ≒ *for example*（例えば）

39 instant [ínstənt] 形 即刻の；即席の 名 瞬間

the instant ...（(接続詞的に) …するとすぐに）
○ ínstantly — 副 すぐに

40 depend
[dɪpénd]

自 頼る；当てにする；~次第である (on)

○ depéndent — 形 依存した；~次第である (on)
○ depéndence — 名 頼ること；従属
⇔ indepéndent — 形 独立した；自立した (of)

These two factors *are independent of* each other.（これら2つの要因は互いに無関係である。）

⇔ indepéndence — 名 独立；自立

3 お茶の種類 [文化]

41 history [hístəri]
名 歴史(学)

- historian 名 歴史家
- historical 多 形 歴史の
- historic 形 歴史上有名な　historic scenes (史跡)

42 tie [tái]
名 きずな；ネクタイ；ひも；同点　他 を結ぶ；をつなぐ

Tie the boat fast. (しっかり船をつなげ。)

43 ≒ bond [bá:nd] 多 名 きずな　他 をくっつける
They formed a strong **bond** of friendship. (彼らは強い友情のきずなを結んだ。)

44 culture [kʌ́ltʃər]
名 文化；教養

- cultural 形 文化的な；教養の

45 関 cultivate [kʌ́ltəvèit] 多 他 を耕す；を栽培する；(技能など)を養う
The land is **cultivated** with potatoes. (その土地ではジャガイモが栽培されている。)
- cultivation 名 耕作；栽培；育成

46 plant 多 [plǽnt]
名 植物；工場　他 を植える

a nuclear power **plant** (原子力発電所)

- plantation 名 大農園(制)

47 関 biology [baiɑ́:lədʒi] 名 生物学
She had very little knowledge of **biology**. (彼女の生物学の知識は貧弱なものだった。)
- biological 形 生物(学)の
- biologist 名 生物学者
- biotechnology 名 生物工学

関 weed [wí:d] 名 雑草　pull up **weeds** (雑草を抜く)

48 unique [ju(:)ní:k]
形 特有の (to)；唯一の

49 ≒ peculiar [pikjú:ljər] 形 奇妙な；特有の (to)
The custom is quite *peculiar to* Japan. (その慣習は極めて日本的なものだ。)

| ❶ 月 日 見出し語のみ | ❷ 月 日 見出し語+派生語 | ❸ 月 日 見出し語+その他の語 |

50 matter 多
[mǽtər]

名 問題；(複) 事態；物質　自 重要である

as a matter of fact (実は)
no matter what ... (たとえ何が…であろうとも)
It doesn't matter to me what he does. (彼が何をしようと私にはどうでもいいことだ。)

51 taste
[téɪst]

名 味；好み (for)　自 (〜な) 味がする　他 の味を見る

Everything you cook **tastes** really good. (君の料理はどれもとてもおいしいね。)

○ tásty　形 風味のある

52 ≒ flavor [fléɪvər] 名 風味；趣　他 に風味をつける

53 cause 多
[kɔ́:z]

他 を引き起こす　名 原因 (⇔ effect)；根拠；主義

What has *caused* you *to* change your mind? (何が心変わりをさせたのですか。)
Lack of care was the **cause** of the dog's death. (世話をしなかったのが犬が死んだ原因だった。)

54 ≒ persuade [pərswéɪd] 他 を説得する

I finally *persuaded* him *to* buy it. (私はとうとう彼を説得してそれを買わせた。)
○ persuásion　名 説得(力)
○ persuásive　形 説得力のある

55 fact
[fǽkt]

名 事実 (⇔ fiction)
in fact (実際のところ)

56 treat 多
[trí:t]

他 を扱う；を治療する；におごる
名 おごり；もてなし

The park belongs to everyone. Please **treat** it with respect. (皆さんの公園です。大切に利用しましょう。)

○ tréatment　名 治療；取り扱い
○ tréaty　名 条約　sign a treaty (条約に調印する)

57 関 belong [bɪlɔ́(:)ŋ] 自 所属している

belong to 〜 (〜に所属している) ❶ 進行形にしない。

58 pick 多
[pík]

他 自 選ぶ；(花・果実などを) 摘む；掘る
pick out 〜 (〜を選ぶ)
pick up 〜 (〜を拾い上げる；〜を車で迎えに行く)

23

4 オオカミの子育て [科学]

59 wolf [wúlf]
名 **オオカミ** (複 wolves)

60 raise 多 [réɪz] 発
他 (物・体)**を上げる**;**を育てる**;(資金)**を集める**; (問題など)**を提起する**
⚠ 自動詞の rise と混同しないように。
She **raised** her children carefully. (彼女は慎重に子どもたちを育てた。)

61 ≒ **rear** [ríər] 多 名 (the)**後部** 形 **後部の** 他 (人が)(子供や動物)**を育てる**
a **rear** seat (後部座席)
She was **reared** in an atmosphere of freedom. (彼女は自由な空気の中で育てられた。)

62 ≒ **lift** [líft] 他 **を(持ち)上げる**;**を高揚させる** 自 **上がる**;**高揚する** 名 **上がること**;(車などに目的地まで無料で)**乗せること**
I can give you a **lift** home if you like. (よかったら家まで(車で)送るよ。)

63 関 **breed** [bríːd] 自 **子を産む** 他 (動植物)**を育てる** 名 **品種** bred > bred

64 female [fíːmeɪl] アク
形 名 **女性(の)**;**雌(の)** (⇔ male)

≒ feminine [fémənɪn] 形 女性の;女性的な

65 birth [bə́ːrθ]
名 **誕生**;**出産**
give birth (**to** ~) ((~(子)を)産む)
by birth (生まれは;生まれつき)
Please fill in *your date of birth*. (生年月日を記入してください。)

66 ≒ **dawn** [dɔ́ːn] 発 名 **夜明け**;(the)(時代などの)**始まり**
the **dawn** of civilization (文明の幕開け)

67 dig [díg]
他 自 **掘る**;**突っ込む**;**探究する**
dug > dug > digging

68 hole
[hóul]

名 穴；欠点

69 ≒ gap [gǽp] 名 割れ目；(時間的)空白；(見解などの)相違

We must think of a way to ***bridge the gap between*** rich and poor.（私たちは貧富の差を埋める方法を考えなければならない。）

70 within
[wɪðín]

前 の内部に；の範囲内で；〜以内に

71 while
[wáɪl, hwáɪl]

接 する間に；の間ずっと；その一方で（≒ whereas）　名 時間

after a while（しばらくして）
for a while（しばらくの間）

72 ≒ moment [móʊmənt] 名 瞬間；(特定の)時

the moment ...（(接続詞的に) …するとすぐに）

○ mómentary 形 瞬時の（≒ brief）

73 hunt
[hʌ́nt]

自他 狩る；捜す　名 探索；狩り

74 instead
[ɪnstéd]

副 その代わりに

instead of 〜（〜の代わりに；〜しないで）

🔹 A instead of B は 2 つの語(句)が対照され、「B ではなく A」の意味。without は「(必要なこと)をしないで」の意味。

She stayed at home all day ***instead of*** going out.（彼女は出かけないで 1 日中家にいた。）

75 behind
副 [bɪháɪnd] 前 [→]

副 前 (の) 後に；(…よりも) 劣って

76 guard
[gáːrd] 発

他 を守る；を見張る　名 警備(員)

5 ジェスチャーの違い［言語］

77 physical [fízɪkl]
形 身体の（⇔mental）；物質の；物理的な

- physically 副 身体的に；物理(学)的に
- physics 名 物理学
- physician 名 医師；内科医
- physicist 名 物理学者

78 ≒ **manual** [mǽnjuəl] 形 手の；手を使う　名 手引き書；説明書　manual labor（肉体労働）

79 gesture [dʒéstʃər]
名 身ぶり

80 meaning [míːnɪŋ]
名 意味；意図

- meaningful 形 意味のある；意味深長な

81 misunderstand [mìsʌndərstǽnd]
他 自 誤解する
Don't **misunderstand** me.（誤解しないで。）

82 signal [sígnl]
名 合図；信号(機)　他 に合図する

- sign 多 名 表れ；標識；合図　自他 署名する
  ❶ 有名人のサインは autograph。
- signature 名 (書類などへの)署名

83 embarrass [ɪmbǽrəs]
他 を困らせる
She *was embarrassed at* what she had said.（彼女は自分が言ってしまったことに当惑した。）

- embarrassment 名 当惑（させるもの）

84 foreign [fɔ́ːrən]
形 外国の；異質の

- foreigner 名 外国人；よそ者

85 ≒ **alien** [éɪliən] 形 外国(人)の；異質な　名 外国人；宇宙人
The manners are **alien** from our way of life.（その風習は我々の生活様式とは異質なものだ。）

86 ⇔ **domestic** [dəméstɪk] 形 国内の；家庭の
- domesticate 他 (動物)を飼い慣らす

87 関 **overseas** 副 [òuvərsíːz] 形 [´--`] 副 海外へ〔で〕　形 海外の

88 count [káunt]
他 を数える 自 重要である 名 計算
His opinions don't **count**. (彼の意見は重要ではない。)

○ cóunter
名 (食堂・図書館などの)カウンター；逆 他 に対抗〔対応〕する

- 89 関 **countless** [káuntləs] 形 無数の
- 90 関 **counterpart** [káuntərpà:rt] 名 (対の)片方；似たもの
- 91 ≒ **calculate** [kǽlkjəlèɪt] 動 他 を計算する；と見積もる
  ○ **calculátion** 動 名 計算；推定

92 index [índeks]
名 索引；目録；指数；指標
index finger (人差し指)

93 common [ká:mən]
形 普通の；共通の
have ~ *in common* (~を共通に持っている)

○ cómmonly
副 普通に；通例

- 94 ≒ **familiar** [fəmíljər] 多 形 (人に)なじみのある(to)；(物事に)精通した(with)
  The tale *is familiar to* us. ≒ We *are familiar with* the tale. (その物語はおなじみである。)
  ○ **familiárity** 名 親しさ；精通
  ⇔ **unfamíliar** 形 よく知らない
- 95 関 **mutual** [mjú:tʃuəl] 形 相互の；共通の
  mutual understanding (相互理解)

96 puzzle [pʌ́zl]
他 を困らせる (≒ embarrass) 名 わからないこと；パズル
He *was puzzled about* what to answer. (彼はどう答えてよいか途方にくれていた。)

- 97 ≒ **mystery** [místri] 名 不思議・神秘
  solve the **mystery** of the incident (その事件の謎を解く)
  ○ **mystérious** 動 形 不思議な；神秘的な

98 reply [rɪpláɪ]
自他 答える (to) 名 答え
in reply to ~ (~に答えて)

6 本当のほほえみと偽りのほほえみ [人間]

99 effective [ɪféktɪv]
形 効果的な

- effect 🔄
  名 影響；効果；結果（≒ result, consequence）
  in effect（事実上） cause and effect（原因と結果）
  have an effect on ~（~に影響〔効果〕がある）

- efféctively
  副 効果的に

  100 関 efficient [ɪfíʃənt] 🔄 形 効率的な；有能な
  an efficient way of studying（効率的な勉強の仕方）
  - efficiency 名 効率

101 mask [mæsk]
他 (事実・感情など)を隠す 名 マスク；仮面

102 feeling [fíːlɪŋ]
名 感情；(漠然とした)感じ；意見；感覚

103 psychologist [saɪkɑ́ːlədʒɪst]
名 心理学者

- psychology 🔄 発
  [saɪkɑ́ːlədʒi]
  名 心理(学)

- psychológical
  形 心理(学)の

  104 関 philosophy [fəlɑ́ːsəfi] 🔄 名 哲学；人生観
  - philósopher 名 哲学者
  - philosóphical 形 哲学の

105 claim [kléɪm]
他 を主張する；を要求する 名 主張；権利；要求

❗ 日本語の「クレーム」は complaint.
The lawyer **claimed** that she was innocent.（弁護士は彼女は無実だと主張した。）

106 false [fɔ́ːls] 発
形 間違っている；誤りに基づいた；うその

107 関 fake [féɪk] 名形 偽物(の)

108 muscle [mʌ́sl] 発
名 筋肉；筋力

- múscular
  形 筋肉の(発達した)

| ① 月 日 見出し語のみ | ② 月 日 見出し語＋派生語 | ③ 月 日 見出し語＋その他の語 |

| 109 | **surround** [səráund] | 他を囲む |

○ surróunding　名(複) 環境　形 周囲の
I feel stressed because of my unfamiliar **surroundings**.
(慣れない環境のために私はストレスを感じている。)

| 110 | **tight** [táit] | 形 きつい；しっかり固定した；厳しい；余裕のない |

○ tíghten　他 をしっかりと締める　自 ぴんと張る；緊張する

| 111 | **cheek** [tʃíːk] | 名 ほお |

| 112 | **pull** [púl] | 他自 引く；車を寄せる |

| 113 | **lip** [líp] | 名 唇 |

| 114 | **upward** [ʌ́pwərd] | 副 上に向かって　形 上方への |

| 115 | 関 **forward** [fɔ́ːrwərd] 副 前に；将来に向かって |

| 116 | **slightly** [sláitli] | 副 わずかに |

○ slíght　形 わずかな
I think there's ***not the slightest*** doubt about it. (それには少しの疑いもないと思う。)

| 117 | ≒ **subtle** [sʌ́tl] 発 形 (違いなどが) 微妙な |

| 118 | **perhaps** [pərhǽps] | 副 ひょっとすると；(数値の前で) だいたい；…してはどうでしょう |

| 119 | **less** [lés] | 副 形 (little の比較級) より少なく〔い〕 |

○ léssen　他 を減らす　自 減る

| 120 | 関 **least** [líːst] (little の最上級) 名 形 最小 〔少〕 (の)　副 最も〜でない |

at least (少なくとも)

7 「熱い」か「辛い」か [言語]

121 temperature
[témpərtʃər]

名 温度；体温
Please *take your temperature*. (熱を測ってください。)

122 seem
[síːm]

自 (…のように)思われる〔見える〕
She *seems to* have known the secret. ≒ *It seems that* she knew the secret. (彼女はその秘密を知っていたようだ。)

○ séemingly　副 外見上は；(文修飾で)どうやら

123 confuse 多
[kənfjúːz]

他 を当惑させる；を混同する
Don't *confuse* liberty *with* license. (自由を放縦と混同してはいけない。)

○ confúsion　名 混乱；混同

124 describe
[dɪskráɪb]

他 を言い表す；を描く；を説明する
❶ describe は他。×describe about 〜

○ descríption　名 描写；記述；説明書
beyond description (言葉では言い表せない)

125 respond
[rɪspάːnd]

自 反応する (to)；答える (to)

○ respónse 動　名 反応；答え　*in response to* 〜 (〜に応じて)

126 correspond [kɔ̀ːrəspάːnd] 自 合致する (with)；相当する (to)；文通する (with)
○ correspóndence　名 文通；通信；一致

127 simple
[símpl]

形 単純な；簡単な；質素な

○ símply　副 ただ単に；簡単に

128 ⇔ complicated [kάːmpləkèɪtɪd] 多 形 複雑な
129 ⇔ complex [kάːmpléks, ́--] 形 複雑な；複合的な
This problem is quite complex〔complicated〕. (この問題はかなり複雑だ。)
○ compléxity　名 複雑さ

130 explanation
[èksplənéɪʃən]

名 説明；真相

○ expláin　他 自 説明する；弁解する
❶ ×explain him that …　○*explain to* him *that* …
○*explain* … *to* him

❶ 月 日 見出し語のみ	❷ 月 日 見出し語+派生語	❸ 月 日 見出し語+その他の語

131 nerve
[nə́:rv]

图神経；(復)神経質；勇気
get on one's nerves（人の神経にさわる）

○ **nérvous** — 形神経質な；神経の；心配した

132 関 **neuron** [n(j)úərɑ:n] 图神経単位〔ニューロン〕

133 react
[riǽkt]

自反応する；反作用する；反抗する

○ **reáction** — 图反応；反作用；反動

134 chemical
[kémɪkl]

图（通例(復)）化学製品〔物質〕 形化学の；化学的な

○ **chémistry** — 图化学
○ chémist — 图化学者

135 rise
[ráɪz]

图上昇；増加 自上がる；起きる；出世する rose > risen [rízn] 発

136 関 **soar** [sɔ́:r] 自（数値などが）急上昇する；（空高く）舞い上がる

137 expression
[ɪkspréʃən]

图表現；表情

○ **expréss** 多 — 他を表現する 图急行列車 形急行の
I find it difficult to **express** my meaning in words.（言葉で私の言いたいことを表すのは難しい。）

138 関 **metaphor** [métəfɔ̀:r] 图隠喩；象徴（for）
"He was drowning in paperwork" is a **metaphor**.（「彼は書類の中でおぼれていた」というのは隠喩だ。）

139 therefore
[ðéərfɔ̀:r]

副したがって（≒ thus, hence）

140 reflect
[rɪflékt]

他自反射する，反映する；よく考える；もたらす
The newspaper **reflects** public opinion.（新聞は世論を反映する。）

○ **refléction** — 图（光・熱などの）反射；（鏡・水面の）映像；熟考

8 紳士服と婦人服でボタンが違う理由 [社会]

141 clothes
[klóuz] 発
名(複数扱い)**衣服**

- clóth 名布；テーブルクロス
- clóthing 名(単数扱い)衣類

142 convenient
[kənvíːnjənt]
形(時間・場所・物が)**便利な；都合のよい**

⚠ 人を主語にしない。
× if you are convenient　○ if it is convenient for you

- convénience 名便利(なもの)

143 though
[ðóu]
接 **〜にもかかわらず**　副(通例文尾で)**でも**

even though 〜（たとえ〜しても；〜にもかかわらず）
I missed the train. Kate gave me a ride, **though**.（私はその列車に乗り遅れた。でもケイトが車に乗せてくれた。）

144 discrimination
[dɪskrìmənéɪʃən]
名**差別；区別**

- discríminate 動 自差別する(against)；区別する(between)

145 関 **prejudice** [prédʒədəs] 動 名 先入観；偏見
racial **prejudice**（人種的偏見）

146 関 **bias** [báɪəs] 名 偏見；先入観(against)

147 reason 多
[ríːzn]
名**理由；道理；理性**　他自**推論する**

- réasonable 多　形 道理にかなった；(価格が)手頃な；適切な
- réasonably　副 かなり；適切に

148 関 **logic** [lɑ́ːdʒɪk] 名 論理(学)；必然性
- lógical 形 論理的な(⇔ illogical)

149 関 **rational** [rǽʃənl] 形 理性的な；合理的な

150 past
[pǽst]
名(the) **過去**　形 **過去の；ここ〜**(年月など)**の**　前 **を過ぎて**　for the past two years（過去2年間）

151 quite
[kwáɪt]
副 **かなり**(≒ rather)**；まったく**(≒ completely)

not quite 〜（まったく〜というわけではない）
quite a few 〜（かなりたくさんの〜）
You are **quite** right.（君はまったく正しい。）

152 ≒ **pretty** [príti] 副 かなり　形 かわいらしい
It's **pretty** cold this morning.（今朝はかなり寒い。）

| ❶ 月 日 見出し語のみ ☐☐ | ❷ 月 日 見出し語+派生語 ☐☐ | ❸ 月 日 見出し語+その他の語 ☐☐ |

153 expensive
[ɪkspénsɪv]

形 高価な

○ expénse
名 費用(≒ cost);犠牲
at the expense〔cost〕of ~ (~の犠牲を払って)

○ expénditure
名 支出(額);(時間などの)消費

154 rich
[rítʃ]

形 裕福な;豊富な (in)
the rich (裕福な人々)
Milk *is rich in* calcium. (ミルクはカルシウムが豊富だ。)

155 ⇔ poor [púər] 形 貧しい;粗末な;かわいそうな
the poor (貧しい人々)
○ póverty 名 貧困
Crime has often been related to **poverty**. (犯罪はしばしば貧困と関連があるとされてきた。)

156 afford
[əfɔ́ːrd]

他 …する余裕がある (to *do*);(物)を持てる;(機会など)を与える

❶ 通例最初の2義では can や could を伴う。
I *can't afford to* buy a new car. (新車を買う余裕はない。)

157 wealthy
[wélθi]

形 裕福な;豊富な
a country **wealthy** in natural resources (天然資源に富む国)

○ wéalth
名 富;(a wealth of ~)豊富な~

158 servant
[sə́ːrvnt]

名 召使い

159 ≒ slave [sléɪv] 名 奴隷;(欲望などに)とりつかれた人
She is a **slave** of fashion. (彼女は流行の後ばかり追っている。)
○ slávery 名 奴隷の身分;奴隷制度

160 ⇔ master [mǽstər] 名 主人;名人 他 (完全に)を習得する
It's difficult to **master** German in a few months. (2,3カ月でドイツ語を習得するのは難しい。)
○ másterpiece 名 傑作

161 dress
[drés]

他 に衣服を着せる 名 ドレス;衣服
be dressed in ~ (~を着ている)

英文 8 で Check!

9 紫色のもと [文化]

162 regard 多
[rɪɡáːrd]
- 他 (regard A as B) AをBとみなす；を尊重する
- 名 敬意；注意

as regards 〜 ≒ *with* (*in*) *regard to* 〜（〜に関して）
I *regarded* your offer *as* a joke.（私はあなたの申し出を冗談だと思った。）

- ○ regárding — 前 に関して
- ○ regárdless — 形 無頓着な　*regardless of* 〜（〜に関係なく）

163 symbol
[símbl]
- 名 象徴；記号

- ○ symbólic 乃 — 形 象徴的な　*be symbolic of* 〜（〜を象徴する）
- ○ sýmbolize — 他 を象徴する

164 power
[páuər]
- 名 権力；能力；エネルギー；強国

- ○ pówerful — 形 有力な；説得力のある；強力な

165 dye
[dáɪ]
- 名 染料　自他 染まる〔染める〕
（注 die [dáɪ]（死ぬ））

166 elegant
[éləɡənt]
- 形 上品な；理路整然とした

167 ≒ polite [pəláɪt] 形 礼儀正しい；丁重で（⇔ impolite）
It's not **polite** to ask a woman how old she is.（女性に年を聞くのは礼儀正しくない。）
- ○ políteness 名 礼儀正しさ

168 ⇔ rude [rúːd] 形 無礼な；粗雑な

169 ancient
[éɪnʃənt] 乃
- 形 古代の（⇔ modern）；昔からの

170 coast
[kóʊst]
- 名 沿岸；海岸

- ○ cóastal — 形 沿岸の

171 ≒ shore [ʃɔːr] 名（海・湖・広い河川の）岸

172 Mediterranean
[mèdɪtəréɪniən]
- 形 地中海の

the Mediterranean Sea（地中海）

❶ 月 日 見出し語のみ	❷ 月 日 見出し語+派生語	❸ 月 日 見出し語+その他の語

173 discover
[dɪskʌ́vər]

他 (偶然)を発見する；に気づく

○ discóvery
名 発見(物) (about, of)

174 ≒ **finding** [fáɪndɪŋ] 名 発見(物)；報告；判決 (≒ judgment)

175 shell
[ʃél]

名 (貝)殻

176 unlike
[ʌnláɪk]

前 と異なって　形 異なった

○ unlíkely
形 …しそうにない；ありそうない

177 liquid
[líkwɪd]

名形 液体(の)

178 ⇔ **solid** [sɑ́:ləd] 形 固体の；固い；(構造などが)しっかりした 名 固体　a solid fuel (固形燃料)

179 contact
[kɑ́:ntækt]

名 接触；連絡；関係　他 と連絡をとる；と接触する

180 ≒ **access** [ǽkses] 名 接近；利用権 (to)　他 にアクセスする

○ accéssible
形 手に入る；接近できる
accessible to everyone (誰でも利用可能な)

181 let
[lét]

他 (let A *do*) Aが…するのを許す；Aを…の状態にさせる

Let some fresh air in. ((窓を開けて)新鮮な空気を入れなさい。)

182 ≒ **allow** [əláʊ] 他 を許す；を認める
allow A to do (Aに…するのを許す)
Will you *allow* me *to* park here? (ここに駐車していいかい？)

○ allówance 名 手当て；許容；余裕

183 ≒ **forgive** [fərɡív] 他 (人・行為・罪など)を許す

184 smell
[smél]

他 のにおいがする；のにおいをかぐ　自 においを発する

❶ 通常は進行形にしない。
This flower **smells** sweet. (この花は甘い香りがする。)

10 酸素の発見 [科学]

185 branch 多
[brǽntʃ]
名 枝；支店

186 space 多
[spéɪs]
名 場所；空間；用地；宇宙

- spácious 形 広々とした

≒ cosmos [kάːzməs] 名（秩序のとれた体系としての）宇宙；秩序

187 burn
[bə́ːrn]
自他 焼ける〔焼く〕；燃える〔燃やす〕；焦げる〔焦がす〕

188 perfectly
[pə́ːrfɪktli]
副 完璧に；まったく

- perfect 形 [pə́ːrfɪkt] 動 [pərfékt]
  形 完全な；正確な；まったくの（≒ **complete**）
  他 を完成する
- perféction 名 完全；完成

189 previously
[príːviəsli]
副 以前に

- prévious 形（時間・順序が）前の

190 support
[səpɔ́ːrt]
他 を支える；を支持する；を立証する
名 支え；支持

191 prove 多
[prúːv] 発
他 を証明する 自 …とわかる（≒ *turn out*）
prove (*to be*) useful（役に立つとわかる）

- próof 名 証拠（≒ **evidence**）

192
≒ **demonstrate** [démənstrèɪt] 多 ア 他 を証明する；を実演する 自 デモをする
- demonstrátion 名 実証；実演；デモ

193 somehow
[sʌ́mhàʊ] ア
副（動詞修飾）なんとかして；（文修飾）どういうわけか

Somehow his idea doesn't appeal to me.（なぜか彼の考えは気に入らない。）

194 composition
[kɑ̀:mpəzíʃən]
图 構成；(音楽などの)作品；作文

○ compóse　他 を構成する；を作曲する

195
≒ consist [kənsíst] 圓 成る(of)；存在する(in)
❶ 進行形にしない。

Coal *consists* mostly *of* carbon.（石炭は大部分が炭素から成っている。）

For him, happiness *consists in* watching television.（彼にとって幸せというものはテレビを見ることにある。）

○ consístent 形 首尾一貫した(in)；継続的な

I don't feel he *is consistent in* what he says.（彼が話すことはどうも一貫性がないように思う。）

196 celebrate
[séləbrèit]
他 圓 (特別な日・事を)祝う
❶ 人を目的語にしない。

We *celebrated* his birthday.（私たちは彼の誕生日を祝った。）

○ celebrátion　图 祝賀(会)；称賛
○ celébrity　图 名声；(芸能などの)著名〔有名〕人
○ célebrated　形 著名な

≒ bless [blés] 他 (通例受け身で)恵まれている；に祝福を与える；に感謝する

In many English-speaking countries, when someone sneezes, people say "God *bless* you."（多くの英語圏では、くしゃみをした人に周りの人々が、「神のお恵みを」と言う。）

≒ congratulate [kəngrǽdʒəlèit] 他 (人)を祝う

I *congratulate* you *on* your wedding.（ご結婚おめでとう。）

○ congratulátion 图 (複) おめでとう；(複) 祝いの言葉

Congratulations on your award!（受賞おめでとう！）

197
関 annual [ǽnjuəl] 形 年1回の；1年間の

I just had an *annual* physical checkup.（年に1度の健康診断を受けたばかりだ。）

関 anniversary [æ̀nəvə́:rsəri] 图 (毎年の)記念日

10 酸素の発見 [科学]

198 experiment
名 [ɪkspérəmənt]
動 [-mènt] アク
名 実験　自 実験する
❗ 動詞は自のみ。

○ experiméntal　形 実験用の；試験的な

199 collapse [kəlǽps]
自名 崩壊(する)；(病気などで突然) 倒れる(こと)

200 survive [sərváɪv]
自 生き残る　他 (災害など)から生きのびる；(人など)より長生きする

○ survíval　名 生き残ること

201 observation [à:bzərvéɪʃən]
名 観察(結果)；監視

○ obsérve 多　他 に気づく；を観察する；を述べる；(法律・習慣)を守る
　observe ～ do 〔…*ing*〕「～が…する〔している〕のに気づく」
　She *observed that* he would surely win. (彼女は彼が必ず勝つと言った。)

○ obsérver　名 観察者；目撃者

202 lead 多 [líːd]
他 を導く；を率いる；(生活)を送る　自 (道などが) 通じる (to)　led > led　名 首位；先導
❗ 「鉛」は lead [léd] 発
　lead to ～ (～という結果になる)
　lead A to do (Aを…する気にさせる)
　What *led* you *to* study French? (なぜフランス語を勉強する気になったの？)

○ léader　名 指導者

203 guide [gáɪd]　名 案内人〔書〕；指導者；指針　他自 案内する；指導する

○ gúidance　名 指導

204 offer [ɔ́(ː)fər] アク
他 を提供する；を申し出る　名 提供；申し出
　offer A B (AにBを申し出る)
　offer to do (…しようと申し出る)
　He *offered* me a ride to school. (彼は私に学校まで車でお送りしましょうと声をかけた。)

| ❶ 月 日 見出し語のみ | ❷ 月 日 見出し語+派生語 | ❸ 月 日 見出し語+その他の語 |

205 theory
[θíːəri]

名 理論(⇔ practice); 学説; 推測

○ theorétical 派
形 理論(上)の

206 関 academy [əkǽdəmi] 名 学士院; 専門学校
○ académic 形 学問の; 大学の
The company doesn't hire people on the basis of their **academic** record. (その会社は学業成績を重視して人を採用してはいない。)

207 restore
[rɪstɔ́ːr]

他 を戻す; を修復〔回復〕する〔させる〕

○ restorátion
名 修復〔回復〕; 返還
Closed during **restorations**. (修復中につき閉鎖。)

208 breathe
[bríːð] 発

自他 呼吸する

○ bréath
名 息; 呼吸

209 ≒ blow [blóu] 多 自 (風が)吹く; 息を吐く 他 を吹く
名 打撃
His daughter's death was a terrible **blow** to him. (娘の死は彼にとって大きなショックだった。)

210 関 sigh [sáɪ] 自 名 ため息(をつく)

211 remove
[rɪmúːv]

他 を取り除く; を移す

○ remóval
名 除去; 移動

212 ≒ eliminate [ɪlímənèɪt] 他 を取り除く
You had better **eliminate** unnecessary words from your essay. (君の論文から不必要な語を削除した方がよい。)
○ eliminátion 名 排除

213 ≒ exclude [ɪksklúːd] 他 を除外する
○ exclúsive 形 排他的な; 独占的な

214 oxygen
[ɑ́ːksɪdʒən]

名 酸素

📄 まとめてチェック

① 動物・植物　　　　　　　　　　　　　　　　　　　　🎧 59 wolf

215	**ant** [ænt]	名 アリ
216	**chimpanzee** [tʃìmpænzíː]	名 チンパンジー（省略形は chimp）
217	**cattle** [kǽtl]	名 (集合的に)ウシ
218	**deer** [díər]	名 シカ (複 deer)
219	**dinosaur** [dáinəsɔ̀ːr] アク 発	名 恐竜
220	**dolphin** [dάːlfɪn]	名 イルカ
221	**insect** [ínsekt] アク	名 昆虫
222	**mosquito** [məskíːtou]	名 蚊 (複 -s または -es)
223	**primate** [práimeɪt] アク	名 霊長類の動物
224	**rat** [rǽt]	名 ネズミ
225	**shark** [ʃάːrk]	名 サメ
226	**sheep** [ʃíːp]	名 ヒツジ (複 sheep)
227	**whale** [wéɪl]	名 クジラ
228	**bark** [bάːrk]	自 (イヌなどが)ほえる (at)
229	**nest** [nést]	名 (鳥・昆虫などの)巣
230	**cage** [kéɪdʒ]	名 (鳥・獣を入れる)かご；檻
231	**wild** [wáɪld]	形 野生の；荒涼とした；乱暴な
	○ wilderness [wíldərnəs] 発	名 (the)荒野
232	**wildlife** [wáɪldlàɪf] アク	名 (集合的に)野生生物
233	**bamboo** [bæmbúː] アク	名 竹
234	**lawn** [lɔ́ːn]	名 芝生　❗ loan [lóun] と区別しよう。
235	**trunk** [trʌ́ŋk] 多	名 (木の)幹；(自動車の)トランク
236	**wood** [wúd]	名 木材；(しばしば複)森；薪
	○ **wooden**	形 木(製)の
237	≒ **timber** [tímbər]	名 (建築用の)材木

40

STAGE 2

Vocabulary 11 〜 20

覚えた知識の定着には復習も重要。前の STAGE も振り返りながら学習を進めよう。

Schedule

目　標：＿＿＿＿月＿＿＿＿日まで

終了日：＿＿＿＿月＿＿＿＿日

意味わかる？ ・ **opportunity** → p.54 で Check!

発音できる？ ・ **police** → p.42 で Check!

11 アガサ・クリスティーの失踪 (1) [歴史]

238 disappear [dìsəpíər]
自 消える (⇔ appear)

○ disappéarance
名 失踪；紛失；消滅

239 ≒ fade [féɪd] 自 (色などが)あせる；見えなくなる；衰える
240 ≒ vanish [vǽnɪʃ] 自 (突然)消える

241 bank 多 [bǽŋk]
名 銀行；土手

242 stick [stík]
他 を貼り付ける；を刺す；(be stuck)行き詰まる 自 くっつく；刺さる stuck > stuck
名 棒きれ

stick to ~ (～を断固として守る)

243 bush [búʃ]
名 灌木(かんぼく)；茂み

244 police [pəlíːs] ｱ 発
名 警察
❶ 通例 the police で複数扱い。

関 policeman [pəlíːsmən] ｱ 発 名 警官

245 fur [fə́ːr]
名 毛皮

246 suspect 動 [səspékt] 名 [sʌ́spekt] ｱ
他 を疑う；だと思う (that節)　名 容疑者
❶ 通例好ましくないことに用いる。

○ suspícious
形 疑い深い(of)；疑わしい
The police *are suspicious of* my alibi. (警察は私のアリバイを疑っている。)

○ suspícion ｱ
名 疑惑；不信感

247 関 suppose [səpóuz] 他 と考える (that節)
be supposed to do (…することになっている)

248 attempt [ətémpt]
他 を試みる；(attempt to *do*) …しようとする
名 試み；攻撃

○ atténpted
形 未遂の

249 ≒ dare [déər] 他 (dare (to) *do*) あえて〔大胆にも〕…する
❶ 助動詞として用いられる場合もある。
How dare S V…! (よく…できるものだね。)

| ❶ 月 日 見出し語のみ | ❷ 月 日 見出し語+派生語 | ❸ 月 日 見出し語+その他の語 |

---

250 注 **tempt** [témpt] 他(人)を誘惑する
tempt A to do (Aを…するよう誘惑する)
I *was tempted to* buy the smartphone. (そのスマートフォンを買いたい誘惑に駆られた。)
○ temptátion 名誘惑(物)

251 suicide [súːəsàɪd]
名自殺
commit **suicide** (自殺する)

252 marriage [mǽrɪdʒ, mér-]
名結婚

○ márry
自他結婚する
❶「彼と結婚する」○ marry him ×marry with him

○ márried
形結婚している
❶「彼と結婚する」○ *get married to* him ×get married him

253 seriously [sí(ə)rɪəsli]
副まじめに；深刻に

○ sérious
形重大な；まじめな
Don't be so **serious**. It's only a game. (そうまじめに考えるなよ。遊びじゃないか。)

254 ≒ **grave** [gréɪv] 形重大な；真剣な 名墓穴
His remark had a **grave** impact on the villagers. (彼の発言は村人たちに重大な影響を与えた。)
○ grávity 名重力

255 despite [dɪspáɪt]
前にもかかわらず (≒ *in spite of* ~)
❶ 前なので後ろに節は続かない。

256 extensive [ɪksténsɪv]
形広範囲の；大規模な；広大な

○ exténtx
名程度；範囲；広さ *to some extent* (ある程度は)

○ exténd
他を延長する；を広げる 自広がる；(事が)続く

○ exténsion
名延長；拡張

257 関 **stretch** [strétʃ] 他を(引き)伸ばす；に及ぶ 自伸びる；身体を伸ばす；(範囲などが)及ぶ 名広がり；伸ばすこと
I **stretched** out my hand for the book. (私はその本を取ろうと手を伸ばした。)

11 アガサ・クリスティーの失踪 (1) [歴史]

258 search [sə́ːrtʃ]
名 捜査；追求 自 捜す (for) 他 を捜す
search A for B (B (物) を求めて A (場所) を捜す)
○ *search* her room *for* the missing ring
× search the missing ring in her room
(なくなった指輪を求めて彼女の部屋を捜索する)
in search of ~ (～を捜し求めて)

259 whole [hóul]
形 (the whole ~) 全体の；丸～の 名 (the whole of ~) 全体
on the whole (概して)
as a whole (全体として)

260 clue [klúː]
名 手がかり
a clue to the mystery (その謎を解く手がかり)

261
≒ hint [hínt] 名 ヒント；気配；(a hint of ~) 少量の～ 自他 それとなく言う

262 notice 多 [nóutəs]
他 に気づく 名 注意 (≒ attention)；掲示；通知
notice ~ do 〔…*ing*〕(～が…する〔している〕のに気づく)
She didn't **notice** me watch*ing* her. (彼女は私が彼女を見ていたことに気づかなかった。)

○ nóticeable 形 目立つ；顕著な

263
⇔ overlook [òuvərlúk] 他 を見落とす；を見下ろす；を大目に見る
I **overlooked** important details. (私は重要な点を見落としていた。)

264 guest [gést]
名 招待客；宿泊客

265
関 audience [ɔ́ːdiəns] 名 聴衆；(テレビの) 視聴者

266
関 client [kláiənt] 名 (弁護士などへの) 依頼人；(サービス業の) 取引先

267
関 passenger [pǽsəndʒər] 名 乗客

関 spectator [spékteitər] 名 (特にスポーツの) 観客；第3者

268 similar
[símələr]

形 似通った (to)；同類〔種〕の

○ símilarly 副 同様に
○ simílarity 名 似ていること〔点〕

269 ≒ alike [əláɪk] 形副 同様の〔に〕

young and old **alike** (老いも若きも)
They look so much **alike** that nobody can tell them apart. (彼らはとてもよく似ているので，誰にも区別がつかない。)

270 関 parallel [pǽrəlèl] 形 平行な；類似の 名 類似点 副 平行に

The two rivers run **parallel** to each other. (2つの川は平行して流れている。)

271 関 resemble [rɪzémbl] 発 他 に似ている

❶ ①通常は進行形にしない。②×resemble to ～

He **resembles** his grandfather. (彼は祖父似だ。)
○ resémblance 名 類似(点)

272 photo
[fóʊtoʊ]

名 写真
❶ photograph の短縮形

○ phótograph 多
○ photógrapher 多
名 写真 自他 写真を撮る
名 写真家

273 missing
[mísɪŋ]

形 行方不明の；欠けている

○ míss 多
他 を逃す；がいなくて寂しい；がないのに気づく 名 失敗
miss …ing (…し損なう)
miss winn*ing* the game (試合に勝ち損なう)

12 アガサ・クリスティーの失踪 (2) [歴史]

274 ring [ríŋ]
他自 鳴る〔鳴らす〕；電話をかける rang > rung
名 輪；(ベル・鈴などの) 音
I'll **ring** up later. (後で電話します。)

275 rush [ráʃ]
自 急いで行く 他 を急いで送る；をせきたてる
名 勢いよく流れる〔吹く〕こと；忙しさ

276 act [ækt]
自 行動する；振る舞う 名 行為；法律
他 を演じる

- áction 名 行動；行為 *take action* (行動する)
- áctive 形 積極的な；活動的な
- actívity 名 活動
- áctor 名 俳優；行為者

277 ⇔ **passive** [pǽsɪv] 形 受動的な；無抵抗の
passive smoking (受動喫煙)

278 completely [kəmplíːtli]
副 完全に

- compléte 形 完全な；まったくの 他 を仕上げる
- complétion 名 完成

279 ≒ **total** [tóʊtl] 形 まったくの；総計の 名 合計
280 ≒ **utter** [átər] 他 (ため息・言葉)を発する；を述べる
形 まったくの an **utter** refusal (断固とした拒絶)
- útterance 名 言葉に出すこと〔発声〕

281 recognize [rékəgnàɪz]
他 を認識する；を認める (≒ admit)

- recognítion 名 認識；承認；賞賛

282 ≒ **acknowledge** [əknáːlɪdʒ] 他 (過失など)を認める
He **acknowledged** his fault. (彼は自分の過失を認めた。)
283 関 **cognitive** [káːgnətɪv] 形 認識〔認知〕の
cognitive psychology (認知心理学)

284 memory [méməri]
名 記憶；思い出；記憶力

- mémorize 自他 記憶する
- memórial 形 追悼の；記念の；記憶の 名 記念碑〔物；行事〕

285 関 **monument** [máːnjəmənt] 名 記念碑；遺跡

286 loss
[lɔ́(:)s]
名 紛失；損害；死；敗北
(*be*) *at a loss*（困って）

287 due 多
[d(j)úː]
形 到着予定で；(…する)はずで (to *do*)；払われるべき　*due to ~*（~が原因で）
The plane is **due** at 7 p.m.（飛行機は午後7時着の予定だ。）

288 incident
[ínsədənt]
名 出来事；事件

289 follow
[fá:lou]
他 の後について行く；の後に起こる；の跡を継ぐ；(指示など)に従う
as follows（次の通りで）
Winter **follows** fall.（秋の後には冬が来る。）

○ fóllowing
形 (the)次〔以下〕の
Answer the **following** questions.（次の問いに答えよ。）

290 ⇔ precede [prisíːd] 他 より先に起こる
Dinner will be **preceded** by a short speech from our president.（夕食の前に社長から短いスピーチがあります。）
○ précedent 名 前例

291 注 flow [flóu] 自 (川や情報などが)流れる　名 流れ
The river **flows** toward the Pacific Ocean.（その川は太平洋へ向かって流れている。）

292 関 stream [stríːm] 名 小川；流れ

293 divorce
[dɪvɔ́ːrs]
名 離婚　他自 離婚する

294 ironic
[aɪrá:nɪk]
形 皮肉な

○ írony
名 皮肉(な事態)
The irony is that the famous dentist had false teeth.（その有名な歯科医が入れ歯だったのは皮肉だ。）

○ irónically
副 (文修飾で)皮肉なことに

295 関 paradox [pǽrədà:ks] 名 矛盾(していること)；逆説
○ paradóxical 形 逆説的な；矛盾した

296 copy
[ká:pi]
名 写し；複製；(同じ本・新聞などの)1部
他自 複製する；模倣する

13 皮膚の役割 [医療]

297 aware [əwéər]
形 気づいて；知って (of, that節)
He *isn't aware of* the danger.（彼は危険に気づいていない。）

○ awáreness 名 意識；認識
⇔ unawáre 形 気がつかない

298 ≒ conscious [kάːnʃəs] 形 気づいて (of, that節)；意識的な
I *was* not *conscious of* her presence.（私は彼女がいたことに気づかなかった。）
○ cónsciousness 名 意識
⇔ uncónscious 形 意識を失った；無意識の；気づいていない

299 protect [prətékt]
他 を保護する；を守る (against, from)

○ protéction 名 保護；防御
○ protéctive 形 保護する；かばう

300 ≒ defend [dɪfénd] 自他 守る；防御する
The lawyer **defended** her against the charge.（弁護士はその告発に対して彼女を弁護した。）
○ defénse 名 防衛
○ defénsive 形 防衛の

301 dirt [də́ːrt]
名 泥；ほこり；汚れ

○ dírty 形 汚い；不正な

302 bacteria [bæktíəriə]
名 バクテリア；細菌（単数形 bacterium）

303 function [fʌ́ŋkʃən]
名 機能；役割　自 機能する
The motor doesn't **function** properly.（モーターがきちんと動かない。）

○ fúnctional 形 機能上の；役に立つ

304 sense [séns]
名 感覚；思慮；意識；意味　他 を感じる
in a sense（ある意味では）　*common sense*（常識）

305 rough [rʌ́f] 発
形 ざらざらした (⇔ smooth)；おおよその；粗野な

○ róughly 副 おおよそ；乱暴に

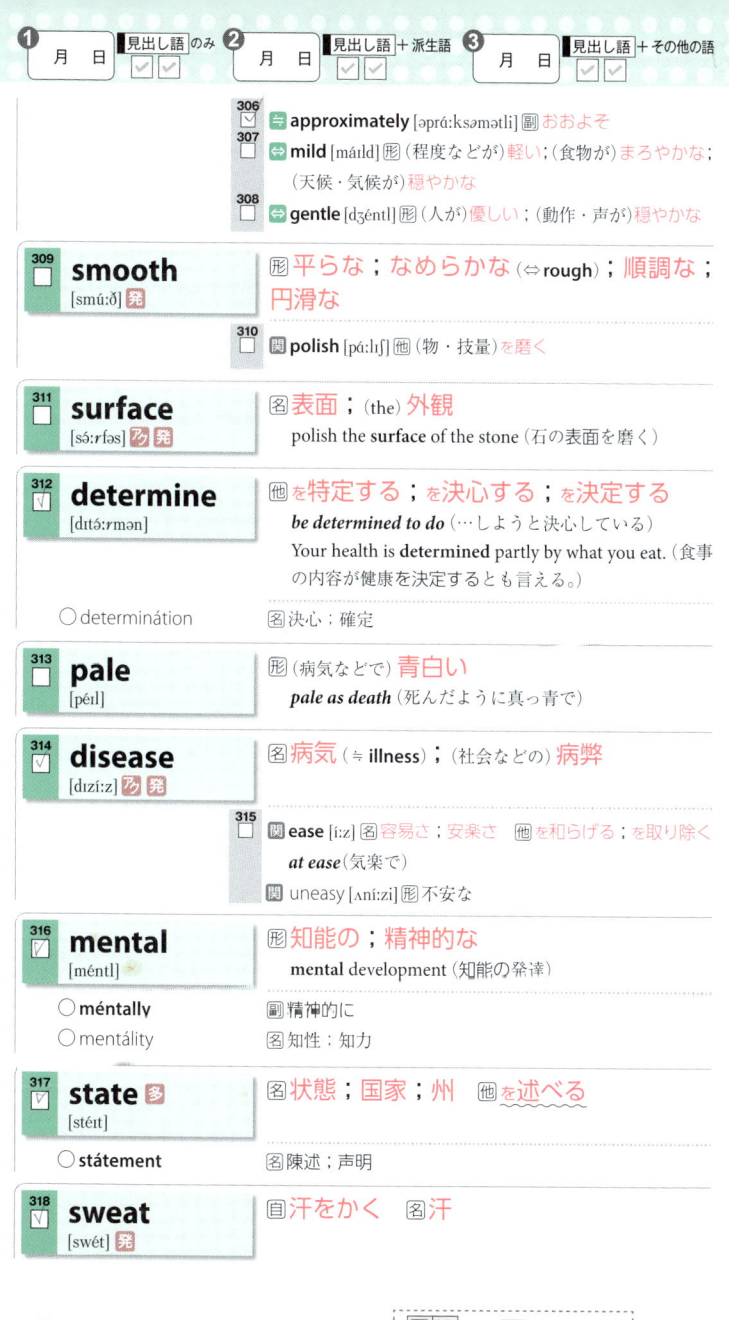

| ① 月 日 見出し語のみ | ② 月 日 見出し語+派生語 | ③ 月 日 見出し語+その他の語 |

306 ≒ **approximately** [əprάːksəmətli] 副 おおよそ
307 ⇔ **mild** [máɪld] 形 (程度などが)軽い;(食物が)まろやかな;(天候・気候が)穏やかな
308 ⇔ **gentle** [dʒéntl] 形 (人が)優しい;(動作・声が)穏やかな

309 smooth
[smúːð] 発

形 平らな;なめらかな(⇔ rough);順調な;円滑な

310 関 **polish** [pάːlɪʃ] 他 (物・技量)を磨く

311 surface
[sə́ːrfəs] アク 発

名 表面;(the) 外観
polish the **surface** of the stone (石の表面を磨く)

312 determine
[dɪtə́ːrmən]

他 を特定する;を決心する;を決定する
be determined to do (…しようと決心している)
Your health is **determined** partly by what you eat. (食事の内容が健康を決定するとも言える。)

○ determinátion 名 決心;確定

313 pale
[péɪl]

形 (病気などで) 青白い
pale as death (死んだように真っ青で)

314 disease
[dɪzíːz] アク 発

名 病気 (≒ illness);(社会などの) 病弊

315 関 **ease** [íːz] 名 容易さ;安楽さ 他 を和らげる;を取り除く
at ease (気楽で)
関 **uneasy** [ʌníːzi] 形 不安な

316 mental
[méntl]

形 知能の;精神的な
mental development (知能の発達)

○ méntally 副 精神的に
○ mentálity 名 知性;知力

317 state 多
[stéɪt]

名 状態;国家;州 他 を述べる

○ státement 名 陳述;声明

318 sweat
[swét] 発

自 汗をかく 名 汗

14 遺伝子と行動 [科学]

319 gene [dʒíːn]
名 遺伝子

- genétic 形 遺伝(学)的な；遺伝子の〔による〕
- genétics 名 遺伝学；遺伝的特徴

320 ≒ **inherent** [ɪnhíərənt] 形 固有の (in)
Jealousy is **inherent** in human nature. (嫉妬は人間(性)に固有のものだ。)
関 genome [dʒíːnoʊm] 発 名 ゲノム (DNA に含まれる遺伝情報の総体)

321 basic [béɪsɪk] 発
形 基礎の (≒ fundamental)　名 複 基礎知識

- báse 名 土台　他 の基礎を置く (on)；を配置する (in, at)
  This story *is based on* facts. (この話は事実に基づいている。)
- básis 名 基礎 (≒ foundation)；根拠 (≒ base, ground)
  The conclusion rests on a solid **basis**. (その結論は確かな根拠に基づいている。)
- básically 副 要するに；基本的には

322 part 多 [páːrt]
名 部分 (of)；役(割)；複 地域

take part in ～　(～に参加する)
part with ～　(～(物)を手放す)

- pártly 副 一部分(は)
  I am **partly** responsible for the accident. (その事故には私も一部責任がある。)
- pártial 形 部分の (⇔ total)

323 ≒ **piece** [píːs] 名 (a piece of ～) 1つの～；部品
324 ≒ **portion** [pɔ́ːrʃən] 名 部分；分け前
a large portion of ～　(大部分の～)
325 関 **department** [dɪpáːrtmənt] 名 部門；学科；《米》(D-)省；(百貨店などの) 売り場
❗ 日本の「省」は Ministry。日本語の「デパート」は department store。
- depárt 自 出発する　他 から出発する
  The flight **departs** from Tokyo for Paris at 11:25 A.M. (東京発パリ行きの便は午前 11 時 25 分に出発します。)
- depárture 名 出発(便)
326 ⇔ **arrival** [əráɪvl] 名 到着

| ❶ 月 日 見出し語のみ | ❷ 月 日 見出し語+派生語 | ❸ 月 日 見出し語+その他の語 |

327 cell [sél]
名 細胞；電池
fuel cell (燃料電池)　*a cell phone* (携帯電話)

328 関 tissue [tíʃuː] 名 (動植物の細胞の)組織；ティッシュ(ペーパー)
❶「組織」の意味では基本的に不可算。

329 pass [pǽs]
他自 通過する；合格する (⇔ fail)　他 を渡す (to)
自 (時間が)経過する；亡くなる (away)　名 入場〔通行〕許可(証)

pass down ~ (〜を伝える)
He made every effort to **pass** the exam. (彼は試験に合格しようとあらゆる努力をした。)
She's seventeen years old, but could **pass for** twenty. (彼女は17歳だが20歳で通るだろう。)

○ **pássage**　名 (文章の)一節；通路；通行
≒ aisle [áɪl] 発 名 通路

330 human [hjúːmən]
形 人間の　名 人間
human being (人間)

○ **humánity**　名 (集合的に)人類；人間性
○ **humane** [hjuːméɪn] 発　形 人道的な
⇔ cruel [krúːəl] 形 残酷な；(物事が)つらい
○ crúelty 名 残酷さ；虐待

331 関 mankind [mænkáɪnd] 名 (集合的に)人類
332 関 humor [hjúːmər] 多 名 ユーモア；機嫌
be in a good humor (上機嫌だ)
○ húmorous 形 ユーモアのある

333 behavior [bɪhéɪvjər]
名 態度；行動

○ **beháve**　自他 振る舞う
behave oneself (行儀よく振る舞う)
○ **behávioral**　形 行動の

334 glass [glǽs]
名 ガラス；(a glass of ~) コップ1杯の~；(複) めがね

335 注 grass [grǽs] 名 (牧)草

14 遺伝子と行動 [科学]

336 tube [t(j)úːb]
图 管；チューブ；(the)(ロンドンの)地下鉄

337 end [énd]
图 (通例 the) 最後；終了；(末)端；目的
他 を終わらせる 自 終わる
achieve one's **end**(s)（目的を達成する）

- éndless
  形 無限の
  ≒ eternal [ɪtə́ːrnl] 形 永遠の；果てしない
  ○ etérnity 图 非常に長い間；永遠

338 toward [tɔ́ːrd]
前 の方へ

339 researcher [rɪsə́ːrtʃər]
图 研究者

- research [ríːsəːrtʃ, rɪsə́ːrtʃ]
  图 研究；調査 自他 研究する
  do research on ～（～について研究する）

340
≒ scholar [skάːlər] 图 学者
○ schólarship 图 奨学金

341 variation [vèəriéɪʃən]
图 変化；差異；変異

- vary [véəri]
  自 異なる；変わる 他 に変化を与える；を変える
- varíety
  图 (a variety of ～) いろいろな～；変化；種類
- various [véəriəs]
  形 多様な
- váriable
  形 変わりやすい；変えられる 图 変化するもの〔不確定要素〕

342
≒ diverse [dəvə́ːrs] 形 さまざまな；異なった
He lives in a racially **diverse** neighborhood.（彼はさまざまな人種のいる地区に住んでいる。）
○ divérsity 图 多様性；相違
Appreciation for **diversity** is essential building a good relationship.（良い人間関係を築くには，お互いの相違を尊重することが不可欠だ。）

| ① 月 日 見出し語のみ | ② 月 日 見出し語＋派生語 | ③ 月 日 見出し語＋その他の語 |

343 particular
[pərtíkjələr]

形 特定の；特別の（≒ specific）

in particular（特に）
be particular about ~（~には（好みが）うるさい）
I have nothing **particular** to do.（私は特にこれといってすることがない。）

○ partícularly — 副 特に（⇔ generally）

344 suggest
[səgdʒést]

他 をそれとなく言う；を提案する（≒ propose）；を推薦する（≒ recommend）

⚠ ×suggest him that ... ×suggest him to do ...
  ○*suggest to* him *that* ...
suggest ...*ing*〔×to *do*〕（…することを提案する）
Are you **suggesting** that I am too young?（私が若すぎるとでもおっしゃるのですか。）

○ suggéstion — 名 暗示；提案

345
≒ advice [ədváis] 名 忠告；助言
⚠ 不可算名詞。
○ advise [ədváiz] 他 に忠告〔助言〕する
advise A to do〔*that*〕（Aに…するよう忠告する）
⚠ that節の中は仮定法現在。
He **advised** me *to* stop smoking. = He **advised** me *that* I stop smoking.（彼は私に禁煙を勧めた。）

346 influence
[ínfluəns]

他 に影響を及ぼす　名 影響(on)；影響力(over)

have an influence on ~（~に影響がある）

○ influéntial — 形 影響力のある

まとめてチェック

2 乗り物
336 tube

347 automobile [ɔ́ːtəmoubìːl] 名 自動車

■ commute [kəmjúːt] — 自 通勤〔通学〕する
○ commúter — 名 通勤〔通学〕者
■ vessel [vésl] — 名 （大型の）船；（血液などを通す）管
  a blood **vessel**（血管）

348 wheel [wíːl] 名 車輪；（通例 the）（自動車の）ハンドル

349 aircraft [éərkræft] 名 航空機

350
関 airline [éərlàin] 名 定期航空路；航空会社

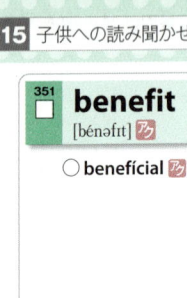

15 子供への読み聞かせのすすめ [文化]

351 benefit
[bénəfɪt] ア
名 利益 (≒ advantage, profit); 恩恵　自 利益を得る (≒ profit)　他 に利益を与える

○ beneficial
形 有益な (to)
Vegetables contain **beneficial** chemicals that can prevent cancer. (野菜には，がんを予防できる有益な化学物質が含まれている。)

352 関 well-being [wélbíːɪŋ] 名 幸福；健康；福利
353 関 welfare [wélfèər] 名 幸福，繁栄；福祉(事業)

354 aloud
[əláʊd]
副 声に出して

○ loud
形 うるさい；(声が)大きい

355 opportunity
[ὰːpərt(j)úːnəti] ア
名 機会 (of …ing, to do) (≒ chance, occasion)
take the opportunity to do (好機をつかんで…する)

356 ≒ occasion [əkéɪʒən] 名 場合；(特別な)行事；機会
on occasion(s) (時々)
○ occasional 形 時折の
○ occasionally 副 時々

357 close
形 [klóʊs] 動 [klóʊz] 発
形 接近した；親密な；綿密な
他 を閉める　自 閉まる
close investigation (綿密な調査)

○ closely
副 綿密に；密接に

358 ≒ nearby [níərbáɪ] 形 (名の前で)近くの　副 近くで
⚠ ○ a **nearby** (×near) town (近くの町)

359 relax
[rɪlǽks]
自 くつろぐ　他 をくつろがせる

○ relaxation
名 くつろぐこと；軽減

360 関 calm [káːm] 形 落ち着いた；穏やかな　名 平静　自 静まる　他 を静める

361 slow
[slóʊ]
自 速度を落とす；のんびりする　形 遅い；(時計が)遅れている　他 を遅くする

362 ⇔ rapid [rǽpɪd] 形 速い；急な
He walked at a **rapid** pace. (彼は速足で歩いた。)
○ rapidly 副 速く；急激に

363 communicate
[kəmjúːnəkèɪt]

自 意図〔意思〕を伝え合う (with)　他 を伝える

❶ 他 の目的語は情報の内容。
○ *communicate* the story *to* him

○ communicátion　名 伝達；通信

364 feature
[fíːtʃər]

名 特徴；(複) 顔立ち；呼び物　他 を呼び物とする　自 重要な役割を果たす

a film **featuring** Tom Cruise（トム・クルーズ主演の映画）

365 ≒ **trait** [tréɪt] 名（性格・習慣などの）特色
Patience is one of her good **traits**.（忍耐強いことが彼女の美点の1つです。）

366 注 **feather** [féðər] 名 羽；羽毛

367 moral
[mɔ́ːrəl]

形 道徳的な；倫理的な

○ morálity　名 道徳；教訓

368 ≒ **ethic** [éθɪk] 名 道徳；規範　a work **ethic**（労働倫理）
○ **éthical** 倫理の；道義にかなった

369 explore
[ɪksplɔ́ːr]

他 自 探検する；探求する

○ explorátion　名 探検；探究
○ explórer　名 探検家；探究者

370 注 **exploit** [ɪksplɔ́ɪt] 多 他 を利用する；を開発する；につけこむ；を搾取する
Those children were **exploited** as cheap labor.（その子供たちは安価な労働力として搾取された。）
○ exploitátion　多 名 開発；搾取

371 concept
[káːnsept]

名 概念；発想；基本的な考え

○ concéption　名 概念；考え

372 ≒ **notion** [nóʊʃən] 名 考え；理解；意向
She had a **notion** that she could hitchhike to London.（彼女はロンドンまでヒッチハイクして行けると考えていた。）

15 子供への読み聞かせのすすめ [文化]

373 vocabulary
[voʊkǽbjəlèri]
名 語彙

374 sentence
[séntns]
名 文;判決　他 (刑を)に宣告する

375 structure
[strʌ́ktʃər]
名 構造;組織;建物
A plant is a complex **structure**. (植物は複雑な組織体である。)

○ strúctural　形 構造的な

376 actually
[ǽktʃuəli]
副 実際に;(だが)実は (≒ indeed)
He looks like a fool, but **actually** he is a very intelligent person. (彼はばかに見えるが、実はとても聡明な人だ。)

○ áctual　形 現実の;実際の (≒ real, true)

377 stimulate
[stímjəlèɪt]
他 を刺激する;を活気づける

○ stímulus　名 刺激(物);励み (複 stimuli)
○ stimulátion　名 刺激;興奮

378 ≒ **excite** [ɪksáɪt] 他 を興奮させる;(感情を)かき立てる
○ excítement 名 興奮(させるもの)

379 brain
[bréɪn]
名 脳;頭脳;優秀な人 (≒ intelligence)
the right [left] **brain** (右[左]脳)

380 development
[dɪvéləpmənt]
名 発達;発展

○ devélop 他 を発達させる;を開発する　自 発達する
a developed [developing] country (先進[発展途上]国)

381 ≒ **growth** [ɡróʊθ] 名 成長;発展
382 関 **pioneer** [pàɪəníər] 名 開拓者;先駆者

383 frequently
[fríːkwəntli]
副 しばしば

○ fréquent　形 頻繁な
○ fréquency　名 頻度;頻発;周波数

| ❶ 月 日 見出し語のみ | ❷ 月 日 見出し語+派生語 | ❸ 月 日 見出し語+その他の語 |

384 encourage
[ɪnkə́:rɪdʒ]

他を励ます；を奨励する

encourage him *to* propose to her（彼女にプロポーズするよう彼に勧める）

- ○ encóuragement 名激励；奨励
- ○ **courage** [kə́:rɪdʒ] 発 名勇気
- ○ courágeous アク 形勇敢な

385 ≒ **cheer** [tʃíər] 他を励ます；を応援する 名声援
- ○ chéerful 形元気のいい

386 ≒ **brave** [bréɪv] 形勇敢な

387 関 **bold** [bóʊld] 形大胆な；際立った

388 regular
[réɡjələr]

形規則的な；定期的な；通常の

- ○ régularly 副定期的に
- ○ régulate 他を規制する
- ○ regulátion 名規則；規制；調整

389 関 **law** [lɔ́:] 名法(律)；(自然界の)法則
- ○ láwyer 名弁護士
- ○ láwsuit 名(民事)訴訟

390 関 **code** 多 [kóʊd] 名規定；法典；符号；暗号
a strict dress **code**（厳格な服装規定）
They were trying to break the enemy's **code**.（彼らは敵の暗号を見破ろうとしていた。）

391 assist
[əsíst]

他を助ける（≒ rescue） 自助ける (in)

The list will *assist* you *in* finding books you should read.（このリストがあれば読むべき本を捜し出すのに役立つだろう。）

- ○ assístance 名援助；助力
- ○ assistant 名助手

392 ≒ **aid** [éɪd] 名支援；救援(物資) 他を援助する 自助けとなる

emergency **aid**（緊急援助）

16 バックグラウンドミュージックの効果 [科学]

393 office 多
[ɑ́:fəs]
名 事務所；職場；研究室

○ ófficer
名 公務員；職員

○ offícial 乃
形 公(式)の 名 公務員；職員

394 関 clerk [klə́:rk] 名 事務員；職員 (≒ office worker)；店員
395 関 workplace [wə́:rkplèɪs] 名 仕事場 (≒ workshop)
396 関 workforce [wə́:rkfɔ̀:rs] 名 (通例 the) 総労働人口；労働力 (≒ labor force)

397 factory
[fǽktəri]
名 工場
shut down the factory (工場を閉鎖する)

398 worldwide
[wə́:rldwáɪd]
副 世界中で[に] 形 世界的な

399 background
[bǽkgràʊnd] 乃
名 経歴；背景
the historical background (歴史的背景)

400 select
[səlékt]
他 を選ぶ (≒ choose) 形 選り抜きの

○ seléction
名 選択；精選(品)

401 customer
[kʌ́stəmər]
名 顧客
a regular customer (常連客)

○ cústom 多
名 慣習；(税) 関税；(税) 税関

○ cústomary
形 習慣的な
In Japan it is customary to give presents at the end of the year. (日本には年末に贈り物をする習慣がある。)

402 関 accustomed [əkʌ́stəmd] 形 慣れている
get accustomed to ~ [...ing] (~ […すること]に慣れる)
We've got accustomed to living in the countryside. (私たちは田舎で暮すことに慣れてきた。)

403 success [səksés]

名 成功 (⇔ failure)；出世

She attributed her success to hard work. (彼女は自分の成功を努力の結果と考えた。)

- ○ succéed — 自 成功する(in)　自他 跡を継ぐ
- ○ succéssful — 形 成功した(in)
- ○ succéssfully — 副 うまく
- ○ succéssion — 名 連続(≒ series)；継承(権)(to)
  - *in succession* (連続して)
  - the succession to the throne (王位継承)
- ○ succéssive — 形 (年月・勝利などが)連続する

404 ≒ triumph [tráɪəmf] 名 勝利
- ○ triúmphant 形 勝ち誇った；勝利を得た
≒ victory [víktəri] 名 勝利；(困難などの)克服

405 employee [ɪmplɔ́ɪiː, èmplɔɪíː]

名 従業員

- ○ emplóyer — 名 雇い主
- ○ emplóy — 他 を雇う；(方法など)を使用する
- ○ emplóyment — 名 雇用
- ⇔ unemplóyment — 名 失業者数；失業率；失業(の状態)
  - unemployment rate (失業率)
- ⇔ unemplóyed — 形 失業した

406 ≒ hire [háɪər] 他 を雇う；を賃借する
407 ⇔ dismiss [dɪsmís] 他 を解雇する(≒ fire)
He dismissed his daughter's tutor. (彼は娘の家庭教師を解雇した。)
- ○ dismíssal 名 解雇(通告)；(提案などの)放棄

408 expect [ɪkspékt]

他 を予期する；を期待する；と思う

expect the train *to* come on time (列車が時間通り来ると思う)

- ○ expectátion — 名 期待；予想
- ○ expéctancy — 名 見込み　*life expectancy* (平均余命)
- ⇔ unexpécted — 形 思いがけない

409 ≒ sudden [sʌ́dn] 形 突然の　*all of a sudden* (突然)
410 ≒ anticipate [æntísəpèɪt] 他 を予想する
More guests than I anticipated came to the party. (予想以上の数の客がパーティに来た。)
- ○ anticipátion 名 期待；予想

16 バックグラウンドミュージックの効果 [科学]

411 nor [nɔ́ːr]
接 (nor + 助動詞〔be 動詞〕+ S) **S もまた…ない**
neither A nor B (A も B も…(し)ない)

412 関 **neither** [níːðər] 接 (neither + 助動詞〔be 動詞〕+ S) **S もまた…ない** 形 (2 者のうち)どちらの〜も…(し)ない 代 (2 者のうちの)どちらも…(し)ない人〔物〕
Neither opinion was interesting. (どちらの意見も興味深いものではなかった。)

413 main [méin]
形 **主要な** (≒ chief, major)

○ **máinly**
副 主として

414 類 **largely** [láːrdʒli] 副 **主として** (≒ *for the most part*)
My success was **largely** due to luck. (私の成功は主として幸運のたまものだった。)

415 reduce [rɪd(j)úːs]
他 **を減らす** (≒ decrease)

○ **redúction**
名 減少

416 類 **diminish** [dɪmínɪʃ] 自他 **減少する〔させる〕**
Owing to the bad weather, their grain stores have **diminished**. (悪天候のせいで、彼らの穀物の蓄えは減ってしまった。)

417 stress [strés]
名 **ストレス;圧力;強調** 他 **を強調する**
He **stressed** the importance of daily practice. (彼は毎日の練習の大切さを強調した。)

○ **stréssful**
形 ストレスの多い

418 necessarily [nèsəsérəli]
副 **必ず**
not necessarily (必ずしも〜とは限らない)

○ **nécessary**
形 必要な

○ **necéssity**
名 必要(性);必需品
in case of necessity (必要な場合には)

⇔ **unnécessary**
形 不必要な

419 accident 多
[ǽksədənt]

名 事故；偶然
by accident（偶然に） traffic accident（交通事故）

○ accidéntal 乃
形 偶然の（⇔**deliberate**）

420 関 **traffic** [trǽfɪk] 乃 名 交通(量)
❶①不可算名詞。②「交通量が多い・少ない」は heavy, light。

421 関 **disaster** [dɪzǽstər] 名 (大)災害
Earthquakes and floods are natural **disasters**.（地震や洪水は天災です。）

422 save 多
[séɪv]

他 を救う；を貯蓄する；を節約する
save A B（AにとってBの節約になる）
Online shopping will **save** you 20 dollars.（オンラインショッピングを利用すれば20ドル節約になる。）

○ sáving
名 徴 預金；節約

423 company 多
[kʌ́mpəni]

名 会社；同席
I enjoy his **company**.（彼と一緒にいると楽しい。）

○ compánion
名 仲間

424 関 **mate** [méɪt] 名 仲間；（夫・妻の）つれあい 自（動物が）つがう

425 関 **accompany** [əkʌ́mpəni] 他 に同行する；に付随して起こる
❶ accompany は 他。×accompany to ~
His wife **accompanied** him on his trip to Kyoto.（彼の奥さんも彼の京都旅行について行った。）
○ accómpaniment 名 伴奏；合う物；付き物

426 ≒ **enterprise** [éntərpràɪz] 乃 名 企業；事業；進取の気性

427 chance 多
[tʃǽns]

名 見込み (of)；機会；偶然
by chance（偶然に）
Chances are (*that*) ...（…する見込みが大きい）

17 個人主義と協調主義 [人間]

428 approach [əpróutʃ]
图 取り組み；接近(方法) 自他 近づく
The examination is **approaching**. (試験が近づいている。)

429 deal 多 [díːl]
图 量；取引
a great〔good〕 deal of ~ (多量の~)
❶ 動 は以下の用例がほとんど。dealt > dealt
deal with ~ (~を処理する；~を扱う；~と取引をする)
deal in ~ (~を扱う)
He **deals with** my company. (彼は我が社と取引している。)

430 cope [kóup] 自 うまく処理する (with)
I have no idea how to **cope with** this complicated problem. (この複雑な問題にどのように対処していいのかわからない。)

431 ≒ bear 多 [béər] 他 に耐える；を支える；(責任)を持つ；(子)を産む　bore > born(e)　图 クマ
I cannot **bear** it any longer. (もう耐えられない。)
Our efforts **bore fruit**. (私たちの努力は実を結んだ。)

432 ≒ endure [ɪnd(j)úər] 他 に耐える
I can no longer **endure** the man. (もうあの男には我慢ならない。)
○ endúrance 图 忍耐；我慢

433 generally [dʒénərəli]
副 通例；一般的に；大体
generally speaking (一般的に言って)

○ géneral
形 概略の；全体的な；一般的な (≒ common)
in general (一般的な〔に〕)

434 tend [ténd]
自 (…する)傾向がある (to do)
The old man **tends to** exaggerate. (その老人はおおげさに言う傾向がある。)

○ téndency 多
图 傾向 (≒ trend)

435 positive 多 [pá:zətɪv]
形 積極的な；好ましい；確信して；肯定的な
He has a **positive** outlook on life. (彼は前向きの人生観を持っている。)
Are you **positive** of that report? (あなたはその報告に確信を持っているのですか。)

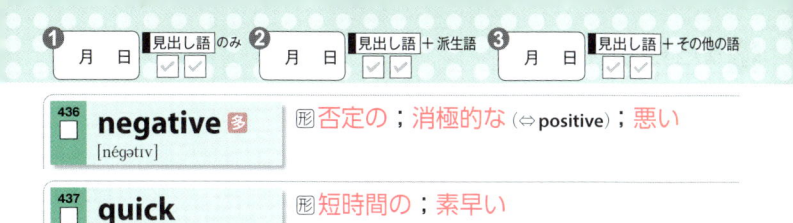

436 negative 多
[négətɪv]

形 否定の；消極的な（⇔ positive）；悪い

437 quick
[kwík]

形 短時間の；素早い

a quick wit（機転）

438 willing
[wílɪŋ]

形 …する気がある（to *do*）；喜んで行う

(⇔ reluctant)

She *was* always *willing to* help people in trouble.（彼女はいつも困っている人を喜んで助けた。）

439 responsibility
[rɪspàːnsəbíləti]

名 責任

○ respónsible

形 責任がある（for）

A bus driver *is responsible for* the safety of the passengers.（バスの運転手は乗客の安全に責任がある。）

⇔ irrespónsible

形 無責任な；責任を問われない

440 関 guilty [ɡílti] 形 罪悪感を覚える；有罪の
○ gúilt 名 罪悪感；罪（を犯したこと）；有罪

441 ⇔ innocent [ínəsənt] 名 形 無罪の；無邪気な

The suspect must be **innocent**.（その容疑者は無実に違いない。）

○ ínnocence 名 無罪；無知；無邪気

442 commit 多
[kəmít]

他 (罪) を犯す；(be -ed)(真剣に) 関わる；を委託する

commit a crime（犯罪を犯す）

He has *committed* himself *to* the work.（彼はその仕事に専念してきた。）

○ commítment

名 公約；取り組み

○ commíssion 名

名 委員会；委任

The artist received a lot of **commissions** from them.（その画家は彼らからたくさんの仕事の依頼を受けた。）

17 個人主義と協調主義 [人間]

443 position [pəzíʃən]
名 位置;立場;状況;姿勢

444 関 **pose** [póuz] 名 自 ポーズ(をとる) 他 (問題など)をもたらす
The product will **pose** a threat to the earth in the future. (その製品は、将来地球に脅威を及ぼすだろう。)

445 注 **pause** [pɔ́ːz] 自 ちょっと止める 名 小休止

446 opinion [əpínjən]
名 意見
public **opinion** (世論)
in one's opinion (〜の考えでは)
be of opinion that ... (…という意見だ)

447 result [rɪzʌ́lt]
自 結果として起こる (from);終わる (in)
名 結果 (≒ **effect**) (⇔ **cause**);成績
as a result ((前言の順当な結果を述べて) その結果)
Nothing has **resulted** from our efforts. (私たちの努力は水泡に帰した。)
His business **resulted in** heavy losses. (彼の商売は大損失に終わった。)

448 difficulty [dífɪkəlti]
名 困難(さ)
have difficulty (in) ...ing (…するのに苦労する)

449 flexible [fléksəbl]
形 柔軟な

○ flexibílity 名 柔軟性

450 ⇔ **rigid** [rídʒɪd] 形 堅い;厳格な;硬直した
451 ⇔ **severe** [sɪvíər] 形 深刻な;厳格な
He *is severe with* his children. (彼は自分の子どもに厳格だ。)
452 ⇔ **bitter** [bítər] 形 つらい;痛烈な;苦い
453 ⇔ **strict** [stríkt] 形 厳格な;厳重な;厳密な
454 ⇔ **tough** [tʌ́f] 発 形 困難な;丈夫な;堅い
We'll have a **tough** time winning. (我々が勝つのは難しいだろう。)

455 enough [ɪnʌ́f]
副 十分に 形 十分な 代 必要なだけの数量
〜 (形) or (副) *enough for A to do* (Aが…するに足りるだけ〜)

456 importance
[ɪmpɔ́:rtns]

名 **重要性**

Education is ***of great importance***. (教育は極めて重要だ。)

457 arise
[əráɪz]

自 **起きる；起因する** (from)　arose > arisen

458 ≒ derive [dɪráɪv] 他 を得る　自 由来する (from)
derive from ~ = ***be derived from*** ~ （~に由来する）
You will ***derive*** great benefits ***from*** learning English. (英語の学習から大いに利益を得るだろう。)

459 ≒ stem [stém] 多 自 生じる；由来する (from)　名 (草木の) 茎〔幹〕
The theory ***stems from*** an ancient tradition. (その理論は古い伝統から派生している。)

460 delay
[dɪléɪ]

名 **遅延；延期**　他 **を遅らせる；を延期する**
自 **のろのろする**

Engine trouble **delayed** our flight. (エンジンの故障で私たちの飛行便が遅れた。)

461 ≒ postpone [poʊstpóʊn] 他 を延期する (≒ ***put off***)
The athletic meeting was **postponed** till the fine day. (運動会は次の晴れの日まで順延された。)

462 ≒ prolong [prəlɔ́:ŋ] 他 を延長する

463 solve
[sá:lv]

他 **を解決する**；(問題・パズル) **を解答する**

○ solútion　名 解決(法)；解答；溶解

464 knowledge
[ná:lɪdʒ]

名 **知識；認識**

to (the best of) one's knowledge （~の知る限り）

18 ネコの習性 [科学]

465 although
[ɔːlðóu] 発

接 …にもかかわらず；…だが

466 appear 多
[əpíər]

自 …と思われる；現れる (⇔disappear)
He *appears to* be rich. ≒ *It appears that* he is rich. (彼は金持ちらしい。)

- appéarance — 名 出現；外観
- appárent 発 — 形 明らかな；外見上の
- appárently — 副 見たところでは；たぶん

467 perform
[pərfɔ́ːrm] 発

他 (仕事など)を行う；を上演〔演奏〕する
自 上演する；演奏する

- perfórmance — 名 上演；演奏；遂行；成績

468 instinct
[ínstiŋkt] 発

名 本能；天性
by instinct (本能で)

- instínctive 発 — 形 本能的な
- instínctively — 副 本能的に

469 adapt
[ədǽpt]

他 を適応させる；を合わせる 自 適応する (to)
He could not *adapt* his way of life *to* the company. (彼は自分の生き方を会社に合わせられなかった。)

- adaptátion — 名 適応；順応；修正

470
≒ **adjust** [ədʒʌ́st] 他 を調節する；を適合させる (to)
You can *adjust* this desk *to* the height of any child. (この机は子どもに合わせて高さが調節できる。)
- adjústment 名 調整；調停

471 owner
[óunər]

名 持ち主；飼い主

- ówn — 形 自分自身の 他 を所有している
- ównership — 名 所有権

472
≒ **possess** [pəzés] 発 他 を所有している
- posséssion [pəzéʃən] 発 名 所有(物)

473 lie 多
[lái]

自 横たわっている；(ある状態に・原因などが)ある；うそをつく 名 うそ
lie > lay > lain > lying (横たわっている)
lie > lied > lied > lying (うそをつく)

| ❶ 月 日 見出し語のみ | ❷ 月 日 見出し語+派生語 | ❸ 月 日 見出し語+その他の語 |

474 注 **lay** [léɪ] 他を置く;を横たえる;(卵)を産む　laid > laid
475 ○ **láyer** 名層　the ozone layer (オゾン層)
　　注 **ray** [réɪ] 名光線

476 **exhaust** [ɪɡzɔ́ːst] 発
他を疲れ果てさせる;を使い果たす
His inspiration was **exhausted**. (彼の着想の種が尽きた。)
○ exháustion　　名疲労;枯渇

477 **comfort** [kʌ́mfərt] ア
他を慰める　名快適さ;慰め
○ cómfortable ア　形快適な;気楽な
⇔ uncómfortable　形心地よくない
478 関 **harsh** [háːrʃ] 形(状況,現実などが)厳しい;不快な
harsh realities (厳しい現実)

479 **plate** [pléɪt]
名皿;(1人分の)料理;板;(地球表面の)プレート
the Pacific **plate** (太平洋プレート)

480 **dish** [díʃ]
名皿;(the 複)食器類;(皿に盛った)料理
French **dishes** (フランス料理)

481 **handle** [hǽndl]
名取っ手;つまみ　他をうまく扱う;を操縦する

482 **furthermore** [fə́ːrðərmɔ̀ːr]
副さらに (≒ moreover, besides)

483 **top** [táːp]
名(通例 the)頂上;上部;最高位
484 ⇔ **bottom** [bɑ́ːtəm] 名底,最下部

485 **tail** [téɪl]
名しっぽ;(通例 the)後部
486 注 **tale** [téɪl] 名(架空の)話;うそ　fairy tales (おとぎ話)

487 **eventually** [ɪvéntʃuəli]
副(いろいろあったが)結局
❶ 順番が「最後に」は finally。
○ evént ア　名出来事;行事;成り行き
○ evéntual　形最終的な

19 英単語はいくつあるか (1) [言語]

488 enormous [ɪnɔ́ːrməs]
形 莫大な；巨大な

489 college [kɑ́ːlɪdʒ]
名 (単科) 大学

490 length [léŋkθ] 発
名 長さ
at length (長時間に渡り)

491 関 **span** [spǽn] 名 期間；長さ
a life span (寿命；一生)

492 meanwhile [míːnwàɪl, -hwàɪl]
副 その間に；一方では

493 organization [ɔ̀ːrɡənəzéɪʃən]
名 組織(化)；団体

○ **órgan** 乃 — 名 器官；臓器；組織　organ donation (臓器提供)
○ **orgánic** 乃 — 形 有機(栽培)の；器官の　organic agriculture (有機農業)
○ **órganism** 乃 — 名 生物；有機体
○ **órganize** 乃 — 他 (行事などを)準備する；を系統立てる；を組織する

494 monitor [mɑ́ːnətər]
名 (監視)モニター　他 を監視する

495 exactly [ɪɡzǽktli]
副 正確に；ちょうど

○ **exáct** — 形 正確な (≒ accurate, correct)；的確な

496 task [tǽsk]
名 (やるべき)仕事；任務

497 ⇔ **duty** [d(j)úːti] 名 義務；任務；(しばしば 複) 関税
498 ⇔ **assignment** [əsáɪnmənt] 名 任務；割り当て；課題
○ **assígn** 他 (人)に割り当てる；(人)を任命する
assign A B (A(人)にB(仕事)を割り当てる)
499 ⇔ **challenge** [tʃǽlɪndʒ] 乃 名 難問；挑戦　他 (考えなど)に異議を唱える；(人)に挑戦する

500 originally
[ərídʒənəli]

副 元来は；初めは

- órigin 多
  名 起源；出身
- oríginal
  形 最初の；独創的な；原作の　名 原作(⇔ **copy**)
- oríginate 多
  自 始まる；発生する

501 関 **ancestor** [ǽnsestər] 多 名 先祖

502 consider
[kənsídər]

他 をよく考える；(consider A B) **AをBとみなす**

consider …ing(…することを熟慮する)

- considerátion 多
  名 考慮；思いやり
  take ~ into consideration(~を考慮に入れる)
- consíderable
  形 (数量・程度が)かなりの
- consíderably
  副 かなり
  He's **considerably** older than I.(彼は私よりかなり年上だ。)

503 century
[séntʃəri]

名 世紀

504 certain 多
[sə́ːrtn]

形 確かな；(名の前で) **ある~**

We *were certain of* winning the game.(私たちはきっと試合に勝てると考えていた。)

- cértainly
  副 確かに；(返答)もちろん
- cértainty
  名 確実(なこと)
- uncértain
  形 確信がない；不確実な
- uncértainty
  名 不確実性

505 関 **ensure** [ɪnʃúər] 多 他 を確実にする；を保証する
506 関 **assure** [əʃúər] 他 (人)に保証する；を安心させる

assure A of B [*that* ...](A に B〔…ということ〕を保証する)
be assured of [*that*] ~ (~だと確信する)
I *assure* you *that* he will come here.(彼はきっとここへ来ますよ。)

507 関 **reassure** [rìəʃúər] 他 を安心させる
He *reassured* me *that* everything was all right.(大丈夫だと言って彼は僕を安心させた。)

508 関 **guarantee** [gæ̀rəntíː, gɜ̀r-] 他 を保証する　名 保証

509 region
[ríːdʒən]

名 地域(≒ **area**)

- régional
  形 地方の

20 英単語はいくつあるか (2) [言語]

510 list [líst]
名リスト〔一覧表〕 他をリスト〔一覧表〕にする

511 verb [vəːrb]
名動詞

○ vérbal 形言葉の;口頭の
⇔ nonvérbal 形言葉を用いない

512 ≒ **oral** [ɔ́ːrəl] 形口頭での;口(内)の
an oral examination (口頭試験)

513 関 **linguistic** [lɪŋgwístɪk] 形言語(学)の
○ línguist 名言語学者
○ linguístics 名言語学

514 form [fɔ́ːrm]
名形(態);人影;用紙 他を形作る;を案出する 自形になる

○ fórmal 形正式の;形式(上)の
○ formátion 名形成;設立
Is her visit formal? (彼女の訪問は公式なものですか。)
⇔ infórmal 形形式ばらない;略式の

515 ≒ **shape** [ʃéɪp] 多名(体)形;状態(≒ condition);体調
in good〔great〕 shape (体調が良い)

516 ⇔ **casual** [kǽʒuəl] 形無頓着な;普段着の;偶然の
Our long friendship began with a casual meeting at a party. (長年の友情はあるパーティーで偶然会ったのがきっかけだった。)

517 drive 多 [dráɪv]
自自動車を運転する 他(車)を運転する;(人)を車で送る;を(…に)追いやる drove > driven
名ドライブ;衝動
The noise drove him crazy. (その騒音で彼はいらいらした。)

518 compound
形名[káːmpaʊnd] 多
動[kəmpáʊnd]
形複合の 名混合物;化合物 他を悪化させる;を混合する
a compound eye ((昆虫の)複眼)

519 huge [hjúːdʒ]
形巨大な〔莫大な〕

520 ≒ **giant** [dʒáɪənt] 多 形巨大な 名巨人;偉人
○ gigántic 多 形巨大な

| ❶ 月 日 見出し語のみ | ❷ 月 日 見出し語+派生語 | ❸ 月 日 見出し語+その他の語 |

---

521 ≒ **massive** [mǽsɪv] 形 巨大な；大規模な
massive destruction（大規模な破壊）
○ **máss** 名 かたまり；多数；(the 複) 一般大衆
People were gathering in a huge mass.（おびただしい数の人々が集まってきていた。）

522 technical [téknɪkl]
形 技術的な；専門の

○ techníque 派
名 技術；技巧

523 scientific [sàɪəntífɪk] 派

形 科学の；科学的な

524 term 多 [tə́ːrm]
名 (専門)用語；学期；任期；条件；(複) 間柄

be on good terms with ～（～と仲がよい）
in terms of ～（～の点から）

○ términal
形 終わりの；末期の　terminal care（末期医療）

525 ≒ **semester** [səméstər] 派 名 (2学期制の)学期
❶3学期制の場合は term, 4学期制の場合は quarter。
the first〔second〕**semester**（前〔後〕期）

526 finally [fáɪnəli]
副 とうとう；終わりにあたって

○ fínal
形 最後の；最終的な

527 ≒ **ultimate** [ʌ́ltəmət] 派 形 究極の；根本の (≒ **fundamental**)
Our **ultimate** goal is to establish world peace.（私たちの究極の目標は世界平和を樹立することである。）
○ **últimately** 副 結局；根本的に
Who is ultimately responsible for this?（このことに対して根本的に責任があるのは誰か。）

528 ⇔ **initial** [ɪníʃəl] 派 形 初めの　名 頭文字
His **initial** enthusiasm for reform has disappeared.（彼の当初の改革への意気込みは失せた。）
○ **inítiative** 派 名 自発性；(the) 主導権；新構想
He *took the initiative* in proposing the plan.（彼はその計画を提案するのに主導権を取った。）
○ inítiate 他 に着手する；に手ほどきする

20 英単語はいくつあるか (2) [言語]

529 add [ǽd]
他 を加える (A to B); と言い足す

- addition 発
  名 追加(分); 足し算
  in addition (to ～) ((～に) 加えて)
- additional
  形 追加の
  If you should require any **additional** information, please let me know. (さらなる情報が必要な場合は、お知らせください。)

  530 ≒ **extra** [ékstrə] 形 余分の; 追加の
  531 ≒ **spare** [spéər] 多 形 予備の; 余分の 他 (時間など)を割く; を省く; を惜しむ 名 予備
  spare A B (AにBを割く; AにB (苦労など)を与えない)
  Could you **spare** me a few minutes? (少し時間をいただけないでしょうか。)
  Since her parents retired, they often go abroad, **sparing** neither time nor expense. (彼女の両親は引退したので、金も時間も惜しまずしょっちゅう外国に出かけている。)

532 create [kriéɪt]
他 を創造する

- creátion 名 創造(物)
- creátive 形 創造力のある
- creatívity 名 独創性
- creature [kríːtʃər] 発 名 (植物を除いた)生き物

533 constantly [kάːnstəntli]
副 絶えず

- cónstant 発 形 絶え間のない; 一定の (≒ **stable**)

534 nature [néɪtʃər]
名 自然(界); 性質; (物事の) 本質
by nature (元来; 生まれつき)

- nátural 形 自然の; 当然の; 生まれつきの
- náturally 副 自然に; 生来; 当然

  535 ≒ **innate** [ɪnéɪt] 形 (能力・性格などが) 生まれつきの; 先天的な
  innate ability (生まれつきの能力)

① 月 日 見出し語のみ ② 月 日 見出し語+派生語 ③ 月 日 見出し語+その他の語

536 frustrate [frÁstreɪt] 🦵
他 をいらいらさせる；を挫折させる
The bad weather **frustrated** our plans.（悪天候のために私たちの計画はだめになった。）

○ frustrátion
名 欲求不満；挫折

📋 まとめてチェック

❸ 数
529 add

◆ uni-「単一の」

537 uniform [jú:nəfɔːrm]
名 制服　形 均等の；同一の

538 union [jú:njən]
名 組合；連合

539 unit [jú:nɪt]
名 （構成などの）単位；1個；1人

■ unite [ju(:)náɪt]
他 自 一体にする〔なる〕
Oil will not ***unite with*** water.（油は水とは混ざらないものだ。）

◆ bi-「2」

540 bilingual [baɪlíŋgwəl]
形 名 2カ国語を話す（人）
She wants to raise her child in a **bilingual** environment.（彼女はバイリンガルの環境で子供を育てたいと思っている。）

◆ tri-「3」

541 triangle [tráɪæŋgl]
名 三角形

英文 20 で Check!

まとめてチェック

❹ 基本語の注意すべき意味

- **do** — 圓 間に合う；目的に適う
  "Where shall we meet?" "Any place will **do**."(「どこで待ち合わせようか。」「どこでもいいよ。」)

- **run** — 他 を経営する　圓 立候補する
  My aunt **runs** a hotel. (叔母はホテルを経営している。)
  I'm going to **run for** President. (私は大統領に立候補するつもりだ。)

- **fire** — 他 を解雇する
  The company **fired** him. (会社は彼を解雇した。)

- **move, touch** — 他 を感動させる
  She **was** greatly **moved**〔**touched**〕**by** the TV program. (彼女はそのテレビ番組にとても感動した。)

- **stand** — 他 (通例否定文・疑問文で)を我慢する
  I can't **stand** this heat. (この暑さには我慢できない。)

- **hold** — 他 と考える
  I **hold that** she is innocent. (彼女は無実だと思う。)

- **fast** — 副 しっかりと；固定して
  stand fast (しっかり立つ；立場を貫く)

STAGE 3

Vocabulary 21 〜 30

単語を覚えるペースがつかめてきたら，Reading の英文も活用してストーリーを確認しよう。

⇒ Schedule

目　標：＿＿＿月＿＿＿日まで

終了日：＿＿＿月＿＿＿日

意味わかる？ ・ **maintain** → p.93 で Check!

発音できる？ ・ **honor** → p.77 で Check!

3

21 サッカーの起源 (1) [歴史]

542 debate [dɪbéɪt]
图議論；論争　圓他討論する；論争する

543 ≒ **dispute** 動[dɪspjúːt] 图[-́ -, -́ -] 他を議論〔論争〕する；に反論する　图紛争；討論

544 ≒ **controversy** [kɑ́:ntrəvə̀:rsi] 图論争
○ **controvérsial** 形論争を呼ぶ；論争(上)の

545 invent [ɪnvént]
他を発明する；(話)をでっちあげる

○ **invéntion** 图発明(品)
○ **invéntor** 图発明家

546 modern [mɑ́:dərn]
形現代の(⇔ancient)；近代の

○ **módernize** 他を近代化する

547 関 **civilization** [sìvələzéɪʃən] 图文明(化)；文明世界
○ **cívil** 形民間(人)の；国内の　*civil war*(内戦)
○ **cívilize** 他を文明化する
○ **civílian** 图民間人　形民間の

548 **primitive** [prímətɪv] 形原始的な；原始(時代)の

549 ⇔ **old-fashioned** [óʊldfǽʃənd] 形時代〔流行〕遅れの

550 comparison [kəmpǽrəsn]
图比較；匹敵(するもの)

○ **compáre** 多　他を比較する(with)；をたとえる(to)　圓匹敵する(with)
compared with〔*to*〕～ (～と比べると)
○ **cómparable** 形相当する；匹敵する

551 stuff [stʌ́f] 発
他を詰め込む　图材料；題材；もの

552 注 **staff** [stǽf] 発 图(集合的に)職員

553 version 多 [və́:rʒən]
图～版；意見；翻訳

554 field [fi:ld]
图畑；田；野原；分野；競技場

| ❶ 月 日 見出し語のみ | ❷ 月 日 見出し語＋派生語 | ❸ 月 日 見出し語＋その他の語 |

555 set [sét]
他 を置く；を(ある状態に)する；を決める；を設定する　名 一揃い　*set* him *free* (彼を自由にする)
set about ~ (~に着手する)　***set out*** (出発する)

556 choose [tʃúːz]
他自 選ぶ　chose > chosen
choose *A B* (AにBを選んでやる)

○ chóice
名 選択(の自由) (≒ **selection**)

557 normally [nɔ́ːrməli]
副 標準的に；普通は

○ nórm
名 標準(的な状態)；(通例 複)規範

○ nórmal
形 標準の；正常な　名 標準(⇔ abnormal)

558 ≒ standard [stǽndərd] 乙 名 標準；基準 (≒ **level**)　形 標準の

559 involve 多 [inválv]
他 を含む；を巻き込む；を没頭させる
He *is involved in* solving a crossword puzzle. (彼はクロスワードパズルを解くのに熱中している。)

○ invólvement
名 参加；関わり合い(in)；熱中

560 hit [hít]
他自 たたく；当たる；攻撃する；(災害などが)襲う　名 ヒット；打撃

561 ≒ beat [bíːt] 自他 打つ；たたく；打ち負かす (≒ **defeat**)　beat > beat(en)　名 打つこと；鼓動

562 leather [léðər]
形 革製の　名 (なめし)革；革製品

563 honor [ánər] 発
名 名誉；敬意　他 に名誉を与える；を尊敬する

564 international [ìntərnǽʃnəl]
形 国際的な；国家間の

565 match [mǽtʃ]
名 試合；好敵手；匹敵するもの
他 (物が)(物)と調和する；に匹敵する
I'm *no match for* you in skiing. (スキーでは君にかなわない。)
No one can *match* him in baseball. (野球では誰も彼に歯がたたない。)

22 サッカーの起源 (2) [歴史]

566 emperor [émpərər] 名 皇帝

567 関 **empire** [émpaɪər] 乃 名 帝国
568 関 **kingdom** [kíŋdəm] 名 王国；(通例 the)〜界
the animal〔vegetable〕**kingdom**（動〔植〕物界）
569 関 **royal** [rɔ́ɪəl] 形 国王の；王立の

570 spread [spréd] 発 他 を広げる；を塗る 自 広がる 名 広がり；普及

571 ≒ **scatter** [skǽtər] 他 をまき散らす 自 分散する 名 散布
572 ⇔ **accumulate** [əkjúːmjəleɪt] 乃 他 自 蓄積する
She **accumulated** her fortune by hard work.（彼女は苦労して働いて財産を貯めた。）
○ accumulátion 名 蓄積

573 popularity [pɑ̀ːpjəlǽrəti, -lér-] 名 人気；流行

574 possible [pɑ́ːsəbl] 形 (事が) 可能な；あり得る
❗ 人を主語にしない。
it is possible (*for A*) *to do*（(A が) …することが可能である）
it is possible (*that*) ...（…ということがあり得る）

○ **póssibly** 副（文修飾）ひょっとしたら；(否定に伴って) とても…ない；何とか
I cannot **possibly** believe it.（それは私にはとても信じられない。）

○ **possibílity** 名 可能性
⇔ **impóssible** 形 (事が) 不可能な
575 ≒ **prospect** [prɑ́ːspekt] 乃 名 見込み；期待；(複) 将来性
○ prospéctive 形 予期される

576 British [brítɪʃ] 名 (the) イギリス人 形 イギリス(人)の

577 violent [váɪələnt] 形 暴力的な；激しい

○ **víolence** 名 暴力(行為)；(自然現象などの) 激しさ
578 ≒ **fierce** [fíərs] 形 激しい；凶暴な

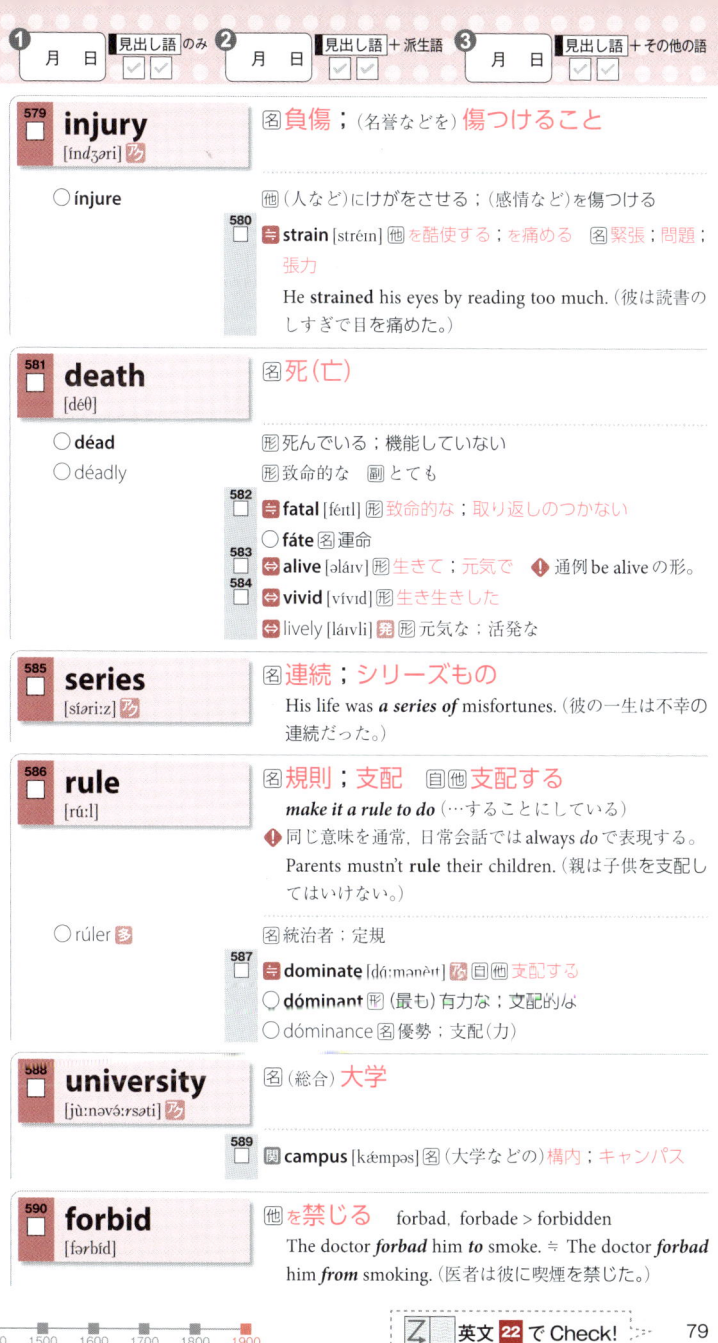

| ① 月 日 見出し語のみ | ② 月 日 見出し語+派生語 | ③ 月 日 見出し語+その他の語 |

579 injury
[índʒəri]

名 負傷；(名誉などを) 傷つけること

○ ínjure　他 (人など)にけがをさせる；(感情など)を傷つける

580 ≒ strain [stréin] 他 を酷使する；を痛める　名 緊張；問題；張力

He **strained** his eyes by reading too much. (彼は読書のしすぎで目を痛めた。)

581 death
[déθ]

名 死(亡)

○ déad　形 死んでいる；機能していない
○ déadly　形 致命的な　副 とても

582 ≒ fatal [féitl] 形 致命的な；取り返しのつかない
○ fáte 名 運命
583 ⇔ alive [əláiv] 形 生きて；元気で　❶ 通例 be alive の形。
584 ⇔ vivid [vívid] 形 生き生きした
⇔ lively [láivli] 発 形 元気な；活発な

585 series
[síəri:z]

名 連続；シリーズもの

His life was *a series of* misfortunes. (彼の一生は不幸の連続だった。)

586 rule
[rú:l]

名 規則；支配　自他 支配する

make it a rule to do (…することにしている)

❶ 同じ意味を通常、日常会話では always *do* で表現する。
Parents mustn't **rule** their children. (親は子供を支配してはいけない。)

○ rúler 多　名 統治者；定規

587 ≒ dóminate [dá:mənèit] 発 自他 支配する
○ dóminant 形 (最も)有力な；支配的な
○ dóminance 名 優勢；支配(力)

588 university
[jù:nəvə́:rsəti]

名 (総合) 大学

589 関 campus [kǽmpəs] 名 (大学などの)構内；キャンパス

590 forbid
[fərbíd]

他 を禁じる　forbad, forbade > forbidden

The doctor **forbad** him *to* smoke. ≒ The doctor **forbad** him *from* smoking. (医者は彼に喫煙を禁じた。)

23 遊びを通して学ぶこと (1) [教育]

591 realize 多
[ríːəlàiz] 乃
他 を悟る；に気づく；を実現する

- réal　形 実在する；現実の；本当の
  a real diamond (本物のダイヤモンド)
- reálity　名 現実；真実 (⇔ fiction)
- realístic　形 現実的な；実際的な　a realistic plan (現実的な計画)
- realizátion　名 認識；理解；実現

592 ≒ perceive [pərsíːv] 他 (特に視覚で)を知覚〔理解〕する
I perceived you come. (君が来るのがわかった。)
- percéption 名 知覚；認識

593 skill
[skíl]
名 技術；技能

- skilled　形 熟練した

594 jump
[dʒʌ́mp]
自 跳ぶ；飛び上がる　他 を跳び越える；を飛ばす　名 跳ぶこと

595 barrier
[bǽriər, bér-] 乃
名 障害(物)；(侵入を防ぐ)柵

596 ≒ obstacle [ɑ́bstəkl] 乃 名 障害(物)

597 hurt
[hə́ːrt]
他 にけがをさせる；の感情を害する　自 痛む
I apologize if I hurt your feelings. (もし気に障ったら、ごめんなさい。)

598 ≒ offend [əfénd] 他 の気分を害する　自 罪を犯す

599 social
[sóuʃəl]
形 社会の；社交的な

- socíety　名 社会
- sócially　副 社会的に
- sociólogist　名 社会学者

600 interaction
[ìntərǽkʃən]
名 (人との)交流；相互作用

- interáct 乃　自 交流する；相互に影響する(with)
- interáctive　形 双方向の；対話式の

| ① 月 日 見出し語のみ | ② 月 日 見出し語+派生語 | ③ 月 日 見出し語+その他の語 |

601 bite [báɪt]
他自名 かむ(こと)
bit > bitten

602 angry [ǽŋgri]
形 怒って
be angry with 人 〔*for 事*〕 (〜に怒っている)

○ ánger 多
名 怒り　He went out in anger. (彼は怒って出ていった。)

603 ≒ mad [mǽd] 多
形 怒っている；ばかげた；熱中して
get mad at A for B (AにBのことで怒る)

604 関 annoy [ənɔ́ɪ] 他 をいらいらさせる
○ annóyance 名 いらだち；悩みの種

605 関 irritate [írətèɪt] 乃 他 をいらいらさせる
○ irritátion 名 いらだち

606 order 多 [ɔ́ːrdər]
名 順番；命令；注文；秩序　他 を命令する；を注文する
in order to do (…するために)　*in order* (整然と)
out of order ((機械が) 故障して)
The boss *ordered* him *to* finish the report. (上司は彼に報告書を仕上げるよう命令した。)

⇔ disórder
名 (心身の)不調；(状態などの)混乱
have a sleep disorder (睡眠障害がある)

607 ≒ mess [més] 名 散らかっている状態
in a mess (散らかって)　*make a mess* (散らかす)

608 release [rɪlíːs]
他 を解放する；を放つ；を公表する；(本など)を発売する　名 解放；放出；発売
He *released* his hold of my arm. (彼は私の腕をつかんでいる手を放した。)

609 関 relieve [rɪlíːv] 他 を取り除く；を安心させる
○ relíef 名 安心(感)；除去；救済
to one's relief (ほっとしたことに)

610 energy [énərdʒi] 乃
名 活力；エネルギー (≒ power)

○ energétic 乃
形 精力的な (≒ powerful)

≒ vigorous [vígərəs] 形 激しい；精力的な

611 yell [jél]
自他 大声で叫ぶ；エールを送る　名 大声；エール

24 遊びを通して学ぶこと (2) [教育]

612 doubtful [dáʊtfl]
形 (人が) 疑っている (of, about)；(物事が) 疑わしい

○ dóubt
名 疑い (⇔ **belief**) 自他 疑う
! ①「…ではないと思う」は doubt。「…だ」と思うのは suspect。②進行形にしない。

○ dóubtless
副 おそらく (≒ **probably**)；確かに

613 whether 多 [wéðər]
接 (…する) かどうか；(whether A or B) A であろうと B であろうと、…すべきかどうか (to do)

614 concern 多 [kənsə́ːrn]
他 に関係する；を心配させる 名 関係；関心；心配
be concerned about ~ (~が心配だ；~に関心がある)
They *are concerned with* the project. (彼らはその計画に参加している。)

○ concérning
前 に関して

615 increasingly [ɪnkríːsɪŋli]
副 ますます (≒ *more and more*)

○ increase [ɪnkríːs, ´-]
名 増加 他 を増やす 自 増加する

616 ≒ mount [máʊnt] 自 増える 他 に取りかかる；に登る；を載せる

616 ⇔ decrease [dìːkríːs, dɪkríːs] 自 減少する 他 を減らす (≒ **reduce**) 名 減少
Wild animals are on the decrease. (野生動物が減少の傾向にある。)

617 関 descend [dɪsénd] 自 降りる；由来する 他 を降りる
be descended from ~ (~の子孫である；~に由来する)
The plane began to **descend**. (飛行機は降下し始めた。)
○ descéndant 名 子孫

618 関 offspring [ɔ́(ː)fsprɪŋ] 名 (単複両扱い) (人などの) 子 (孫)

619 competitive [kəmpétətɪv]
形 競争の；競争力がある；競争心の強い

○ compéte
自 競争する (with, against)
○ competítion 多
名 競争 (相手)；競技会
○ compétitor
名 競争相手；競技者

620 ≒ rival [ráɪvl] 他 に劣らない；と競争する 名 競争相手

621 adult [ədʌ́lt]
名 大人

○ adúlthood 名 成人であること；大人の時期

622 関 childhood [tʃáɪldhùd] 名 子供時代
623 関 infant [ínfənt] 名 (乳)幼児 形 (乳)幼児(期)の
○ ínfancy 名 (乳)幼児期
She spent her **infancy** in Canada.（彼女は幼年期をカナダで過ごした。）
624 関 mature [mətjúər] 形 成熟〔長〕した 自 成熟する
625 関 parental [pəréntl] 形 親の

626 harmony [háːrməni]
名 調和

627 関 tune [t(j)úːn] 名 メロディ；曲；調和 他 を調律する；(通例 be -d)（番組・チャンネルなどに）合っている；を調和〔適応〕させる(to) *in tune with*（～と調和して）

628 suitable [súːtəbl]
形 適当な (for)
a problem *suitable for* class discussion（クラス討論にふさわしい問題）

○ suit [súːt] 発 他 に好都合である (≒ fit)；(服(の色)が)(人)に似合う
629 ≒ decent [díːsnt] 形 立派な；かなりの；親切な；まともな
It was **decent** of you to come to see me off.（見送りに来てくれてありがとうございました。）

630 purpose [pə́ːrpəs] 発
名 目的 (of)
on purpose（わざと）

631 ≒ aim [éɪm] 他 を目標にする；(物体など)を向ける 自 目標とする；努力する (to *do*)；ねらう 名 目的
be aimed at ～（～を目標〔対象〕としている）
The **aim** of social welfare is to narrow the gap between the rich and the poor.（社会福祉の目的は，富裕層と貧困層の間の差をせばめることにある。）
632 ≒ destination [dèstənéɪʃən] 名 (予定の)目的地
Two hours' walk brought me to my **destination**.（2時間歩いて目的地に着いた。）
633 ≒ goal [góʊl] 名 ゴール；目標
634 ≒ mission [míʃən] 名 (特別)任務；使節(団)；伝道(団)；使命 a goodwill **mission**（親善使節団）

24 遊びを通して学ぶこと (2) [教育]

635 proper [prá:pər] 多
形 適切な；(社会的に)正しい
Some people always seem to know the **proper** thing to say. (いつも適切な言葉を使える人がいるものだ。)

○ próperty 名 財産；特性

636 ≒ estate [ɪstéɪt] 名 (ある人のすべての)財産；(地方の, 大きな館のある広大な)地所
real estate (不動産)

637 environment [ɪnváɪərnmənt] アク
名 (自然)環境

○ environméntal アク 形 (自然)環境の
○ environméntalist 名 環境保護論者 (≒ conservationist)

638 ≒ circumstance [sá:rkəmstæns] 名 (通例複)事情；状況
639 関 ecological [ìːkəláːdʒɪkl] 形 生態学の
○ ecólogy 名 生態；環境；生態学
○ ecólogist 名 生態学者
640 関 ecosystem [ékoʊsɪstəm] 名 生態系

📋 まとめてチェック

❺ 感情に働きかける動詞　　　　　　　　　　　　　　C 604 annoy

surprise, excite などを感情動詞と呼ぶ。本来「を驚かせる」,「を興奮させる」と使役的な意味を持っているので,「S (主語) が驚く [興奮する…]」の場合には**過去分詞**にする。また,「(人を) 驚かせるような；興奮させるような…」と人を刺激する場合には, **…ing 形**にする。
※以下, (　) 内の数字は関連する単語番号を表す。

◆ 1)「を驚かせる」→ alarm, amaze, astonish, startle, surprise

641 alarm [əláːrm] 名 恐れ；目覚まし時計；警報　他 を驚かせる

642 amaze [əméɪz] 他 をとても驚かせる
Even the judges *were amazed by* that girl's violin performance. (その女の子のバイオリン演奏には審査員も舌を巻いた。)

○ amázement 名 驚嘆

| ❶ 月 日 見出し語のみ ☑☑ | ❷ 月 日 見出し語+派生語 ☑☑ | ❸ 月 日 見出し語+その他の語 ☑☑ |

---

643 astonish [əstá:nɪʃ] 　他を(ひどく)驚かせる

We *were astonished* to hear what had happened.(何が起きたかを聞いて私たちはとても驚いた。)

○ astónishment 　名大きな驚き

---

644 startle [stá:rtl] 　他をびっくりさせる

---

645 surprise [sərpráɪz] 　他を驚かせる　名驚かせること〔もの〕；驚き

○ surprísingly 　副驚くほど(に)；(文修飾)驚いたことに

◆2)「を喜ばせる」→ amuse (**1584**), delight (**1299**)

◆3)「を魅惑する」→ attract (**1585**), charm, fascinate (**1234**)

646 charm [tʃá:rm] 　名魅力　他を魅了する

We *were charmed with* the beauty of the scenery.(私たちはその風景の美しさに見とれた。)

◆4)「を満足させる」→ satisfy (**1292**)

◆5)「をがっかりさせる」→ disappoint (**1252**), discourage (**1251**), depress (**1170**)

◆6)「を退屈させる」→ bore

647 bore [bó:r] 　他を退屈させる　名退屈な人〔もの〕

I'*m bored* to death.(退屈で死にそうだ。)

○ bóredom 　名退屈

◆7)「を悩ませる」→ bother (**1277**)

◆8)「を恐れさせる」→ frighten, scare, terrify (**1901**)

648 frighten [fráɪtn] 　他を怖がらせる

I *was frightened at* the sight.(その光景に肝をつぶした。)

---

649 scare [skéər] 　他をおびえさせる

She'*s scared of* heights.(彼女は高い所が怖い。)

○ scáry 　形恐ろしい

a scary movie(恐ろしい映画)

◆9)「をほっとさせる」→ relieve (**609**)

◆10)「を傷つける」→ injure (**579**), wound (**1755**)

◆11)「を困惑させる」→ confuse (**123**), embarrass (**83**), puzzle (**96**)

◆12)「を感動させる」→ impress (**975**), move, touch

◆13)「をいらいらさせる」→ annoy (**604**), frustrate (**536**), irritate (**605**)

25 結婚式の慣習（1）[文化]

650 tradition [trədíʃən]
名 伝統；慣習；伝説

○ traditional — 形 伝統的な
○ traditionally — 副 伝統的に

651 関 heritage [hérətɪdʒ] 名（文化的）遺産；伝統
　cultural heritage（文化遺産）
652 関 legend [lédʒənd] 多 名 伝説；伝承文学
653 ≒ conventional [kənvénʃənl] 形 従来の；型にはまった
○ convéntion 多 名 大会；慣習；協定

654 superstition [sù:pərstíʃən]
名 迷信

655 religion [rɪlídʒən] 多
名 宗教；信仰

○ relígious — 形 宗教の；信心深い

656 ethnic [éθnɪk]
形 民族の；民族的な
　ethnic group〔minority〕（少数民族集団）

657 関 tribe [tráɪb] 名 種族
658 関 folk [fóuk] 発 名（複数扱い）人々　形 民族の；民衆の

659 ceremony [sérəmòuni]
名（儀）式；礼儀

660 belief [bɪlí:f]
名 信念；信頼；信仰

661 medieval [mì:díí:vl]
形 中世の
　medieval architecture（中世の建築）

662 pure [pjúər]
形 純粋な；まったくの；きれいな

○ púrify — 他 を浄化する
○ púrity — 名 潔白；純粋（さ）

| ❶ 月 日 見出し語のみ | ❷ 月 日 見出し語+派生語 | ❸ 月 日 見出し語+その他の語 |

663 evil
[íːvl]

形 **邪悪な** 名 **害悪；邪悪**

Out of the mouth proceeds **evil**. (口は災いの元。)

664 ≒ **vice** [váɪs] 名 (道徳上の)**悪**(徳)

❶ 接頭辞 vice- で「副〜」という意味がある。
　vice-president (副大統領)

❶ 以下のフレーズにも注意。
　(**, and** 〔**or**〕) ***vice versa*** (逆もまた同じ)

665 spirit 多
[spírət]

名 **精神；気分；魂；気力；霊**

He *is in high spirits* today. (彼は今日は上機嫌だ。)

○ **spíritual**　形 精神(上)の；霊的な；宗教(上)の

666 ≒ **soul** [sóul] 発 名 **魂；精神；真髄**(≒ **essence**)

reach into her ***soul*** (彼女の心の琴線に触れる)

667 associate 多
[動] [əsóuʃièɪt]
[名] [əsóuʃiət] 多 発

他 を**連想する**　自 **交際する** (with)　名 **仲間**

Many people ***associate*** happiness ***with*** having money.
(多くの人々はお金があることと幸福とを結びつけて考える。)

○ **assóciátion**　名 協会；連合；連想

668 fortune
[fɔ́ːrtʃən]

名 **財産；運；運命**

○ **fórtunate**　形 幸運な (⇔ **unfortunate**)
○ **fórtunately**　副 幸いなことに (⇔ **unfortunately**)
⇔ **misfórtune**　名 不幸

📄 まとめてチェック

❻ 考え方　　　　　　　　　　　　　　　　　　　　　　⊂ 660 belief

669 **optimism** [ɑ́(ː)ptəmìzm] 多　名 **楽観主義**

○ **óptimist**　名 楽天家
○ **optimístic**　形 楽観的な

Are you **optimistic** or pessimistic about the future?
(あなたは将来を楽観していますか，それとも悲観していますか。)

■ **pessimism** [pésəmìzm]　名 悲観論〔主義〕
○ **péssimist**　名 悲観論者
○ **pessimístic**　形 悲観的な；悲観主義の

英文 25 で Check!

26 結婚式の慣習 (2) [文化]

670 luck [lʌ́k]
名 幸運；運

671 enter [éntər]
他 に入る；に入学する；に加わる

○ éntry
名 入場；参加
○ éntrance
名 入口；入学；入場
the entrance examination for Harvard University (ハーバード大学の入学試験)

672 wish [wíʃ]
他 自 願う；…だといいと思う 名 願い
wish to do (…したいと思う)
wish A B (A (人) のためにBを祈る)
❗ I wish (that) ... の節内の時制は仮定法。
I wish I were a bird. (私が鳥ならいいのに。)
I wish you luck. (幸運をお祈りします。)

673 関 **pray** [préi] 自他 祈る
○ práyer 名 祈り
674 注 **prey** [préi] 名 (動物の) 獲物；餌食；犠牲 (者) 自 捕食する (on)

675 fertility [fərtíləti]
名 肥沃なこと；繁殖能力 (のあること)
fertility rate (出生率)

○ fértile
形 肥沃な；繁殖力の強い
○ fértilize
他 を受精 〔胎〕させる；(土地) を肥沃にする
○ fértilizer
名 (化学) 肥料

676 prosperity [prɑːspérəti]
名 繁栄

○ prósperous
形 繁栄している
677 関 **flourish** [fláːrɪʃ] 自 (文化などが) 栄える；(植物が) 繁茂する

678 continue [kəntínjuː]
他 を続ける 自 続く
continue to do 〔*…ing*〕(…し続ける)

○ contínuous
形 (時間・空間的に) 連続的な
○ contínual
形 断続的な；繰り返される
○ continúity
名 連続 (性)

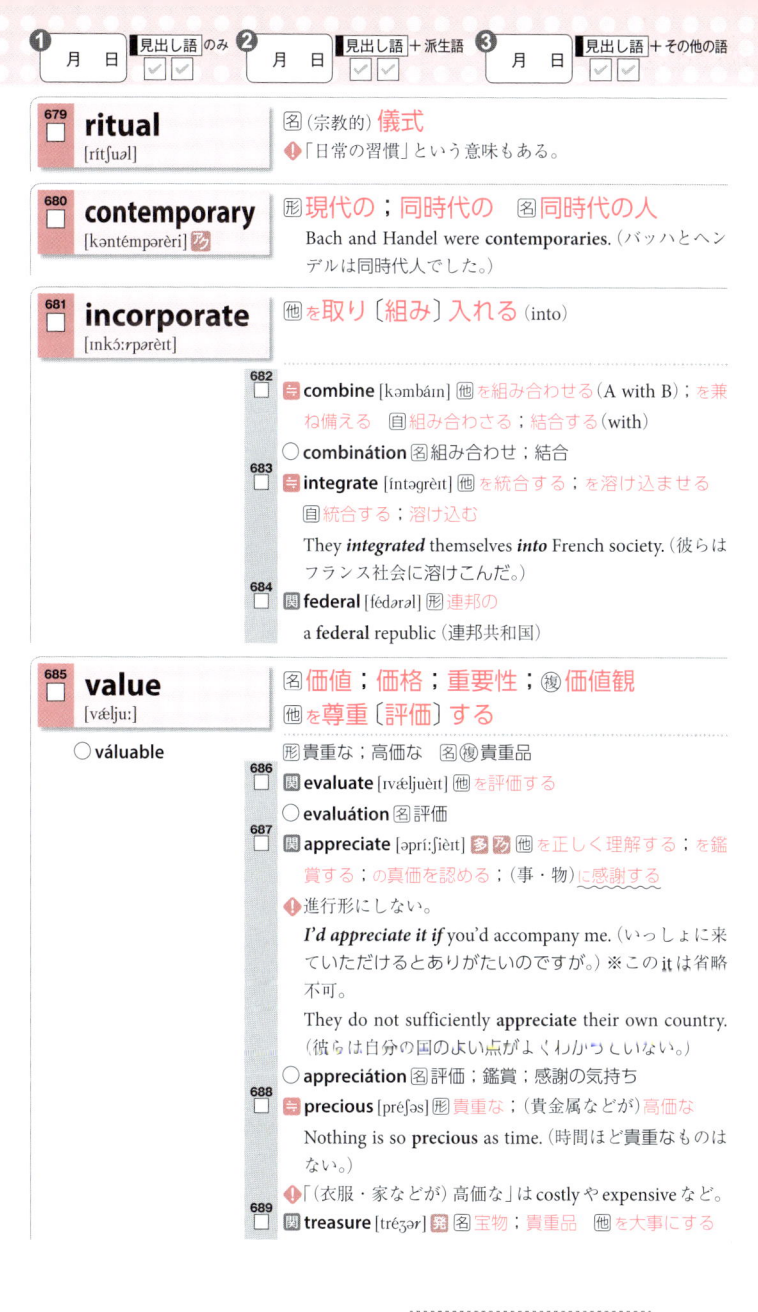

| ① 月 日 見出し語のみ | ② 月 日 見出し語+派生語 | ③ 月 日 見出し語+その他の語 |

679 ritual
[rítʃuəl]

图(宗教的)**儀式**

❶「日常の習慣」という意味もある。

680 contemporary
[kəntémpərèri]

形**現代の；同時代の** 图**同時代の人**

Bach and Handel were **contemporaries**. (バッハとヘンデルは同時代人でした。)

681 incorporate
[ınkɔ́:rpərèıt]

他**を取り〔組み〕入れる**(into)

682 combine [kəmbáın] 他を組み合わせる(A with B)；を兼ね備える 自組み合わさる；結合する(with)
○ combination 图組み合わせ；結合

683 integrate [íntəgrèıt] 他を統合する；を溶け込ませる 自統合する；溶け込む
They *integrated* themselves *into* French society. (彼らはフランス社会に溶けこんだ。)

684 federal [fédərəl] 形連邦の
a federal republic (連邦共和国)

685 value
[vǽlju:]

图**価値；価格；重要性**；(複)**価値観**
他**を尊重〔評価〕する**

○ valuable 形貴重な；高価な 图(複)貴重品

686 evaluate [ıvǽljuèıt] 他を評価する
○ evaluation 图評価

687 appreciate [əprí:ʃièıt] 他を正しく理解する；を鑑賞する；の真価を認める；(事・物)に感謝する

❶ 進行形にしない。

I'd appreciate it if you'd accompany me. (いっしょに来ていただけるとありがたいのですが。) ※このitは省略不可。

They do not sufficiently **appreciate** their own country. (彼らは自分の国のよい点がよくわかっていない。)

○ appreciation 图評価；鑑賞；感謝の気持ち

688 precious [préʃəs] 形貴重な；(貴金属などが)高価な
Nothing is so **precious** as time. (時間ほど貴重なものはない。)

❶「(衣服・家などが)高価な」はcostlyやexpensiveなど。

689 treasure [tréʒər] 图宝物；貴重品 他を大事にする

27 クローン技術の是非 (1) [科学]

690 medical [médɪkl]
形 医学の；医療の
○ médicine 多 乃 — 名 薬；医学 (≒ medical science)

691 clone [klóʊn]
他 (クローンとして) を作る 名 クローン；まったく同じような人〔もの〕

692 relate [rɪléɪt]
他 を関連づける (to)；を話す 自 関係がある (to)
○ relátion — 名 関係；親戚 (関係)
○ relátionship — 名 関係；親密な関係
○ rélative 多 — 形 相対的な；比較上の；関係のある 名 親戚
○ rélatively 乃 — 副 比較的

693 関 relevant [réləvənt] 形 関連がある (to)；適切な；実質的価値がある a relevant remark (的を射た発言)

694 ordinary [ɔ́ːrdənèri]
形 普通の；ありふれた
He is an **ordinary** person. (彼は平凡な男だ。)
⇔ extraórdinary — 形 並外れた；驚くべき

695 ⇔ odd [ɑ́ːd] 形 奇妙な；臨時の (≒ occasional)；奇数の (⇔ even 偶数の)
It was **odd** of her to say that. (あんなことを言うなんて彼女は変だった。)

696 opponent [əpóʊnənt]
名 反対者；(試合の) 相手
○ oppóse — 他 に反対する
○ oppósed — 形 反対する (to)
　as opposed to ～ (～とは対照的に)
　They *were opposed to* the war. (彼らは戦争には反対だった。)
○ ópposite — 名 正反対の人〔物事〕 形 反対 (側) の 前 の向かい側に
○ opposítion — 名 反対

697 ≒ object 動 [əbdʒékt] 名 [ɑ́ːbdʒɪkt] 多 乃 自 反対する (to)
名 物；対象；目的
What are you **objecting** to? (あなたは何に反対しているのですか。)
○ objéctive 多 — 形 客観的な 名 目標
○ objéction — 名 抗議；反対

| ❶ 月 日 見出し語のみ | ❷ 月 日 見出し語+派生語 | ❸ 月 日 見出し語+その他の語 |

698 insist
[ınsíst]

他自 主張する；要求する

❶ ① 他 は (that) 節が続く。「要求する」の意味では (that) 節中の動詞は仮定法現在が多い。② 自 は後ろに前置詞 on をとる。

○ insístence　名 主張；こだわり

699 ≒ assert [əsə́ːrt] 他 (正当性など)を断言〔主張〕する

700 destroy
[dıstrɔ́ı]

他 を破壊する (⇔ construct)

○ destrúction　名 破壊 (行為)；破滅 (⇔ construction)
○ destrúctive　形 破壊的な (⇔ constructive)

701 ≒ ruin [rúːın] 名 破滅；廃墟；遺跡　他 を破滅させる
702 ≒ spoil [spɔ́ıl] 他 を台なしにする；を甘やかす
703 関 extinct [ıkstíŋkt] 形 絶滅した；(制度などが)廃れた
Dinosaurs are now extinct. (恐竜は現在では絶滅している。)

○ extínction 名 絶滅

704 reliable
[rıláıəbl]

形 信頼できる；頼りになる

○ relý　自 頼る (on) (≒ depend)
○ relíance　名 依存；信頼；頼りになる人
⇔ unrelíable　形 信頼できない

705 fear
[fıər] 発

他自 恐れる；気づかう　名 恐怖；心配

○ féarful　形 恐れている

706 superior
[su(ː)píəriər] アク

形 優れた；上部(位)の　名 上司

❶ ^more superior とは言わない。
be superior to ~ (~より優れている)

○ superióritý　名 優越 (⇔ inferiority)

≒ supreme [su(ː)príːm] 形 最高の
the Supreme Court (最高裁判所)

707 ⇔ inferior [ınfíəriər] 形 劣った
be inferior to ~ (~より劣っている)

28 クローン技術の是非 (2) [科学]

708 argue [áːrgjuː]
他自 議論する (≒ discuss); 主張する (≒ insist)
argue for [*against*] ~ (～に賛成〔反対〕の主張をする)
Galileo *argued that* the earth moves. (ガリレオは, 地球は動いていると主張した。)

○ árgument
名 議論；論拠
There is a good *argument* for dismissing him. (彼を解雇するもっともな理由がある。)

709 patient [péiʃənt]
名 患者　形 忍耐強い
She *was patient with* the children. (彼女は子供たちに寛容だった。)

○ pátience 名 忍耐
⇔ impátient 形 いらいらしている
be impatient with ~ (～にいらいらしている)
be impatient for ~ (～が待ち遠しい)

710 reject [rɪdʒékt]
他 (申し出など)を拒絶する

○ rejéction 名 拒絶；廃棄

711 practically [præktɪkəli]
副 ほとんど (≒ almost); 実際的に; 事実上

○ práctical 形 実際的な；実用的な；適した
○ práctice 名 練習；実行(⇔ theory)；習慣　自他 練習する；実行する
❗ 他の目的語に動名詞もとる。
in practice (実際は)
put ~ *into practice* (～を実行する)

712 関 routine [ruːtíːn] 形 型通りの　名 日課
713 関 stereotype [stériətàɪp] 名 固定観念

714 receive [rɪsíːv]
他 を受け取る；を被る

○ recéption 名 接待；反応；宴会

715 ≒ inherit [ɪnhérət] 自他 相続する；受け継ぐ
Tom *inherited* not a little money. (トムは少なからぬ金額のお金を相続した。)

716 ban
[bǽn]
他(公式に)を禁止する 图禁止(令)

717 promote
[prəmóut]
他を促進する；を昇進させる

○ promótion 图昇進；(販売)促進

718 ≒ **boost** [búːst] 他图を高める(こと)
He believes that Japanese food **boosts** life expectancy.
(彼は和食が平均寿命を押し上げていると信じている。)

719 ≒ **foster** [fɔ́(ː)stər] 他(他人の子供)を養育する；を促進する 形里親(里子)の

720 maintain 多
[meintéin] 発
他を維持する；を主張する (≒ insist)
He *maintained that* he was innocent. (彼は自分が潔白だと言い張った。)

○ máintenance 图維持；整備

721 ≒ **retain** [ritéin] 他を保つ
722 ≒ **sustain** [səstéin] 他を持続させる；(人)を支える

○ **sustáinable** 形環境を破壊しない；持続的な
sustainable energy (持続可能なエネルギー)

723 freedom
[fríːdəm]
图自由
freedom of expression (表現の自由)

724 ≒ **liberty** [líbərti] 图(拘束などのない)自由
○ **líberal** 形自由主義の；寛大な
725 関 **generous** [dʒénərəs] 形気前のよい；寛大な；たくさんの
He is **generous** to his daughters. (彼は娘たちに対して寛大だ。)

726 seek
[síːk]
他を探し求める (≒ *look for*, *search for*)
sought > sought

seek to do (…しようと努める)

727 関 **consult** [kənsʌ́lt] 他(専門家)に相談する (≒ *seek advice from ~*)；(辞書など)を調べる
You should **consult** your doctor. (お医者さんに診てもらう方がいいですよ。)

28 クローン技術の是非 (2) [科学]

728 unless [ənlés] 7
接 …でない限り

729 clearly [klíərli]
副 明らかに；はっきりと

○ cléar 多
形 明快な；明白な；透明な 他 をきれいにする 自 晴れる
I *cleared* the yard *of* leaves. (私は庭の木の葉を掃除した。)

730 obvious [ábviəs] 7 形 明白な
It's so **obvious** that we don't need proof. (明白過ぎて証明を要しない。)
○ óbviously 副 当然ながら；明らかに

731 plain [pléin] 多 形 明白な；易しい；無地の；地味な 名 平原
It is quite **plain** that you will fail. (君が失敗するのはまったく目に見えている。)

732 vague [véig] 形 (考えなどが)あいまいな；(表情などが)ぼんやりとした
⇔ faint [féint] 形 かすかな 自 気を失う

733 harmful [háːrmfl]
形 害のある

○ hárm
名 損害；悪意 他 を害する
It will *do harm to* us. = It will **harm** us. (それは我々に危害を及ぼすだろう。)
⇔ hármless 形 害のない

734 issue 多 [íʃuː]
名 問題(点)；発行(物) 他 (声明・本など)を出す
! 語源は「外へ出ていく」。

735 item [áitəm] 名 項目；品目；(記事などの)1項目
736 article [áːrtikl] 多 名 記事；品物；条項

まとめてチェック

7 医療　　　690 medicine

737 fever [fí:vər]　名 熱；熱病；熱狂

738 headache [hédèɪk] 発　名 頭痛(の種)

- stomachache [stʌ́məkèɪk]　名 腹痛

739 stroke [stróʊk]　名 (脳)卒中；一撃　他 をなでる

740 flu [flú:]　名 (通例the)インフルエンザ(influenzaの略)
get the flu (インフルエンザにかかる)

- plague [pléɪg] 発　名 疫病；やっかいなもの
- diabetes [dàɪəbí:ti:z]　名 糖尿病

741 obesity [oʊbí:səti]　名 (病的)肥満
　○ obése　形 肥満の

742 fat [fǽt]　形 太っている　名 脂肪(分)

743 ⇔ lean [lí:n] 多　形 (筋肉質で)やせた　自 傾く；上体を曲げる
Don't lean against me! (私によりかかるな。)

744 thin [θín]　形 薄い；細い；(病気などで)やせた

745 ⇔ thick [θík]　形 (分)厚い；太い；(液体・気体が)濃い
746 ⇔ dense [déns]　形 (人や物が)密集した；(霧などが)濃い
A dense fog prevented me from noticing him. (濃霧のため、彼に気づかなかった。)
○ dénsity　名 密度；密集；(霧などの)濃さ
注 destiny [déstəni]　名 運命

8 接頭辞・接尾辞（1）　　　733 harmful

◆ -ful 「多い、〜にいっぱいの」、-less 「欠乏」

747 handful [hǽndfʊl]　名 (a handful of 〜)1つかみの量の〜

748 peaceful [pí:sfl]　形 平和(的)な；平穏な；平和を好む

749 useless [jú:sləs]　形 役に立たない；無駄な

29 家族で食事をすることの重要性 (1) [社会]

750 lesson [lésn]
名 レッスン；授業；教訓

751 ≒ lecture [léktʃər] 多 名 講義；講演；説教　自他 講義〔講演〕する
give a lecture on mathematics（数学について講義をする）

752 elaborate 形 [ɪlǽbərət] 動 [-ərèɪt]
形 手の込んだ；複雑な　自 詳しく述べる (on)

753 meal [míːl]
名 食事

754 manage [mǽnɪdʒ] アク 発
他 どうにか…する (to *do*)；を経営する
The box was heavy but he **managed** to carry it.（箱は重かったが，彼は何とか運んだ。）
He is **managing** the business for his father.（彼が父親に代わって事業を営んでいる。）

○ mánagement アク　名 経営(者)；取り扱い
○ mánager アク　名 支配人；経営者

755 関 boss [bɔ́(ː)s] 名 上司；雇用主；社長

756 preserve [prɪzə́ːrv]
他 を保存する；を維持する；を守る
Salt **preserves** meats from decay.（塩は肉の腐敗を防ぐ。）

○ preservátion　名 保存；保全；存続

757 ≒ conservation [kàːnsərvéɪʃən] 名 (資源)保護
○ consérvative 形 保守的な；控え目な
He is **conservative** in his attitude to women.（彼の女性に対する態度は保守的だ。）

758 committee [kəmíti]
名 (集合的に) 委員会；(全)委員
The **committee** meets on Wednesday.（委員会は水曜日に開催される。）

759 education [èdʒəkéɪʃən]
名 教育

○ educátional　形 教育の
○ éducate アク　他 を教育する

760 ≒ instruct [ɪnstrʌ́kt] 他 に教える；に指示する
instruct A to do（Aに…するよう指図する）

○ **instrúction** 图 指導；命令；使用説明書
I didn't follow her **instructions**.（私は彼女の指示に従わなかった。）
○ **instrúctor** 图（スポーツなどの）指導者

761 figure 多
[fígjər] ク

图 数字；姿；(~な)人物；図形　他 と思う
figure out ~ ≒ ***make out*** ~（~を理解する）
He was not a political **figure** but a religious one.（彼は政治家ではなくて宗教家だった。）

762 関 **chart** [tʃáːrt] 图 図(表)；海図

763 decade
[dékeɪd, -ˊ]

图 10年間
the first **decade** of this century（今世紀の最初の10年間）

764 national
[nǽʃnl]

形 全国的な；国家の；国民の

○ **nátion** 图 国家；国民
○ nátionalism 图 愛国心；国家主義
○ nationálity 图 国籍；国民(性)

765 注 **native** [néɪtɪv] 形 出生地の；土着の；固有の　图 ~生まれの人　***native language***（母語）

766 ≒ **citizen** [sítəzn] ク 图 国民；市民

767 daily
[déɪli]

形 副 毎日(の)；日常(の)

768 steady
[stédi]

形 固定された；一定の；落ちついた

○ stéadily 副 しっかりと；着実に

769 ≒ **stable** [stéɪbl] 形 安定した
○ stabílity 图 安定

770 decline 多
[dɪkláɪn] ク

图 減少；衰退；低下　自 減少する；衰退する　他 を断る
As I grew older, my health **declined**.（年を取るにつれて, 私の健康状態は衰えた。）
They **declined** the invitation to our party.（彼らは私たちのパーティーへの招待を断った。）

30 家族で食事をすることの重要性 (2) [社会]

771 option
[ɑ́:pʃən]
名 選択(権の自由)

○ óptional 形 随意〔任意〕の

772 関 **adopt** [ədɑ́:pt] 多 他 を採用する；を養子にする
We should **adopt** his proposal. (彼の提案を採用すべきだ。)
○ adóption 名 養子縁組；採択

773 kid 多
[kíd]
名 子供 自 冗談を言う

Are you kidding? ≒ *You're kidding!* ≒ *No kidding.* ((相手が言ったことに対して) 冗談でしょう。)

774 schedule
[skédʒu:l]
名 スケジュール 他 を予定する

be scheduled for〔*to do*〕(〜(日時)に予定されている〔…する予定だ〕)

775 関 **scheme** [skí:m] 発 名 計画；悪だくみ 自他 たくらむ
They **schemed** to overthrow the government. (彼らは政府の打倒をくわだてた。)

776 teenager
[tí:nèɪdʒər] アク
名 10代の若者 (通例 13 〜 19歳)

777 single
[síŋgl]
形 ただ1つの；(each, every を強調) 個々の；(最上級を強調) まさに；独身の；1人用の

❗ 否定文では「1つも〜ない」のように否定を強調する。
There was ***not a single*** mistake in your answer. (君の答案には1つの誤りもなかったよ。)

778 ≒ **sole** [sóul] 形 唯一の；単独の
○ sólely 副 ただ；たった独りで

779 ≒ **merely** [míərli] 副 単に
I'm not arguing with her. I'm **merely** explaining the problem. (私は彼女と口論をしているのではありません。単に問題点を説明しているのです。)
○ **mere** 形 単なる；ほんの

780 factor
[fǽktər]
名 要因；因子

What's the main **factor** that caused the dispute? (紛争を引き起こした主因は何だろうか。)

781 predict [prɪdíkt]
他を予言〔予測〕する

- prediction 图予言〔予測〕
- predictable 形予測できる

782 ≒ forecast [fɔ́:rkæst] 他(天気)を予報する；を予想する 图予報〔予想〕

783 achievement [ətʃí:vmənt]
图達成；業績

- achieve 他を成し遂げる(≒ complete)；を獲得する
  I wonder if he can **achieve** his goals. (彼は目標を達成できるだろうか。)

784 ≒ **accomplish** [əkáːmplɪʃ] 他を成し遂げる
  He finally **accomplished** his goal. (彼はとうとう自分の目的を果たした。)
- accomplishment 图達成；功績

785 ≒ **attain** [ətéɪn] 他を成し遂げる；に達する
  He finally **attained** the mountain peak. (彼はついに山頂に達した。)

786 ≒ **fulfill** [fʊlfíl] 他(任務など)を果たす；(要求など)を満たす；を実現する
- fulfillment 图満足(感)；実現

787 score [skɔ́:r]
图(試合・試験の)得点；楽譜 自他得点する

788 far [fá:r]
副(時間・空間的に)遠くへ；大いに 形遠い
far from ~ (決して~でない)

- further (farの比較級)副さらに(遠くへ)；(時間的に)さらに昔に 形さらなる
  ❶ far の比較級には farther もあるが，現在では further が主に使用される。
  They refused to discuss the matter **further**. (彼らはその件についてさらに議論することを拒絶した。)
  Any **further** questions? (もう質問はないですか。)

789 worship [wɔ́:rʃəp]
自礼拝する 他を崇拝する；を尊敬する
图崇拝；礼拝

30 家族で食事をすることの重要性 (2) [社会]

790 art 多
[áːrt]
名 美術；芸術(作品)；技術

- ártist — 名 芸術家；画家
- artístic — 形 芸術(家)の
- artificial — 形 人工の

791 nearly
[níərli]
副 ほとんど
❗ almost も同じような意味だが、nearly は「もう少しである点に達しそうなこと」を強調し、almost は「もう少しのところである点に達していないこと」を強調する。

792 adolescent
[ædəlésnt] ア
名 青年　形 青年期の

- adoléscence — 名 青年期

793 cite
[sáit]
他 を引用する (as)
Smoking *is* often *cited as* a cause of lung cancer. (喫煙はよく肺がんの原因に挙げられる。)

794 似 quote [kwóut] 他 を引用する
quote a passage from his book (彼の本からの一節を引き合いに出す)

795 poll
[póul] 発
名 世論調査；(the) 投票　自他 投票する

796 注 pole [póul] 発 名 棒；(地球・天体の)極
the North [*South*] *Pole* (北[南]極)

797 rate
[réit]
他 を評価する　名 割合 (≒ ratio)；速度；料金
at any rate (とにかく)　 *the rate of interest* (利率)

798 関 pace [péis] 名 歩調；進度
keep pace with ~ (~に遅れずについていく)

📄 まとめてチェック

⑨ 人間・職業　　　　　　　　　　　　　　　↶ 766 citizen

799	**grandparent** [grǽnpèərənt]	图祖父〔母〕；(穣)祖父母
800	**cousin** [kʌ́zn]	图いとこ
801	**hero** [híːrou]	图英雄；(小説などの)主人公
802	**pupil** [pjúːpl] 多	图生徒；弟子；瞳
803	**twin** [twín]	形双子の；対をなす　图双子の一方；(穣)双子
804	**fisherman** [fíʃərmən]	图漁師；釣り人
		❶「漁師」の意味では男女共用の fisher を用いる方がよい。
805	**athlete** [ǽθliːt] ⚡	图運動選手；スポーツマン
	○ **athlétic**	形運動の得意な；スポーツの
	○ athlétics	图(各種の)運動競技
		関 league [líːg] 图(競技)連盟
	■ crew [krúː]	图(単複両扱い；集合的に)乗組〔乗務〕員

まとめてチェック

❿ 重要動詞（1）

806	**laugh** [lǽf]	自 笑う (at)
	○ láughter	名 笑い
		On hearing his joke, the audience *broke into laughter*. （彼のジョークを聞くとすぐに観衆はどっと笑った。）
807	**lend** [lénd]	他 を貸す　lent ＞ lent
		lend A B（AにBを貸す）
808	**rent** [rént]	他 を賃貸〔借〕する　名 賃貸〔借〕料
	○ réntal	名 賃貸〔借〕(料)　形 賃貸〔借〕の
809	**shake** [ʃéik]	他 を振り動かす　自 揺れる　shook ＞ shaken
		shake hands with ~（~と握手する）
810	**climb** [kláim]	自他名 登る (こと)
811	**leap** [líːp]	自 跳ぶ　名 跳躍；飛躍
		Look before you *leap*.（跳ぶ前に見よ。〔よく考えてから行動しなさい。〕）
812	**slide** [sláid]	自他名 すべる〔すべらせる〕(こと)
813	**greet** [gríːt]	他 にあいさつをする；を出迎える
		❗ 他 であることに注意。
		They *greeted* her on the street.（彼らは道で彼女にあいさつした。）

STAGE 4

Vocabulary 31 〜 40

五感をフルに活用すると記憶の定着度がアップする。実際に発音しながら、手で何度も書いてみよう。

Schedule

目　標：＿＿＿＿月＿＿＿＿日まで

終了日：＿＿＿＿月＿＿＿＿日

意味わかる？　**encounter** → p.110 で Check!

発音できる？　**prefer** → p.126 で Check!

31 数学の歴史 (1) [歴史]

814 mathematics [mæ̀θəmǽtɪks]
名 数学

- ○ mathemátical — 形 数学の
- ○ mathematícian — 名 数学者

815 関 statistics [stətístɪks] 名 統計(学)
- ❗「統計学」という意味では単数扱い、「統計」という意味では複数扱い。
- *Statistics show that* about three thousand cups of coffee per person are drunk every year in Luxembourg.（統計によれば、コーヒーは毎年ルクセンブルクでは1人あたり約3000杯飲まれている。）
- ○ statístical 形 統計(上)の
  - detailed **statistical** analysis（詳細な統計的分析）

816 Europe [jÚərəp]
名 ヨーロッパ

- ○ Européan — 名 形 ヨーロッパ人(の)

817 industrial [ɪndÁstriəl]
形 産業の
- ❗ industrious との区別に注意。

- ○ índustry — 名 産業；工業；勤勉
  - ❗「勤勉」の意味はきわめてまれ。
- ○ indústrialized — 形 工業化した
  - **industrialized** countries（工業国）
- ○ indústrious — 形 勤勉な

818 ⇔ lazy [léɪzi] 形 怠け者の；くつろいだ
- ○ láziness 名 怠惰

819 revolution [rèvəlúːʃən]
名 革命；回転

- ○ revolútionary — 形 革命の

820 mostly [móʊstli]
副 たいていは

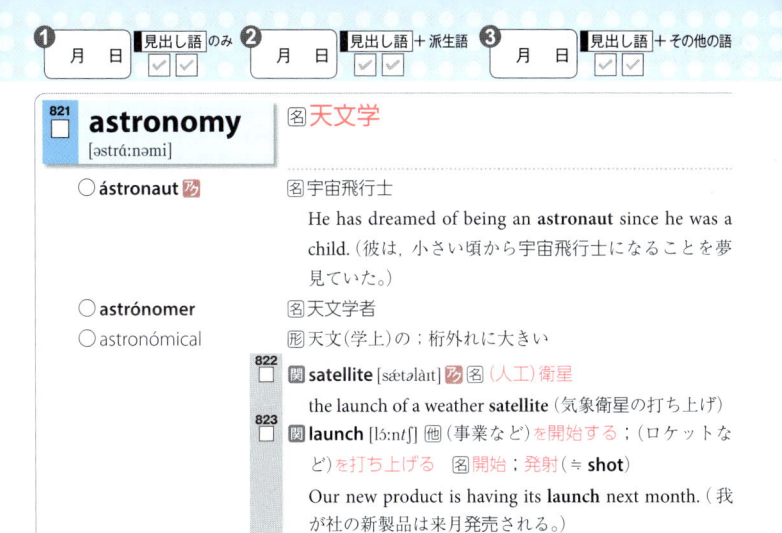

| ❶ 月 日 見出し語のみ ☑☑ | ❷ 月 日 見出し語+派生語 ☑☑ | ❸ 月 日 見出し語+その他の語 ☑☑ |

821 astronomy [əstrάnəmi] 名 天文学

○ ástronaut 発 名 宇宙飛行士
　He has dreamed of being an **astronaut** since he was a child.（彼は, 小さい頃から宇宙飛行士になることを夢見ていた。）

○ astrónomer 名 天文学者
○ astronómical 形 天文(学上)の；桁外れに大きい

822 関 satellite [sǽtəlàɪt] 発 名 (人工)衛星
　the launch of a weather **satellite**（気象衛星の打ち上げ）

823 関 launch [lɔ́ːntʃ] 他 (事業など)を開始する；(ロケットなど)を打ち上げる　名 開始；発射（≒ shot）
　Our new product is having its **launch** next month.（我が社の新製品は来月発売される。）

📄 まとめてチェック

⓫ 国名・国民　　　　　　　　　　　　　　　　　　C 816 Europe

824 Dutch [dʌ́tʃ]　名 オランダ人〔語〕　形 オランダ(人；語)の

825 Egypt [íːdʒɪpt] 発　名 エジプト
　○ Egýptian　名 エジプト人〔語〕　形 エジプト(人；語)の

826 Greece [gríːs]　名 ギリシャ
　○ Gréek　形 ギリシャの；ギリシャ人〔語〕の　名 ギリシャ人〔語〕

827 Ireland [áɪərlənd]　名 アイルランド
　○ Írish　名 アイルランド人〔語〕　形 アイルランド(人；語)の

828 Latin [lǽtn]　名 ラテン語；ラテン系の人　形 ラテン系(民族；言語)の

829 Mexico [mékskòu] 発　名 メキシコ
　○ Méxican　名 メキシコ人　形 メキシコ(人)の

830 Russian [rʌ́ʃən]　名 ロシア人〔語〕　形 ロシア(人；語)の

英文 31 で Check!

32 数学の歴史 (2) [歴史]

831 equation
[ɪkwéɪʒən]

名 **方程式**；(the) **同一視**；**均衡**

- ○ équal 多 多
  - 形 等しい；耐えうる(to) 名 対等の人 他 に等しい
- ○ équally
  - 副 同様に；平等に
- ○ equálity
  - 名 平等

832 ≒ **peer** [píər] 多 発 名 同等の人；同僚 自 (見にくいので)凝視する(at)

833 関 **equivalent** [ɪkwívələnt] ア 形 同等の；相当する 名 同等のもの

Do you know the French **equivalent** of the word?(その語に相当するフランス語を知っていますか。)

834 method
[méθəd]

名 **方法**

835 ≒ **means** [mí:nz] 名 手段；財力
- ❶ 単複同形。
  - ***by all means*** ((会話で) いいとも)
  - ***by means of ~*** (~を用いて)
  - ***by no means*** (決して~(し)ない)

836 ≒ **manner** [mǽnər] 多 名 方法(of)；態度；(複)行儀；(複)風習

learn proper ***table manners*** 〔×manner〕(適切なテーブルマナーを学ぶ)

837 関 **media** [mí:diə] 名 (単複両扱い) (the) マスメディア

- ○ **medium** [mí:diəm] 多 発 名 (伝達・表現の)手段；媒体 (複 media) 形 中間の

838 unfortunately
[ʌnfɔ́:rtʃənətli]

副 **不幸にも**

- ○ unfórtunate
  - 形 不運な；残念な

839 関 **miserable** [mízərəbl] ア 形 惨めな

He felt **miserable** waiting for the bus in a heavy rain.(大雨の中でバスを待っていて、彼は惨めだった。)

- ○ mísery ア 名 惨めさ；苦難

840 critical 多
[krítɪkl]

形 批判的な (of)；重大な；危機的な；批評の
a critical situation（重大な局面）

- crític　名 評論家
- críticize　他 を批判する；を批評する
  He *criticized* me *for* not handing in the report in time.（彼は期限内にレポートを提出しなかったと私を批判した。）
- críticism 乙　名 批判；批評
- crísis　名 危機 (複 crises)
  oil crisis（石油危機）

841 attitude
[ǽtət(j)ùːd] 乙

名 態度；姿勢；考え方 (toward)
These days, a lot of people *have a negative attitude toward* smoking.（最近では，多くの人が喫煙に対して否定的な姿勢をとっている。）

842 turn 多
[tə́ːrn]

自他 回転する；曲がる；変わる　名 回転；順番；変化
turn A（A（ある状態）になる）
turn A B（AをB（状態）に変える）
turn out (to be) ~（結局～になる〔～だとわかる〕）
turn in ~（～を渡す；～を提出する）
It's your **turn**.（君の番ですよ。）

- 843 ⇔ **bend** [bénd] 他 を曲げる　自 曲がる；かがむ；屈服する　bent > bent
- 844 ⇔ **curve** [kə́ːrv] 名 自 曲線（を描く）
- 注 **carve** [káːrv] 自他 彫る
- 845 関 **statue** [stǽtʃuː] 名 像
  the **Statue** of Liberty（自由の女神像）
  関 **sculpture** [skʌ́lptʃər] 名 彫刻（作品）

33 アレルギーが増加する背景（1）[医療]

846 blame [bléɪm]
他 を非難する；のせいにする　名 非難；責任
(*be*) *to blame for* ~（～の責めを負うべき）

847 ≒ **accuse** [əkjúːz] 他 を訴える；を非難する
accuse A of B（A を B のことで訴える）
She *accused* him *of* stealing her car.（彼女は彼が車を盗んだと言って責めた。）
○ accusátion 名 非難；告発

848 ≒ **condemn** [kəndém] 他 を責める；に有罪の判決を出す

849 countryside [kʌ́ntrisàɪd]
名 （通例 the）田舎；田園地帯

850 関 **rural** [rúərəl] 形 田舎の
851 関 **suburb** [sʌ́bəːrb] 名 （the 複）郊外
○ subúrban 形 郊外の
852 ⇔ **urban** [ʌ́ːrbən] 形 都市〔会〕の

853 typically [típɪkli] 発
副 典型的に；概して

○ týpe 名 型；タイプ
○ týpical [típɪkl] 発 形 典型的な；代表する（of）
The idea *is typical of* him.（その意見はいかにも彼らしい。）

854 ≒ **brand** [brænd] 名 銘柄；ブランド

855 low [lóʊ]
形 低い；少ない　副 低く；少なく

856 currently [kə́ːrəntli]
副 現在（のところ）

○ cúrrent 多 形 現在の；（考えなどが）通用して　名 （水・空気・考えなどの）流れ
○ cúrrency 名 通貨；普及

857 ≒ **cash** [kæʃ] 名 現金（硬貨(coin)と紙幣(note)）
in cash（現金で）

858 so-called [sóʊkɔ́ːld]
形 いわゆる；自称～の

108

| ❶ 月 日 見出し語のみ | ❷ 月 日 見出し語+派生語 | ❸ 月 日 見出し語+その他の語 |

859 hypothesis
[haɪpάːθəsɪs]

名 **仮説**；(議論の) **前提** (複-ses)

There are a number of **hypotheses** about the domestication of the horse. (馬の家畜化に関しては多くの仮説がある。)

860 ≒ **premise** [prémɪs] 名 前提；(複)建物の敷地
861 関 **assume** [əs(j)úːm] 多 他 と思い込む〔仮定する〕；(責任など)を引き受ける
○ **assúmption** 名 仮定
862 関 **undertake** [ʌ̀ndərtéɪk] 他 を引き受ける；に着手する
undertook > undertaken
I **undertook** responsibility for him. (彼に代わって私が責任を負った。)

863 risk
[rísk]

名 **危険(性)** 他 **を危険にさらす；あえて…する**(…ing) *at the risk of ~* (~の危険を冒して)

He was willing to **risk** los**ing** everything. (彼はあえてすべてを失うことを喜んで行った。)

○ rísky — 形 危険な(⇔ **safe**)

864 nowadays
[náʊədèɪz] ア

副 **この頃；最近では**

❶ 通例, 現在形と共に用いる。

865 bathe
[béɪð] 発

自他 **入浴する〔させる〕**

866 dust
[dʌ́st]

名 **ほこり；ちり**

○ dústy — 形 ほこりだらけの；(色が)くすんだ

867 expose
[ɪkspóʊz]

他 **にさらす；を露出する；を暴露する**

○ expósure — 名 (日光・危険などに)さらされること；暴露
868 ⇔ **shelter** [ʃéltər] 名 住まい；避難(所) 他 を保護する
food, clothing and shelter (衣食住)

869 substance
[sʌ́bstəns] ア

名 **物質；重要性；本質**

○ **substántial** 多 ア — 形 実質の；実在する；重要な
○ **substántially** — 副 相当に；実質的に

34 アレルギーが増加する背景 (2) [医療]

870 trend [trénd]
名 傾向；流行

⇔ **fashion** [fǽʃən] 多 名 流行；やり方；流儀
She dances in her own fashion. (彼女は自己流で踊る。)
○ **fáshionable** 形 流行の；高級な；おしゃれな

872 encounter [ɪnkáʊntər]
他 (偶然) に出くわす；(困難など) に直面する
名 出会い

873 share [ʃéər]
他 を共有する；を分配する 自 分担する
名 割り当て；分け前；役割
She *shared* her book *with* her neighbor. (彼女は本を隣の人にも見せてあげた。)

874 wide [wáɪd]
形 (幅・範囲・視野が) 広い

○ **wídely** 副 広く
○ **wíden** 自 広がる 他 を広げる

875 関 **widespread** [wáɪdspréd] 形 広範囲にわたる
The typhoon caused **widespread** damage. (その台風は広範囲にわたる被害をもたらした。)

876 ⇔ **expand** [ɪkspǽnd] 他 を拡大する 自 広がる；膨張する
The imports from Asian countries have **expanded** recently. (アジア諸国からの輸入品は最近増大している。)
○ **expánsion** 名 膨張；拡大

877 ⇔ **broad** [brɔ́ːd] 発 形 (幅・面積の) 広い；広範囲に及ぶ
○ **bróaden** 他 を広くする；を広める 自 広がる
○ **bréadth** 名 広さ

878 ⇔ **narrow** [nǽroʊ, nér-] 形 (幅・心・範囲が) 狭い；辛うじての
○ **nárrowly** 副 辛うじて

879 range [réɪndʒ]
名 範囲 自 (範囲が) 及ぶ 他 を並べる
The students' ages **range** from 18 to 25. (その学生たちの年齢層は18歳から25歳までわたっている。)

880 data [déɪtə]
名 (単複両扱い) データ；資料 (単数形は datum)

| ❶ 月 日 | 見出し語のみ | ❷ 月 日 | 見出し語+派生語 | ❸ 月 日 | 見出し語+その他の語 |

881	**income** [ínkʌm]	名 収入
		❶「多い・少ない」は large, small。
		≒ revenue [révən(j)ùː] 名 (総)収入

| 882 | **level** [lévl] | 名 程度；水準；段階；高さ |

| 883 | **thus** [ðʌ́s] | 副 このように(して) (≒ therefore, in this way) |

884 ≒ hence [héns] 副 (文修飾) したがって
❶後続詞の省略が多いので注意。
関 namely [néimli] 副 すなわち (= *that is* (*to say*))

885	**attention** [əténʃən]	名 注意；注目；世話
		pay attention to ~ (~に注意を払う)
○ **atténd** 多		他 (会議・授業)に出席する；(患者)を診る 自 取り組む(to)；注意を払う(to)；面倒を見る(to)
○ **atténdant**		名 係員
○ atténdance		名 出席；出席者(数)
○ atténtive		形 注意深い

886 ≒ alert [ələ́ːrt] 形 油断のない(to)；機敏な 他 に注意を呼びかける
Kazue was *alert to* signs of disease in her child. (カズエは自分の子供の病気の兆候に注意していた。)

887 ≒ awake [əwéik] 形 目覚めて；気づいて(to) 自 目が覚める 他 を起こす
Coffee keeps her *awake* at night. (彼女はコーヒーを飲むと夜眠れない。)
○ **wáke** 自 目を覚ます 他 を目覚めさせる woke > woken
I *woke up* at the sound of the alarm. (私は目覚ましの音で目が覚めた。)

888 ⇔ asleep [əslíːp] 形 眠って
fall asleep (眠りに落ちる)

889	**victim** [víktim]	名 犠牲者；いけにえ
		earthquake *victims* (地震の被災者)

890 ≒ sacrifice [sǽkrəfàis] 多 名 犠牲(的行為) 他 を犠牲にする

35 つらい経験について書くことの効用 (1) [人間]

891 major [méɪdʒər] 多 発
形 主要な；大部分の；重大な (⇔ minor)
自 専攻する (in)

○ majority
名 大多数 (⇔ minority)
the majority of ~（大多数の~）

892 ≒ chief [tʃi:f] 名 長(官)　形 最高位の；主要な

893 ≒ primary [práɪməri] 形 主要な；初等の；根本の
Learning to read well is of **primary** importance.（読み方をしっかり習うことは根本的に重要である。）
○ prímarily 副 主として；第1に
○ príme 形 最も重要な；最上位の；根本的な　名 全盛期

894 ≒ principal [prínsəpl] 形 主要な　名 校長；主役
Our **principal** gets up early on principle.（私たちの学校の校長先生は，主義で早起きしている。）

895 注 principle [prínsəpl] 多 名 主義；方針；(自然の)原理；原則
in principle（理論的には；原則として）
the principle of relativity（相対性原理）
stick to one's principles（主義を貫く）

896 shock [ʃá:k]
名 衝撃；打撃　他 に衝撃を与える
I *was shocked at* [*to see*] the scene.（私はその光景に〔を見て〕ショックを受けた。）

897 関 thrill [θríl] 自他 ぞくぞくする〔させる〕；名 ぞくぞく〔わくわく〕すること

898 weak [wí:k]
形 弱い

○ wéaken　他 を弱める (⇔ strengthen)
○ wéakness　名 弱さ

899 minor [máɪnər]
形 それほど重要でない；少数の

○ minórity
名 (ある集団の)少数；少数集団
≒ trivial [tríviəl] 形 ささいな；平凡な
関 secondary [sékəndèri] 形 第2の；中級の

900 accept
[əksépt]
他 を受け入れる；を承認する

- acceptance 名 受理；承認
- acceptable 形 受け入れられる
- ⇔ unacceptable 形 容認〔許容〕できない

901 ⇔ obey [oubéɪ] 動 他 (命令・指示など)に従う；(規則など)を守る
They all **obeyed** the new law. (彼らは皆、新しい法律に従った。)
- obedient [oubí:diənt] 派 形 従順な
- obédience 名 服従

902 indeed
[ɪndí:d]
副 本当に；実際は；実に

Indeed ~ , but ... (なるほど~だが、…だ)
It's **indeed** unfortunate that I could not meet him. (彼に会えなかったのはまことに残念です。)

903 emphasize
[émfəsàɪz] 動
他 を強調する (≒ stress)

- émphasis 動
名 強調

Our English teacher *put emphasis on* pronunciation. (私たちの英語の先生は発音を強調した。)

904 ⇔ exaggerate [ɪɡzǽdʒərèɪt] 他 を誇張する；を強調する
自 誇張する
- exaggerátion 名 誇張(表現)

905 upset
[ʌpsét] 動
他 をあわてさせる；(計画・物など)をひっくり返す upset > upset 形 取り乱して；腹を立てて

The huge waves **upset** their boat. (大波で彼らのボートは転覆した。)
She *was* really *upset by* the news. (その知らせに彼女は本当にあわてた。)

906 ⇔ spill [spɪl] 他 (液体など)をこぼす 自 こぼれる

35 つらい経験について書くことの効用 (1) [人間]

907 investigate [ɪnvéstəgèɪt]
他 (事件など)を**調査する**
They will thoroughly ***investigate*** the cause of the accident. (彼らはその事故の原因を徹底的に調査するだろう。)

○ investigátion　名調査

≒ inquire [ɪnkwáɪər] 自他 (事を)尋ねる
inquire A of B (A (事)をB (人)に尋ねる)
○ ínquiry 名問い合わせ；調査

909 painful [péɪnfl]
形**痛い；つらい；骨の折れる**

○ páin　名痛み；苦しみ；(複)骨折り
No gains without pains. (苦労なしに得られるものはない。)

910 personally [pə́ːrsənəli]
副**個人的見解では；自分(自身)で；個人的に**

○ pérsonal　形個人の；私的な
○ personálity　名個性；人格

911 disturb [dɪstə́ːrb]
他**を乱す；を邪魔する；を不安にする**
My sleep ***was disturbed by*** the sound. (その音で目が覚めた。)

○ distúrbance　名邪魔；騒ぎ；不安

912 ≒ distress [dɪstrés] 名**苦悩**；疲労；困窮　他を苦悩させる

913 ≒ interfere [ɪntərfíər] 自 **妨げとなる**(with)；**干渉する**(in)
She always ***interferes with*** him. (彼女はいつも彼の邪魔をする。)
○ interférence 名干渉；妨害

914 ≒ interrupt [ɪntərʌ́pt] 自他 (話など)を**さえぎる；中断する**
May I ***interrupt*** you for a moment? (お話し中失礼ですが，ちょっとよろしいですか。)
○ interrúption 名邪魔；中断

915 topic [tɑ́:pɪk]
名**話題；論題**

| ❶ 月 日 見出し語のみ ☑☑ | ❷ 月 日 見出し語+派生語 ☑☑ | ❸ 月 日 見出し語+その他の語 ☑☑ |

916 period
[píəriəd]

名 期間；時期；時代；(授業の) 時間；周期
the colonial **period**（植民地時代）

○ periódical 　名 定期刊行物　形 定期的な

917 afterwards
[ǽftərwərdz]

副 後で；後に（= afterward）

918 reveal
[rɪvíːl]

他 を明らかにする；を示す
These letters **reveal** her to be an honest lady.（これらの手紙を見れば，彼女が誠実な女性だとわかる。）

○ revelátion 　名 意外な新事実；暴露；啓示

919 ⇔ **conceal** [kənsíːl] 他 を隠す；を秘密にする
She **concealed** the information from me.（彼女はその情報を私に隠した。）

920 inner
[ínər]

形 内部の；内面の

921 ⇔ **outer** [áutər] 形 外側の；中心から離れている

922 center
[séntər]

名 中心；中央；(施設としての) センター

○ céntral 　形 中央の；中心的な

923 ≒ **core** [kɔːr] 名 (the) 中心；核心；(果物の) 芯

924 illness
[ílnəs]

名 病気

○ íll 　形 病気で；悪い

925 関 **symptom** [símptəm] 多 名 徴候；症状
The inability to sleep is sometimes a **symptom** of some other illness.（不眠は他の病気の徴候である場合がある。）

926 everyday
[évridèi]

形 毎日の；日常の
❶ 副 として「毎日（…する）」の意では，2語で every day。

36 つらい経験について書くことの効用 (2) [人間]

927 exercise 多
[éksərsàɪz]

名 運動；練習；課題；行使　他 (権力)を行使する；を運動させる　自 運動する
get exercise (運動する)

928 highly
[háɪli]

副 非常に；(評価などが) 高く
speak highly of ~ (~を大いに褒める)
think highly of ~ (~を大いに尊敬する)

929 including
[ɪnklúːdɪŋ]

前 を含めて

○ inclúde　　他 を含む (≒ contain)

930 ≒ embrace [ɪmbréɪs] 他 (人)を抱きしめる；(考えなど)を受け入れる；を含む

931 lonely
[lóʊnli]

形 寂しい；孤独の
The young girl felt very **lonely** in the new school. (その女の子は新しい学校でとても寂しかった。)

○ lóneliness　　名 寂しさ；孤独

≒ solitary [sɑ́ːlətèri] 形 1人 〔1つ〕だけの；孤独な

932 immediately
[ɪmíːdiətli]

副 即座に

○ immédiate 多 ② 　形 即座の；目下の；直接の〔に接している〕(≒ direct)

933 sample
[sǽmpl]

名 見本；サンプル

934 evidence
[évədəns] ②

名 証拠 (≒ proof)；形跡
❗ 不可算名詞。
Do you have any **evidence** to prove him guilty? (彼の有罪を証明する証拠が何かあるのか。)

○ évident ②　　形 明白な (≒ clear) (⇔ doubtful)

935 関 witness [wítnəs] 名 目撃者；証人　他 を目撃する
I was the only **witness** to the accident. (私はその事故の唯一の目撃者だった。)

936 improve [ɪmprúːv]

他を改良する〔させる〕 自よくなる

You can **improve** your English if you try.（やる気があれば英語を上達させることができます。）

○ **improvement** 名改良

937
⇔ **progress** 名[prɑ́ːgres] 動[prəgrés] 🔽名前進；進歩 自前進する；進歩する

❶不可算名詞。

in progress（進行中で）

They *made* much *progress* in learning English.（彼らは英語学習において，ずいぶん進歩した。）

○ **progressive** 形進歩的な；漸進的な

938
⇔ **reform** [rɪfɔ́ːrm] 名（制度・政治などの）改革（運動） 他を改善〔改革〕する

❶「（家）をリフォームする」は remodel。

The Japanese government implemented economic **reforms**.（日本政府は経済改革を実施した。）

939 resistance [rɪzístəns]

名抵抗（力）

○ **resist** 自他抵抗する；（通例否定文で）我慢する

❶他の場合，目的語に動名詞もとる。

cannot resist …ing（…せずにはいられない）

940 fight [fáɪt]

自他戦う　*fight off ~*（~を撃退する）
名けんか；戦い

941
⇔ **battle** [bǽtl] 名戦闘；闘争 自他戦う

942
⇔ **conflict** 動[kənflíkt] 名[kɑ́ːnflɪkt] 🔽自対立する；矛盾する（with） 名衝突；矛盾

solve **conflicts** among nations（国家間の紛争を解決する）

Your behavior is in **conflict** with your principles.（君の行動は君の信条と矛盾している。）

⇔ **quarrel** [kwɔ́ːrəl] 名口論 自口論する（with, over）

❶ quarrel は「口論」である点と他でない点に注意。

Quarreling spoiled our unity.（いさかいで私たちの調和が壊れた。）

36 つらい経験について書くことの効用 (2) [人間]

943 sensitivity
[sènsətívəti]

名 感じやすさ

- sénsitive 🅐 　形 敏感な；神経質な (to)
  ❗ sense から派生した形の意味の区別に注意。
- sénsible 　形 分別のある；賢明である
- sensátion 　名 感覚；感じ；大騒ぎ
- sénsory 　形 感覚の
- sensátional 　形 衝撃的な

944 invade
[ɪnvéɪd]

他 (国など) に侵入する；を侵害する

- invásion 　名 侵入；侵略；侵害
  an **invasion** of privacy (プライバシーの侵害)
- inváder 　名 侵入〔侵略〕者

945 individual
[ìndəvídʒuəl] 🅐

名 個人　形 個々の；個人の

The old doctor gave **individual** attention to each patient. (その老医師は各患者に個別の注意を払った。)

- individuálity 　名 個性；人格；個人

946 propose
[prəpóuz]

他 (計画など) を提案する；をもくろむ　自 結婚を申し込む

- propósal 　名 提案；結婚の申し込み
- proposítion 🅐 　名 主張；提案；命題

947
⇆ **project** 名 [prɑ́ːdʒekt] 動 [prədʒékt] 🅐 🅐 名 (事業) 計画　他 を見積もる；を投影する；を計画する

948 failure
[féɪljər]

名 失敗 (⇔ **success**)；怠慢

- fáil 🅐 　自 失敗する；怠る (to *do*)　他 (試験など) に落ちる；の役に立たない (⇔ **succeed**)
  without fail (必ず)
  He ***never fails to*** write to his mother every week. (彼は毎週欠かさず母親に便りを送る。)

949 silence
[sáɪləns]

名 沈黙；静けさ

- sílent 　形 沈黙した；静かな (≒ **quiet**)

① 月 日 見出し語のみ ② 月 日 見出し語+派生語 ③ 月 日 見出し語+その他の語

📄 まとめてチェック

⑫ 接頭辞・接尾辞（2） 　　　　　　　　　　939 resistance

◆ re-「再び」,「反対」,「後ろ」

950 **revise** [rɪváɪz]	他 を変更する；を改訂する；を復習する
○ revísion	名 改正；復習
■ resume [rɪz(j)úːm]	他 を再開する；を回復する 自 再開する

◆ ex-, e-「外へ」, in-「中へ」

951 **exotic** [ɪɡzɑ́tɪk]	形 異国風の；(動植物などが)外来の
952 **external** [ɪkstə́ːrnl]	形 外(側)の；うわべの 名 外部
953 **interior** [ɪntíəriər]	名 内部(⇔ exterior) 形 内部の；室内の
954 **internal** [ɪntə́ːrnl]	形 内部の；体内の；(心の)内面の

⑬ 人の性格・性質を表す語 　　　　　　　　　　943 sensitivity

955 **absurd** [əbsə́ːrd]	形 不合理な；ばかげた
	She puts on absurd airs.（彼女はおかしなほど気取っている。）
956 **fool** [fúːl]	名 愚か者
○ fóolish	形 愚かな
957 **silly** [síli]	形 愚かな
958 **stupid** [st(j)úːpəd]	形 ばかな
○ stupídity	名 ばかな言葉〔行為〕
959 **ridiculous** [rɪdíkjələs]	形 ばかげた
○ rídicule	名 嘲笑 他 を嘲笑する
960 **lovely** [lʌ́vli]	形 美しい；すてきな
961 **dull** [dʌ́l]	形 退屈な；(色などが)くすんだ；曇った
	The play we saw last night was very dull.（昨夜見た劇はとてもつまらなかった。）
962 **ugly** [ʌ́ɡli]	形 醜い；不快な
963 **selfish** [sélfɪʃ]	形 利己的な

Z 英文 36 で Check!

37 真実を使ったうそ (1) [人間]

964 deliberately [dɪlíbərətli]
副 故意に

○ delíberate — 形 故意の；慎重な

965 aspect [ǽspekt] 発
名 側面；局面；観点；外観
The situation has taken on a new **aspect**. (情勢は新しい局面を呈した。)

966 ≒ **phase** [féɪz] 名 (変化・発達の) 段階；(問題の) 側面；(月の) 相
The economy of our country has entered a new **phase**. (我が国の経済は新しい局面に入った。)

967 ≒ **phenomenon** [fɪná:mənà:n] 名 現象 (複 phenomena)

968 truth [trú:θ]
名 真実；事実

○ trúe — 形 本当の；あてはまる (of)
○ trúly — 副 本当に

969 ≒ **genuine** [dʒénjuɪn] 発 形 本物の；心からの
970 ⇔ **fiction** [fíkʃən] 名 小説；作り話 (≒ novel)
○ fíctional — 形 架空の

971 ⇔ **myth** [mɪ́θ] 多 名 神話；作り話；誤った考え
His story is a pure **myth**. (彼が言っていることは純然たる作り話だ。)

972 deceive [dɪsí:v]
他 をだます (≒ cheat, *take in*)

973 関 **pretend** [prɪténd] 自他 ふりをする；装う
pretend that [*to do*] ... (…の〔する〕ふりをする)
He *pretended* not *to* notice. (彼は気づかないふりをした。)

974 intend [ɪnténd]
他 …するつもりだ (to *do*)
What do you *intend to* do? (何をするつもり？)

○ inténtion — 名 意図
○ intént — 形 熱心な；没頭して 名 意図；目的
○ inténtional — 形 意図的な
○ inténtionally — 副 意図的に

975	**impression** [ɪmpréʃən]	名 印象；感動

*What was your first **impression** of the US?* (アメリカの第1印象はどうでしたか。)

- ○ **impréssive** 形 印象的な
- ○ **impréss** 他 を感動させる；を印象づける

976 ≒ **grand** [grǽnd] 形 壮大な；威厳のある；偉大な

977	**acquaintance** [əkwéɪntəns]	名 知人；知識

978	**dollar** [dάːlər]	名 ドル；1ドル紙幣

10 **dollars** (10ドル)

979	**fantastic** [fæntǽstɪk]	形 すてきな；途方もない；架空の

a **fantastic** story (架空の話)

- ○ **fántasy** 名 空想；幻想

980 ≒ **illusion** [ɪlúːʒən] 名 幻想；錯覚

He has the **illusion** that he is the smartest in his class. (彼はクラスで一番頭がいいと勘違いしている。)

981	**purchase** [pə́ːrtʃəs] 発	他 (大きな物・高額な物)を買う　名 購入(品)

❶日用品には通例 buy。

982	**specific** [spəsífɪk] アク	形 特定の；明確な

特殊な

- ○ **specifically** 副 はっきりと；特に

38 真実を使ったうそ (2) [人間]

983 candidate
[kǽndədèit]
名 候補；志願者

984 political
[pəlítikl]
形 政治(上)の

- pólitics 名 政治(学)
- politícian 名 政治家

985 関 mayor [méiər] 名 (しばしば the M-)市長；(自治体の)長

986 campaign
[kæmpéin]
名 (政治的・社会的)運動

987 strategy
[strǽtədʒi]
名 戦略；方策

988 関 policy [pá:ləsi] 名 政策；信条
I believe in the idea that honesty is the best **policy**. (正直は最善の策という考えは正しいと思う。)

989 trick
[trík]
他 をだます 名 計略；いたずら；秘訣；芸

990 vote
[vóut]
名 自 投票(をする)
vote for 〔**against**〕 **the plan** (その計画に賛成の〔反対の〕投票をする)

- vóter 名 投票者

991 govern
[gʌ́vərn]
他 を統治する；を決定する

- góvernment 名 政府；政治(体制)
- góvernor 名 支配者；《米》州知事

992 administration [ədmìnəstréiʃən] 名 政権；政府当局；任期；行政；管理

- admínister 他 を管理する；(法律など)を施行する
  Our city **administers** this park. (この公園は私たちの市が管理しています。)
- admínistrative 形 管理(上)の；行政(上)の

993 関 minister [mínəstər] 名 大臣；牧師
the Prime **Minister** (総理大臣〔首相〕)
- mínistry 名 (日本の内閣の)省

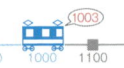

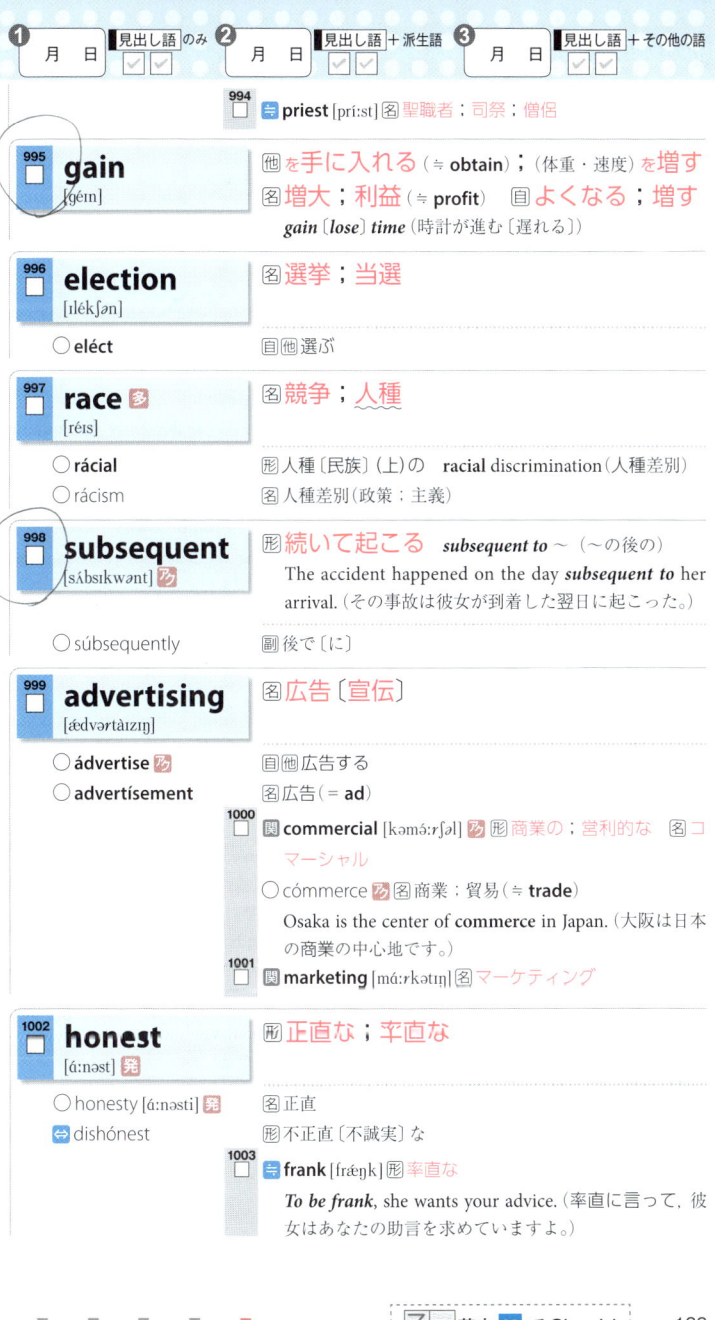

| ① 月 日 見出し語のみ | ② 月 日 見出し語+派生語 | ③ 月 日 見出し語+その他の語 |

994 ≒ **priest** [príːst] 名 聖職者；司祭；僧侶

995 gain [géɪn]
他 を手に入れる（≒ obtain）；（体重・速度）を増す
名 増大；利益（≒ profit） 自 よくなる；増す
gain [lose] *time*（時計が進む〔遅れる〕）

996 election [ɪlékʃən]
名 選挙；当選

○ **elect** 自他 選ぶ

997 race 多 [réɪs]
名 競争；人種

○ **racial** 形 人種〔民族〕（上）の racial discrimination（人種差別）
○ **racism** 名 人種差別（政策；主義）

998 subsequent [sʌ́bsɪkwənt] ア
形 続いて起こる *subsequent to* ~（~の後の）
The accident happened on the day *subsequent to* her arrival.（その事故は彼女が到着した翌日に起こった。）

○ **subsequently** 副 後で〔に〕

999 advertising [ǽdvərtàɪzɪŋ]
名 広告〔宣伝〕

○ **advertise** 発 自他 広告する
○ **advertisement** 名 広告（= ad）

1000 関 **commercial** [kəmə́ːrʃəl] ア 形 商業の；営利的な 名 コマーシャル
○ **commerce** ア 名 商業；貿易（≒ trade）
Osaka is the center of **commerce** in Japan.（大阪は日本の商業の中心地です。）

1001 関 **marketing** [mɑ́ːrkətɪŋ] 名 マーケティング

1002 honest [ɑ́ːnəst] 発
形 正直な；率直な

○ **honesty** [ɑ́ːnəsti] 発 名 正直
⇔ **dishonest** 形 不正直〔不誠実〕な

1003 ≒ **frank** [frǽŋk] 形 率直な
To be frank, she wants your advice.（率直に言って、彼女はあなたの助言を求めていますよ。）

38 真実を使ったうそ (2) [人間]

1004 illegal [ilí:gl]
形 違法の
⇔ légal 形 法律の；合法的な；法定の

1005 service 多 [sə́:rvəs]
名 公益事業；業務；奉仕；(バスなどの)便；サービス
○ sérve 多 他自 (食事を)出す；役立つ；仕える
≒ utility [ju:tíləti] 名 (通例複) 公益事業(体)；有用

1006 consequently [ká:nsəkwèntli] 乃
副 その結果 (≒ therefore)
She was very worried, and **consequently** she couldn't concentrate. (彼女はとても心配で、それゆえ集中できなかった。)
○ cónsequence 多 乃
名 結果 (≒ result)；重要性 (≒ importance)
Their decision will bring about serious **consequences**. (彼らの決定は重大な結果を招くだろう。)
This matter is *of great consequence*. (この問題は非常に重要である。)
○ cónsequent 乃 形 必然的な

1007 注 sequence [sí:kwəns] 名 連続；順序

1008 recommend [rèkəménd] 乃
他 を勧める；を推薦する
❗「を勧める」の意味では目的語には仮定法現在の節や動名詞もとる。
My teacher **recommended that** I study English hard for my future. (私の先生は私に将来のために英語を一生懸命勉強するように勧めた。)
They **recommended** the bookstore **to** me. (彼らはその本屋を私に推薦してくれた。)
○ recommendátion 名 勧告；推薦(状)

1009 cure [kjúər]
他 を治療する；(悪癖など)を取り除く
名 治療
She tried to **cure** him **of** his heavy drinking. (彼女は彼の深酒をやめさせようとした。)

124

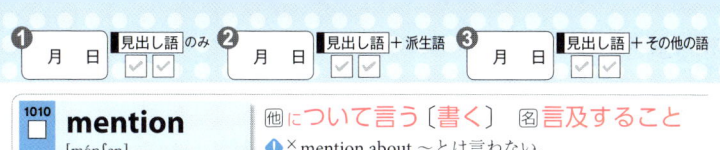

1010 mention [ménʃən]

他 について言う〔書く〕 名 言及すること

❶ ×mention about ～とは言わない。

not to mention ～（～は言うまでもなく）
Did he **mention** the accident?（彼は事故のことを話しましたか。）

1011 ≒ refer [rifə́ːr] 派 自 言及する(to)；参照する(to)；関連がある(to)　referred > referred > referring

refer to A as B（AをBと呼ぶ）
Who are you ***referring to***?（誰のことを言っているのですか。）

○ réference 派 名 言及；参照；照会

1012 ≒ comment [káːment] 派 名 論評　自 論評する(on)

1013 ≒ remark [rimáːrk] 名 (短めの)感想；発言　他 だと述べる (that節)

make a remark about ～（～について所見を述べる）

○ remárkable 形 注目すべき

1014 corporation [kɔ̀ːrpəréiʃən]

名 企業；株式会社；法人

○ córporate　形 法人（組織）の；団体〔共同〕の
corporate strategy（企業戦略）

39 企業のニーズ調査能力 (1) [社会]

1015 prefer [prɪfə́ːr]
他 を好む
prefer A to B (BよりAを好む)
- préference 名 好み
- préferable 形 好ましい

1016 pop [pɑ́ːp]
自 飛び出る 他 をポンと置く〔外す〕
popped > popped > popping
形 ポップ音楽の；ポピュラーな

1017 degree [dɪgríː]
名 程度；(温度などの)度；学位
to a (some) degree (ある程度)
by degrees (次第に)

1018 ≒ **scale** [skéɪl] 名 規模；段階；はかり
on a large scale (大規模に)

1019 ≒ **dimension** [dɪménʃən] 名 (通例複)寸法；(通例複)(問題などの)重要性；次元；局面
the dimensions of the room (部屋の寸法)

1020 chip [tʃíp]
名 (果物・野菜などの)薄切り；(木などの)かけら；(半導体の)チップ

1021 consumer [kənsú(j)úːmər]
名 消費者
- consúme 他 (エネルギー・時間など)を消費する(⇔ produce)
- consúmption 名 消費(量)
Our electricity **consumption** is increasing year by year.
(我が家の電気消費量は年々増えている。)

1022 demand [dɪmǽnd]
名 要求；需要 (⇔ supply) 他 を要求する (≒ require)
❗ ①「彼に〜することを要求する」は demand that he 〜 (×demand him to *do*) ②他の場合、仮定法現在の節を導く。
Her husband **demanded that** she (**should**) tell him the whole truth. (夫は彼女に一切のことを言わせようとした。)
- demánding 形 骨の折れる；厳しい

| ❶ 月 日 見出し語のみ | ❷ 月 日 見出し語+派生語 | ❸ 月 日 見出し語+その他の語 |

1023 sort 多
[sɔ́ːrt]

名 種類；性質　他 を分類する

1024 ≒ **species** [spíːʃiːz] 発 名（共通の特性を持った）種（類）
（複 species）　the human **species**（人類）

1025 detail
[díːteɪl, dɪtéɪl]

名 細部；(複)詳細
in detail（詳細に）

○ détailed　形 詳細な

1026 collect
[kəlékt]

他 を集める　自（人が）集まる

○ colléction　名 収集（したもの）
○ colléctive　形 集団による；全体の
a **collective** decision（総意による決定）

1027 ≒ **gather** [gǽðər] 自他 集まる［める］
1028 ≒ **assemble** [əsémbl] 自 集まる(in)　他 を集める；（家具など）を組み立てる
Assemble in front of the station at 7:30 am.（午前7時半に駅前に集まってください。）

○ assémbly　名 議会；集会；組み立て
an assembly line（流れ作業；組み立てライン）

1029 関 **session** [séʃən] 多 名 集まり；開会；授業（期間）
1030 関 **conference** [kɑ́ːnfərəns] 名（大規模で公式の）会議；（個別の）協議

○ confér　自 相談する　他 を与える
She **conferred** with her lawyer about the affair.（彼女はその問題について弁護士と相談した。）

1031 habit
[hǽbət]

名（個人の無意識的な）習慣；癖
have a [be in the] habit of …ing（…する癖がある）

○ habítual 派　形 常習的な；習慣的な

1032 ≒ **addiction** [ədíkʃən] 名 中毒；熱中(to)
○ addict　名 [ǽdɪkt] 動 [ədíkt] 名 中毒者　他 (be -ed) 中毒で
1033 関 **habitat** [hǽbətæt] 名（動物の）生息地
○ inhábitant　名（通例複）住民
○ inhábit 多　他 に住む
1034 関 **resident** [rézədənt] 名 住民；滞在者

39 企業のニーズ調査能力 (1) [社会]

1035 male [méɪl]
名形 男性(の);雄(の) (⇔ female)

1036 whereas [weəræz]
接 (その)一方で;…だけれども (≒ while)

1037 sacred [séɪkrəd]
形 神聖な;とても重要な

≒ holy [hóʊli] 発 形 神聖な;信心深い

1038 rather [rǽðər]
副 むしろ;かなり;いくぶん
A rather than B〔*rather A than B*〕(BよりもむしろA)
would rather do (*than do*) ((…するより)むしろ…したい)

1039 ideal [aɪdíːəl]
形 理想的な;観念的な 名 理想 (⇔ reality)

1040 関 **romantic** [roʊmǽntɪk] 形 空想的な;恋愛の;ロマン派の

1041 関 **abstract** [ǽbstrækt, -́-] 名[-́-] 動[-́-] 形 抽象的な 名 要約 他 を要約する

She successfully explained the **abstract** subject by citing a lot of concrete examples. (彼女は具体例を多く挙げることで抽象的な主題をうまく説明した。)
Can I have an **abstract** of your article on industrial diseases? (職業病に関するあなたの論文の要約をもらえませんか。)

○ **abstráction** 名 抽象概念;抽象化

1042 fit 多 [fɪt]
自 合う 他 (大きさなどが)に合う;を取りつける 形 適した;体調がよい 名 発作

❗ 通常,服などが人に対して,①「大きさや形が合う」は fit,②「色や柄が似合う」は suit。なお,③「異なるもの同士が合う」は match。
He **fitted** his schedule to mine. (彼は自分の予定を私の予定に合わせてくれた。)
keep fit (健康を維持する)

○ **fítness** 名 健康(なこと);適(合)性

📋 まとめてチェック

⑭ 前置詞・副詞

C **1038** rather

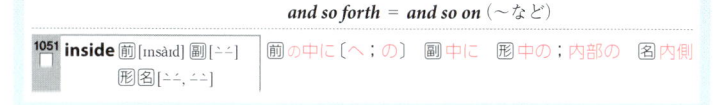

1043 alongside [əlɔ́:ŋsàɪd] 前 のそば〔横〕に(沿って);と一緒に 副 そばに

1044 beside [bɪsáɪd] 前 のそばに

beside oneself (*with* ~) ((~で)我を忘れて)
beside the point (的を外れて)

1045 注 **besides** 前 [bɪsáɪdz] 副 [-́-] 前 に加え;(否定文・疑問文で)以外に 副 さらに
Can you speak any foreign languages besides English? (君は英語以外の外国語も話せますか。)

1046 except [ɪksépt] 前 を除いて(は)

❶ 後ろに that 節や不定詞などもとる。
except for ~ (~(名詞句)を除いては)

○ excéption 名 例外
○ excéptional 形 卓越した;例外的な

1047 above 前 [əbʌ́v] 副形 [-́-] 前副 上(方)に 副形 前述の

above all (とりわけ)

1048 onto [á:ntə, -tu] 前 の上へ

1049 beyond [biɑ́:nd] 前 を越えて;の及ばない

beyond description (言葉では言い表せない(ほど))

1050 forth [fɔ́:rθ] 副 前へ;外へ

❶ 英文中では以下の形で使われることが多い。
back and forth (行ったり来たり;前後に;左右に)
and so forth = *and so on* (~など)

1051 inside 前 [ɪnsáɪd] 副 [-́-] 形名 [-́-, -́-] 前 の中に〔へ;の〕 副 中に 形 中の;内部の 名 内側

40 企業のニーズ調査能力 (2) [社会]

1052 swallow 多 [swá:lou] 発
他自 飲み込む 名 ツバメ；飲み込むこと
The swallow is the messenger of summer. (ツバメは夏の使者だ。)

1053 pound [páund]
名 ポンド（重量の単位；イギリスの通貨単位）
注 pond [pá:nd] 名 池

1054 business [bíznəs]
名 商売；仕事；関係のあること
None of your business. ≒ *Mind your own business.* (大きなお世話だ。)

○ búsinessman 多
名 実業家；実務家

1055 prize [práiz]
名 賞（品）；貴重なもの

1056 favorite [féivərət]
形名 お気に入りの（もの）

○ fávor
他 を支持する 名 親切な行為；支持
Will you do me a favor? (お願いがあるのですが。)
I'm in favor of your proposal. (君の提案に賛成です。)
May I beg a favor of you? (お願いがあります。)

○ fávorable
形 好意的な；都合のよい

1057 関 beg [bég] 自他 懇願する

1058 brush 多 [bráʃ]
名 ブラシ 自他 ブラシをかける
brush up 〜 （〜(知識など)を高める〔磨く〕）

1059 ≒ shine [ʃáin] 自 輝く；秀でる 他 を照らす；を磨く 名 光(沢)

1060 ≒ glow [glóu] 自 光る；赤く燃える 名 白熱
≒ sweep [swí:p] 名他 掃除(をする) 自 殺到する
swept > swept
注 weep [wí:p] 自 (しくしく)泣く wept > wept

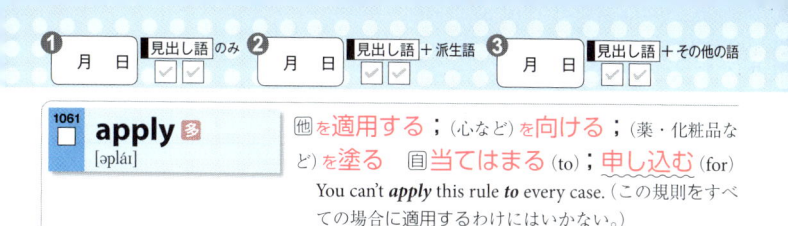

| ❶ 月 日 見出し語のみ | ❷ 月 日 見出し語+派生語 | ❸ 月 日 見出し語+その他の語 |

1061 apply [əpláɪ]

他 を適用する；(心など)を向ける；(薬・化粧品など)を塗る　自 当てはまる (to)；申し込む (for)

You can't *apply* this rule *to* every case.（この規則をすべての場合に適用するわけにはいかない。）

apply for a ticket（切符を申し込む）

- application　名 適用；申し込み
- appliance　名 (家庭用の)器具
- ápplicant　名 志願者

1062 affect [əfékt]

他 に影響する；を感動させる

- afféction　名 愛情；愛着

📄 まとめてチェック

⑮ 単位・図形　　　↻ 1053 pound

1063	acre [éɪkər]	名 エーカー（約 4047m²）
1064	yard [jáːrd]	名 ヤード（約 0.914m）；(中)庭
1065	height [háɪt]	名 高さ
1066	inch [íntʃ]	名 インチ（2.54cm, 1/12 フィート）
1067	quarter [kwɔ́ːrtər]	名 4分の1；地域
1068	millennium [mɪléniəm]	名 千年(祭)（複 millennia）
1069	dot [dáːt]	名 点；しみ
1070	angle [ǽŋgl]	名 角(度)；観点
1071	square [skwéər]	名 正方形；四角(い広場)　形 正方形[四角]の；直角の；平方の

まとめてチェック

⑯ 地域・自然　　　　　　　　　　　　　　　850 rural

1072	**continent** [ká:ntənənt]	名 大陸
	○ continéntal	形 大陸(性)の
	■ Antarctic [æntá:rktɪk]	形 南極(地方)の　名 (the) 南極地方
	■ Arctic [á:rktɪk]	形 北極(地方)の　名 (the) 北極地方

1073	**Atlantic** [ətlǽntɪk]	形 大西洋の

1074	**Pacific** [pəsífɪk]	形 太平洋の

1075	**ocean** [óʊʃən]	名 (通例the)大洋 *the Pacific [Atlantic] Ocean* (太平[大西]洋)

1076	**marine** [mərí:n] 発	形 海の

1077	**bay** [béɪ]	名 入江；湾

1078	**canal** [kənǽl] 発	名 運河

1079	**reef** [rí:f]	名 岩礁　*coral reef* (サンゴ礁)

1080	**tide** [táɪd]	名 潮(の干満)；潮流；(意見などの)形勢

1081	**flood** [flʌ́d] 発	名 洪水　他 を水浸しにする
	1082 関 **pour** [pɔ́:r] 発 他 を注ぐ　自 (雨が)どしゃ降りに降る；流れ出る He poured me a cup of tea. (彼は私にお茶を入れた。)	

1083	**island** [áɪlənd] 発	名 島

1084	**peak** [pí:k]	名 最高潮；頂上

1085	**slope** [slóʊp]	名 坂；勾配

1086	**valley** [vǽli]	名 谷(間)；(the)…流域　the Nile Valley (ナイル川流域)

1087	**glacier** [gléɪʃər]	名 氷河

1088	**fountain** [fáʊntn]	名 噴水；泉

1089	**cave** [kéɪv]	名 洞くつ

1090	**horizon** [həráɪzn] 発	名 (通例the)地[水]平線；範囲
	○ horizóntal	形 地[水]平線上の；水平の；横の
	⇔ vertical [vá:rtɪkl] 形 垂直の	

1091	**volcano** [vɑ:lkéɪnoʊ]	名 火山

STAGE 5

Vocabulary 41 〜 50

単語学習も折り返し地点。各ページの例文なども，丸暗記するつもりで確認しよう。

Schedule

目　標：＿＿＿＿月＿＿＿＿日まで

終了日：＿＿＿＿月＿＿＿＿日

意味わかる？　**conclude** → p.149 で Check!

発音できる？　**career** → p.134 で Check!

41 言葉と身体言語の違い (1) [言語]

1092 appropriate [əpróupriət] 多
形 適切な
Your speech was *appropriate* to the occasion.（あなたのスピーチはあの場にふさわしいものだった。）
○ apprópriately 副 適切に
⇔ inapprópriate 形 不適当な

1093 sale [séɪl]
名 販売；㊗売上高；特売
for sale（売り物の）　*on sale*（販売されて）

1094 関 **retail** [riːtèɪl] 名 小売り　他 を小売りする
The **retail** price of the product is $15.（その製品の小売価格は15ドルです。）

1095 注 **sail** [séɪl] 自 航行する　名 帆；航海
The ship **sails** for the United States.（船は合衆国に向けて出航します。）
○ sáilor 名 船員

1096 career [kəríər] 多
名 職業（≒ occupation）；経歴

1097 rubber [rʌ́bər]
名 (天然・合成の)ゴム

1098 likely [láɪkli]
形 ありそうな（⇔ unlikely）　副 たぶん
❗ 可能性は次のように左から右へと弱くなる。
certain, probable, likely, possible
She *is likely to* live to (be) one hundred.
（彼女は100歳まで生きられそうだ。）
It's likely that she'll say no.（彼女はいやだと言いそうだね。）

1099 knock [náːk]
自他 打つ；(戸を)たたく　名 打つこと；ノック(の音)
knock out ~（～を破壊する；～をノックアウトする） おいだされる

1100 palm [páːlm, páːm] 多 発
名 手のひら；ヤシ

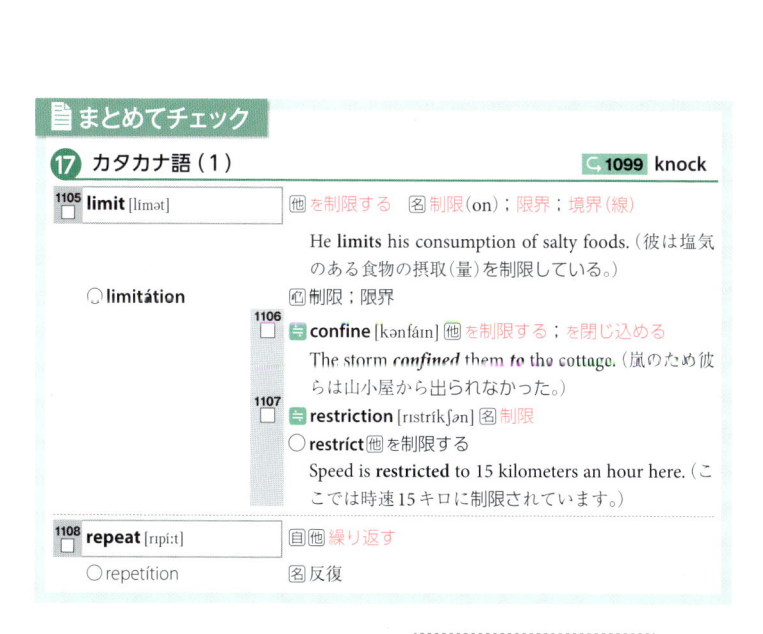

1101 **aggressive** [əgrésɪv]
形 攻撃的な；積極的な

○ aggréssion
名 攻撃(性)；攻撃的な行為

1102 ≒ attack [ətæk]
名 攻撃；非難；(病気などの)発作　他 を攻撃する；を非難する

The disease **attacked** him suddenly.（彼は突然病気になった。）

His heart **attack** made him a believer in daily exercise.（心臓発作を起こしてから，彼は毎日の運動の必要性を信じるようになった。）

1103 関 hostile [hάːstl]
形 敵意〔反感〕を持った；相反する

1104 ⇔ friendship [fréndʃɪp]
名 友人関係；友情

まとめてチェック

⑰ カタカナ語（1）　　1099 knock

1105 **limit** [límət]
他 を制限する　名 制限(on)；限界；境界(線)

He **limits** his consumption of salty foods.（彼は塩気のある食物の摂取(量)を制限している。）

○ limitátion
名 制限；限界

1106 ≒ confine [kənfáɪn]
他 を制限する；を閉じ込める

The storm *confined* them to the cottage.（嵐のため彼らは山小屋から出られなかった。）

1107 ≒ restriction [rɪstríkʃən]
名 制限

○ restríct 他 を制限する

Speed is **restricted** to 15 kilometers an hour here.（ここでは時速15キロに制限されています。）

1108 **repeat** [rɪpíːt]
自他 繰り返す

○ repetítion
名 反復

42 言葉と身体言語の違い (2) [言語]

1109 ability [əbíləti]
图 能力 (to do)；才能
You have an unusual **ability** for playing the horn. (君はホルンを吹く非凡な才能を持っている。)

○ áble 形 (be able to do) …することができる；有能な
⇔ inabílity 图 無能
⇔ unáble 形 (be unable to do) …できない

1110 関 **capable** [kéɪpəbl] 発 形 …できる；有能な
be capable of …ing (…する能力がある)
○ capácity 発 图 容量；能力
○ capabílity 图 能力；将来性
⇔ incápable 形 能力がない (of)

1111 関 **disabled** [dɪséɪbld] 形 (身体・精神) 障がいのある
○ disability 图 障がい

1112 関 **enable** [ɪnéɪbl] 他 …できるようにする
enable A to do (Aが…できるようにする)
Flying *enables* us *to* go to London in a day. (飛行機なら1日でロンドンへ行ける。)

1113 earn [ə́ːrn]
他 (金・名声など) を得る；をもたらす
earn one's living (生計を立てる)
earn A B (AにBをもたらす)
That achievement **earned** him a Nobel Prize. (その業績は彼にノーベル賞をもたらした。)

1114 insurance [ɪnʃúərəns]
图 保険

1115 several [sévrəl]
形 いくつかの；それぞれの；いろいろな
Several men, **several** minds. (十人十色。)

1116 ⇔ **multiple** [mʌ́ltəpl] 形 多様な；倍数の 图 倍数
○ multiply [mʌ́ltəplàɪ] 発 他 (数) を掛ける；を増やす
自 増殖する
Without spiders, harmful insects would **multiply**. (もしもクモがいなければ、害虫が増殖するだろう。)

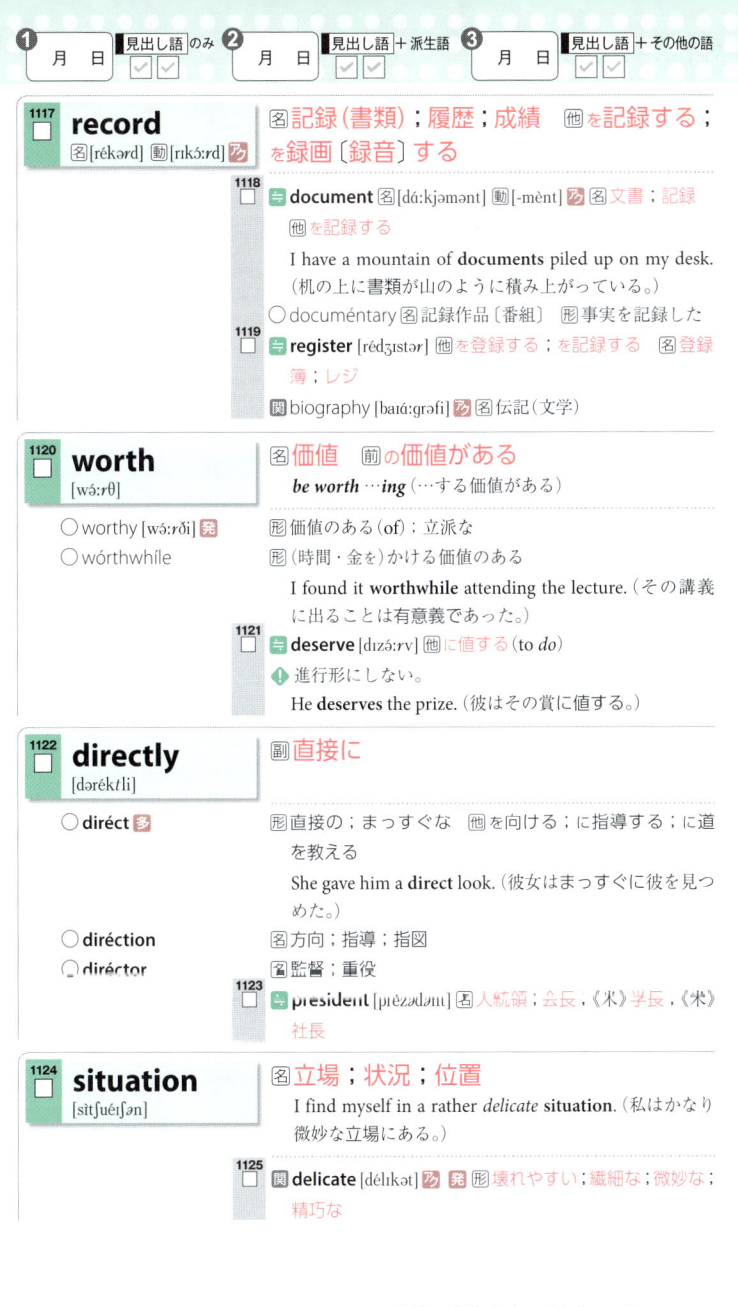

1117 record
[rékərd] [rikɔ́:rd]
名 記録(書類); 履歴; 成績　他 を記録する; を録画〔録音〕する

1118 document [dá:kjəmənt] [-mènt]　名 文書; 記録　他 を記録する
I have a mountain of **documents** piled up on my desk.（机の上に書類が山のように積み上がっている。）
○ documéntary 名 記録作品〔番組〕　形 事実を記録した

1119 register [rédʒɪstər] を登録する; を記録する　名 登録簿; レジ
関 biography [baɪá:grəfi] 名 伝記(文学)

1120 worth
[wə́:rθ]
名 価値　前 の価値がある
be worth …ing（…する価値がある）

○ worthy [wə́:rði]　形 価値のある(of); 立派な
○ wórthwhile　形 (時間・金を)かける価値のある
I found it **worthwhile** attending the lecture.（その講義に出ることは有意義であった。）

1121 deserve [dɪzə́:rv] 他 に値する (to *do*)
⚠ 進行形にしない。
He **deserves** the prize.（彼はその賞に値する。）

1122 directly
[dəréktli]
副 直接に

○ diréct　形 直接の; まっすぐな　他 を向ける; に指導する; に道を教える
She gave him a **direct** look.（彼女はまっすぐに彼を見つめた。）
○ diréction　名 方向; 指導; 指図
○ diréctor　名 監督; 重役

1123 president [prézədənt] 名 大統領; 会長,《米》学長,《米》社長

1124 situation
[sìtʃuéɪʃən]
名 立場; 状況; 位置
I find myself in a rather *delicate* **situation**.（私はかなり微妙な立場にある。）

1125 関 delicate [délɪkət]　形 壊れやすい; 繊細な; 微妙な; 精巧な

42 言葉と身体言語の違い (2) [言語]

1126 case 多
[kéis]

图 場合；実例；事件；主張；論拠；(the) 事実；症例；箱

as is often the case (*with* ~)((~には)よくあることだが)
in any case (いずれにせよ)
in case S V ... (もし…の場合には (≒ if)；…するといけないから)
in case of ~ (~の場合は)
a **case** of murder (殺人事件)
That is not **the case**. (それは事実と異なる。)

1127 substitute
[sʌ́bstət(j)ùːt] 了

图 代用品；代理人　他 を代わりに使う

He **substitutes** honey *for* sugar. (彼は砂糖の代わりに蜂蜜を使う。)

○ substitútion　　图 代用〔代理〕

1128 movement
[múːvmənt]

图 動き；運動(団体)；移動 (≒ motion)

○ motive [móutɪv] 発　图 動機
○ mótivate　　他 (人)に動機を与える (to do)

What **motivated** her *to* study abroad? (彼女の留学の動機は何ですか。)

○ motivátion　　图 動機づけ

The company has hired her mainly because her **motivation** is very high. (その会社は彼女を採用した。主な理由は彼女のやる気がとても強いことだ。)

○ mótion　　图 運動；動作；動議

1129 mobile [móubl] 形 動きやすい；移動式の；流動的な
a mobile phone (携帯電話)

1130 incentive [ɪnséntɪv] 图 刺激；誘因；報奨金
You have a huge **incentive** to study hard. (君には一生懸命勉強する大きな動機があるよね。)

1131 occur
[əkə́:r]

自 起こる；(考えなどが突然) 浮かぶ (to)

occurred > occurred > occurring

It occurred to me that he might be lying.（ひょっとして彼はうそを言っているのではないかという思いがふと浮かんだ。）

○ occúrrence 名 出来事

1132 strike
[stráɪk] 他 (物が) にぶつかる；(考えなどが)(人)の心に浮かぶ　struck > struck　名 打撃；ストライキ

strike A as B（A（人）にBであると思わせる）

A good idea suddenly **struck** me.（突然ある良い考えが浮かんだ。）

○ stríking 形 顕著な；魅力的な

1133 pattern
[pǽtərn]

名 様式；模様；手本

1134
関 model [mɑ́:dl] 名 模型；モデル；手本

まとめてチェック

⑱ 接頭辞・接尾辞（3）　1100 unable

◆ un- 「反対・否定」

1135 unknown [ʌnnóʊn]
形 未知の

◆ contra- 「反対・否定」

1136 contrary [kɑ́:ntrèri]
形 反対の　名 (the) 逆

on the contrary（それどころか）
to the contrary（それと反対の〔に〕）
The result *was contrary to* his expectation.（その結果は彼の期待に反した。）

43 「触れること」の作用 (1) [人間]

1137 intimate
[íntəmət]
形 親しい；詳しい

○ íntimacy
名 親密さ；親交

1138 channel
[tʃǽnl] 発
名 経路；チャンネル；海峡

1139 trap
[trǽp]
他 を閉じこめる；をわなでとらえる
名 わな

1140 beneath
[biníːθ]
前 の下に

1141 construction
[kənstrʌ́kʃən]
名 建設 (⇔ destruction)；建築物；構造

○ constrúct
他 を建設する；を組み立てる
○ constrúctive
形 建設的な (⇔ destructive)
a constructive suggestion (建設的な提案)

1142 manufacture
[mæ̀njəfǽktʃər] アク 他 を製造する 名 製造；(複)製品
○ manufácturer 名 製造業者〔メーカー〕

1143 architecture
[áːrkətèktʃər] アク 名 建築(学)；建築様式；建築技術
○ árchitect アク 名 建築家
○ architéctural 形 建築上の；建築学の

1144 throughout
[θruːáut] アク
前 副 通して；至るところに

1145 rescue
[réskjuː]
名 救助；救済
他 (危険・束縛などから)を救う

1146 ton
[tʌ́n] 発
名 (重量単位)トン；大量
tons [*a ton*] *of* ~ (たくさんの~)

1147 twist
[twíst]
他 をより合わせる；を曲げる 名 ねじれ

1148 steel
[stíːl]
名 鋼鉄 (注 steal と同音)

| ❶ 月 日 見出し語のみ | ❷ 月 日 見出し語+派生語 | ❸ 月 日 見出し語+その他の語 |

1149 crush
[kráʃ]

他 を押しつぶす　自 つぶれる　名 混雑

1150 ≒ **defeat** [dɪfíːt] 他名 敗北(させる); 失敗(させる)
1151 ≒ **overcome** [òʊvərkʌ́m] 他 を克服する; に勝つ
1152 ≒ **conquer** [kɑ́ŋkər] 他 を征服する; を克服する
　Conquer yourself before you conquer others. (人に勝つより自分に勝て。)
　○ cónquest 名 征服；(困難などの)克服
1153 関 **yield** [jíːld] 他 (作物・利益など)を産出する　自 屈する (to)
　These trees yield fruit every summer. (これらの木は毎夏果実をつける。)
1154 関 **surrender** [səréndər] 自 降伏する　他 を譲り渡す
1155 関 **overwhelm** [òʊvərwélm] 他 を圧倒する
　I was so overwhelmed that I could hardly speak. (私は胸がいっぱいになって, ほとんど何も言えなかった。)
1156 注 **crash** [krǽʃ] 自他 衝突〔墜落〕する〔させる〕　名 衝突; 墜落; 故障; 失敗
　関 **bump** [bʌ́mp] 自 ぶつかる; ガタガタと揺れる　他 をぶつける　名 でこぼこ
　bump into ~ (~に偶然出会う)

1157 stranger
[stréɪndʒər]

名 知らない人; 未経験者; 不慣れな人

○ **stránge** 形 奇妙な; 見〔聞き〕慣れない; 不慣れな

1158 sex
[séks]

名 性(別)

○ **séxual** 形 性の; 男女間の
1159 ≒ **gender** [dʒéndər] 名 (社会的・文化的)性(差)

1160 differently
[dífərntli]

副 異なって

○ **díffer** 自 違う (in = ~の点で, from = ~とは)
1161 関 **otherwise** [ʌ́ðərwàɪz] 副 別なふうに; そうでなければ; 他の点では
　Go at once, otherwise you will be late. (すぐ行きなさい。そうでないと遅れるよ。)

43 「触れること」の作用 (1) [人間]

1162 shortly [ʃɔ́ːrtli]
副 間もなく；手短に；少し(前；後)
❶ shortly after eight (8時を少し過ぎて)のように, after, beforeと一緒に使うことも多い。

○ shórt
形 短い；不足の
be short of ～ (～が不足している)
in short (手短に言うと)

○ shórtage
名 不足
The housing **shortage** is very acute. (住宅不足は非常に深刻だ。)

○ shórten
他 を短くする；を縮める

1163 関 **shrink** [ʃríŋk] 自 縮む；しりごみする；減る 他 を縮める
He never **shrinks** from danger. (彼は危険をものともしない。)

1164 関 **famine** [fǽmɪn] 名 飢饉；(物資の)不足

1165 undergo [ʌ̀ndərgóu]
他 (検査など)を受ける；(試練など)を経験する (≒ experience)
underwent > undergone
He has **undergone** many hardships since then. (彼はそれ以来、多くの困難を体験してきた。)

1166 surgery [sə́ːrdʒəri]
名 外科；手術

○ súrgeon
名 外科医

1167 lower [lóuər]
他 を下げる
(lowの比較級) 形 下部の；下級の

1168 対 **upper** [ʌ́pər] 形 上の；上位の

| ❶ 月 日 見出し語のみ | ❷ 月 日 見出し語＋派生語 | ❸ 月 日 見出し語＋その他の語 |

1169 pressure
[préʃər]

名 圧力；重圧；切迫

○ préss 多
○ préssing

他自 押す；強要する　名 報道機関；新聞；印刷
形 緊急の（≒ **urgent**）
We have some **pressing** problems to solve.（解決しなければならない緊急の問題がいくつかある。）

1170 関 **depress** [dɪprés] 他 を落胆させる
It **depresses** me to hear of her loneliness.（彼女が孤独だと聞くと私の気持ちは重くなる。）
○ **depréssion** 名 不景気；憂うつ；うつ病

1171 関 **recession** [rɪséʃən] 名 （一時的な）不況
be in (a) recession（不景気で）

1172 関 **suppress** [səprés] 他 を鎮圧する；（感情など）を抑える

1173 anxiety
[æŋzáɪəti] 発

名 心配（の種）；切望

○ ánxious 多 発

形 心配して（about）；切望して（for）
I'*m anxious to* see you.（君にぜひ会いたい。）

1174 hide
[háɪd]

他 を隠す　自 隠れる
hid > hidden

1175 関 **bury** [béri] 発 他 （死者や物）を埋める
関 **tomb** [túːm] 発 名 墓（石）

1176 ignore
[ɪɡnɔ́ːr]

他 （意図的に）を無視する
I spoke to him but he **ignored** me.（彼に話しかけたが彼は私を無視した。）

○ ígnorant 多
○ ígnorance 多

形 無知の；知らない（of）
名 無知，知らないこと

1177 remind
[rɪmáɪnd]

他 （人）に思い出させる
remind A of B（AにBを思い出させる）
remind A that [*to do*]（Aに…〔…すること〕を気づかせる）
That **reminded** me *of* the happy days that I had spent there.（そのことで私は以前そこで過ごした幸福な日々を思い出した。）
Remind me *to* phone her tomorrow.（明日彼女に電話をするのを忘れないように言ってね。）

44 「触れること」の作用 (2) [人間]

1178 request [rɪkwést]
名 依頼　他 を要請する

1179 appeal [əpíːl]
自 懇願する；求める；興味を引く　名 懇願；魅力
appeal to people *to* vote（人々に投票を訴える）
appeal to passersby *for* blood donations（通行人に献血をお願いする）

1180 crowd [kráud] 発
名 群衆；(the) 大衆　自 群がる　他 に群がる
❶ 名 を修飾する「多い・小さい」は large, small。

○ **crówded**
形 込み合った
The train *was crowded with* football fans on their way to the match.（その電車は、試合に行く途中のフットボールファンで混雑していた。）

1181 tense [téns]
形 緊張した；硬直した
a face *tense* with pain（苦痛で引きつった顔）

○ **ténsion**
名 緊張

1182 elevator [éləvèɪtər] ア
名 エレベーター
take the *elevator* to the fifth floor（5階までエレベーターに乗る）

1183 shoulder [ʃóuldər] 発
名 肩

1184 complaint [kəmpléɪnt]
名 不平

○ **compláin**
自 不平を言う（about, of）　他 と不平を言う（that）
She *complained to* me *that* nobody listened to her.（彼女は誰も話を聞いてくれないと私に不平を言った。）

1185 nowhere [nóuwèər]
副 どこにも…ない　名 実在しない場所
there is nowhere to do（…するところはない）

1186 somewhere [sʌ́mwèər] 副 どこかで〔へ〕；およそ
1187 elsewhere [élswèər, -hwèər] 副 どこか他のところに

1188 jam 多 [dʒæm]
他 を詰め込む；を動かなくする　自 群がる
名 込み合い；ジャム　a traffic *jam*（交通渋滞）
He *jammed* the books into a small box.（彼は小さな箱に本を詰め込んだ。）

| ❶ 月 日 見出し語のみ | ❷ 月 日 見出し語+派生語 | ❸ 月 日 見出し語+その他の語 |

1189 ⇄ **cram** [krǽm] 他 をぎっしり詰める(into) 名 詰め込み勉強 *a cram school*((日本の)学習塾)

1190 **subway** [sʌ́bwèi]
名《米》地下鉄(≒《英》tube,《英》underground)

1191 **anthropologist** [æ̀nθrəpɑ́:lədʒist]
名 人類学者

1192 **pack** [pǽk]
他 を包む；を詰める 自 衣類を詰める
名 1 箱

1193 **public** [pʌ́blɪk]
形 公共の(⇔private)；民衆の 名 (the) 民衆
in public(公然と) *public speaking*(演説)

○ publícity
名 評判；広告
関 republic [rɪpʌ́blɪk] 名 共和国
○ repúblican 形 共和制〔主義〕の；(R-)共和党の

1194 **avoid** [əvɔ́ɪd]
他 を避ける
avoid …ing(…しないようにする)

1195 関 **escape** [ɪskéɪp] 自 逃げる 他 を免れる 名 脱出；逃避
1196 関 **flee** [flíː] 自他 逃げる fled > fled
1197 ⇄ **confront** [kənfrʌ́nt] 他 (危険などが)に立ちはだかる；に立ち向かう
I'm *confronted with* many difficulties.(私は多くの困難に直面している。)
○ confrontátion 名 対立

1198 **emotionally** [ɪmóʊʃənəli]
副 感情的に

○ emótion 名 感情
○ emótional 形 感情的な

1199 関 **enthusiasm** [ɪnθ(j)úːziæ̀zm] 名 熱中；熱意
○ enthusiástic 形 熱烈な
He became *enthusiastic* about personal computers.(彼はパソコンに熱中するようになった。)

1200 関 **passion** [pǽʃən] 名 情熱；熱中；激情
His **passion** for music disappeared.(彼の音楽に対する情熱はさめた。)
○ pássionate 形 情熱的な；怒りっぽい

英文 44 で Check!

45 テレビゲームの影響力 (1) [社会]

1201 obtain [əbtéɪn]
他を入手する (≒ gain)
Where did you **obtain** the information? (どこでその情報を手に入れましたか。)

1202 ≒ **acquire** [əkwáɪər] 他を習得する；を手に入れる
She managed to **acquire** the photo after a long search. (彼女は長い間捜した挙げ句にようやくその写真を手に入れた。)
○ acquisítion 名 (知識などの)習得

1203 kick [kík]
自他名蹴る(こと)

1204 helpful [hélpfl]
形助けになる；役に立つ

1205 youth [júːθ]
名青年時代；(the)若者；若さ
○ yóuthful 形若々しい；若者らしい
≒ youngster [jʌ́ŋstər] 名若者；子供

1206 shoot [ʃúːt]
自他撃つ shot > shot

1207 adventure [ədvéntʃər]
名冒険

1208 関 **venture** [véntʃər] 名冒険(的事業) 他思い切って…する (to *do*) 自 (危険を冒して)行く
May I *venture to* ask why? (あえて理由を伺ってもよろしいでしょうか。)

1209 関 **expedition** [èkspədíʃən] 名遠征；探検隊；小旅行

1210 according
[əkɔ́:rdɪŋ]

副 一致して；したがって
according to ~（~によると；~にしたがって；~に応じて）

○ accord
自 一致する(with) 他 (地位など)を与える 名 一致
accord A B（AにBを与える）
They **accorded** him a warm welcome.（彼らは彼を温かく迎えた。）

○ accórdance
名 一致
in accordance with ~（~と一致して；~に応じて）

○ accórdingly
副（前述の内容を受けて）そのように；その結果；したがって

1211 survey
名 [sə́:rveɪ] 動 [sərvéɪ]

名 調査；概観 他 を調査する；を見渡す；を概説する
survey the audience（聴衆を見渡す）

1212 board 多
[bɔ́:rd]

名 板；委員会；会議 他 に搭乗する
a board of elections（《米》選挙管理委員会）
on board（(乗り物)(に)乗って）

○ abóard
副（乗り物に）乗って

1213 注 broadcast [brɔ́:dkæst] 多 名 放送(番組) 自他 放送する
broadcast > broadcast

1214 electronic
[ɪlèktrɑ́:nɪk]

形 電子(工学)の
e-mail = **electronic** mail（電子メール）

1215 関 automatic [ɔ̀:təmǽtɪk] 形 自動の；無意識的な
○ automátically 副 自動的に

1216 note 多
[nóʊt]

他 に注意する；に気づく；に言及する
名 メモ；注釈；紙幣
Note that your homework must be handed in within a week.（宿題を1週間以内に提出することを忘れないように。）

○ nótable
形 注目すべき；著名な

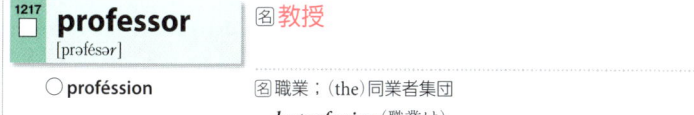

1217 professor
[prəfésər]

名 教授

○ proféssion
名 職業；(the)同業者集団
by profession（職業は）

○ proféssional
形 専門的な；プロの

46 テレビゲームの影響力 (2) [社会]

1218 age [éɪdʒ]
图 年齢；年代；老年；(歴史上の) 時代　自 年を取る
He began to study Spanish *at the age of* 30. (彼は30歳の時にスペイン語の勉強を始めた。)

1219 ≒ **era** [íərə] 图 (政治・歴史上重要な) 時代

1220 interest 多 [íntərəst]
图 興味；重要性；関心；利益
他 に興味を起こさせる

1221 cooperation [kouà:pəréɪʃən]
图 協力

○ coóperative ア　囝 協力的な

1222 ≒ **joint** [dʒɔ́ɪnt] 图 関節；継ぎ目　囝 共同の　他 を接合する　a **joint** project (合同事業)

1223 generate [dʒénərèɪt] ア
他 を生み出す

○ generátion　图 世代；発生

1224 billion [bíljən]
图 10億

1225 indication [ìndəkéɪʃən]
图 兆候；指示

○ índicate ア　他 を指し示す；を示唆する
This speedometer **indicates** sixty miles per hour. (この速度計は時速60マイルを指している。)

1226 emerge [ɪmə́:rdʒ]
自 現れる；(事実が) 明らかになる；(困難から) 抜け出す

○ emérgence　图 出現
○ emérgency　图 緊急事態　**emergency** session (緊急会議)

1227 design 多 [dɪzáɪn]
他 を設計する　图 設計(図)；デザイン；意図
This method is well **designed** to increase your vocabulary. (この方法は語彙を増やすのにうまく考えられている。)

○ desígner　图 設計者〔デザイナー〕

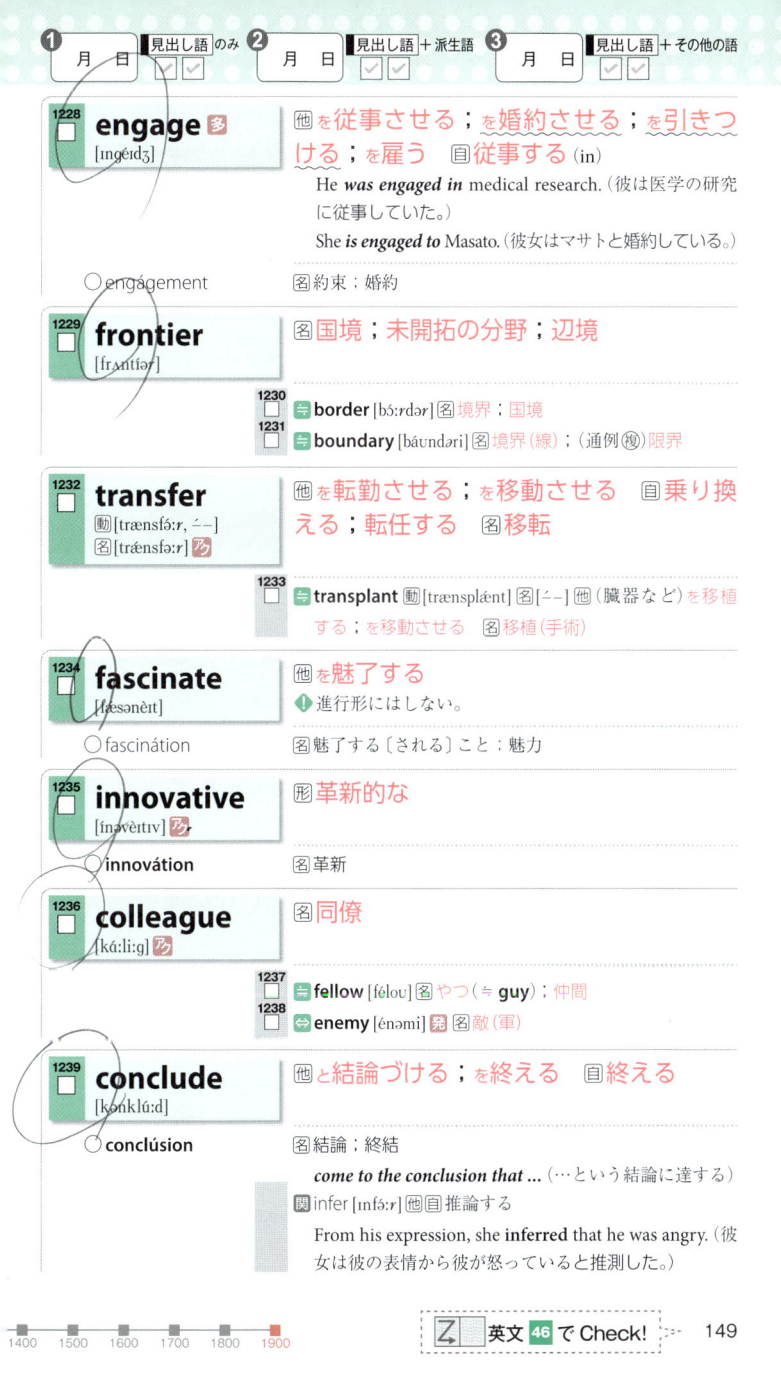

| ❶ 月 日 | 見出し語のみ | ❷ 月 日 | 見出し語+派生語 | ❸ 月 日 | 見出し語+その他の語 |

1228 engage [ɪngéɪdʒ] 多

他 を従事させる；を婚約させる；を引きつける；を雇う　自従事する (in)

He *was engaged in* medical research. (彼は医学の研究に従事していた。)

She *is engaged to* Masato. (彼女はマサトと婚約している。)

○ engágement　名約束；婚約

1229 frontier [frʌntíər]

名 国境；未開拓の分野；辺境

1230 ⇌ border [bɔ́ːrdər] 名 境界；国境
1231 ⇌ boundary [báundəri] 名 境界(線)；(通例複)限界

1232 transfer 動[trænsfə́ːr, ´-] 名[trǽnsfəːr] ア

他 を転勤させる；を移動させる　自 乗り換える；転任する　名 移転

1233 ⇌ transplant 動[trænsplǽnt] 名[´--] 他 (臓器など)を移植する；を移動させる　名 移植(手術)

1234 fascinate [fǽsənèɪt]

他 を魅了する

❶ 進行形にはしない。

○ fascinátion　名 魅了する〔される〕こと；魅力

1235 innovative [ínəvèɪtɪv] ア

形 革新的な

○ innovátion　名 革新

1236 colleague [kɑ́ːliːg] ア

名 同僚

1237 ⇌ fellow [félou] 名 やつ(≒ guy)；仲間
1238 ⇌ enemy [énəmi] 発 名 敵(軍)

1239 conclude [kənklúːd]

他 と結論づける；を終える　自 終える

○ conclúsion　名 結論；終結

come to the conclusion that ... (…という結論に達する)

関 infer [ɪnfə́ːr] 他 自 推論する

From his expression, she **inferred** that he was angry. (彼女は彼の表情から彼が怒っていると推測した。)

47 読書の重要性 (1) [文化]

1240 dedicate [dédəkèit]
他 (研究・活動などに) を ささげる
She *dedicated* her whole life *to* help*ing* others.
(彼女は人助けのために全生涯をささげた。)

○ dédicated 形 熱心な
○ dedicátion 名 献身；専心

1241 information [ìnfərméiʃən]
名 情報；案内(所)
❶ 不可算名詞。
× an information ○ a piece of information

○ infórm 他 に知らせる
inform A of B (A に B を知らせる)
He *informed* me *that* he had succeeded. (彼は私にうまくいったと知らせてきた。)

1242 warn [wɔ́:rn] 発 他 に警告する
He *warned* us not *to* enter the room. (彼は我々に部屋に入らないようにと警告した。)
○ wárning 名 警告

1243 grade [gréid]
名 程度；成績；学年 他 を段階別にする

○ grádual 形 徐々の
○ grádually 副 徐々に

1244 関 graduate 動 [grǽdʒuèit] 名 [grǽdʒuət] 自 卒業する (from) 名 卒業生；大学院生
graduate school (大学院)
○ graduátion 名 卒業(式)

1245 関 undergraduate [ʌ̀ndərgrǽdʒuət] 名 大学生

1246 paragraph [pǽrəgræ̀f, pér-]
名 段落

1247 comprehend [kὰ:mprihénd]
他 (しっかりと) を理解する
❶ 進行形にしない。

○ comprehénsive 形 包括的な

1248 ≒ absorb [əbzɔ́:rb, -sɔ́:rb] 多 他 を吸収する；を理解する；を夢中にさせる
She *is absorbed in* her study. (彼女は研究に夢中だ。)

1249 関 grasp [grǽsp] 他 をつかむ；を把握する 名 つかむ [理解する] こと

150

1250 material
[mətíəriəl]
名 原料；資料；物質　形 物質の；肉体(上)の
I'm not interested in **material** gain. (私は物質的な利益には関心がない。)

1251 discourage
[dɪskə́:rɪdʒ]
他 を妨害する；を落胆させる
The storm *discouraged* her *from* going out. (嵐のせいで彼女は外出するのを思いとどまった。)

○ discóuragement 名 落胆；阻止

1252 disappoint [dìsəpɔ́ɪnt] 他 を失望させる
I *was disappointed at* [*in*, *with*] your paper.
(君のレポートにはがっかりしたよ。)
○ disappóintment 名 失望；落胆

1253 注 appoint [əpɔ́ɪnt] 他 (役職に)を指名する；(時・場所)を指定する
They *appointed* him *to* do the task. (彼らは彼を任命してその仕事をやらせた。)
○ appóintment 名 任命；(会合の)約束；(病院などの)予約
I'll *make an appointment* to see the dentist. (歯医者の予約を入れよう。)

1254 foundation
[faʊndéɪʃən]
名 土台；基礎；設立

○ fóund　他 を創立する；を設立する

1255 establish [ɪstǽblɪʃ] 他 を設立する (≒ *set up*)；(評判・先例)を確立する；を立証する
We **established** the truth or falsehood of the rumor.
(我々はそのうわさの真偽を確かめた。)
○ estáblishment 名 設立；施設

1256 facility [fəsíləti] 多 名 施設；機能；適性
a medical **facility** (医療施設)

1257 chore
[tʃɔ́:r]
名 日常の雑事；退屈な仕事

1258 lifetime
[láɪftàɪm]
名 一生

48 読書の重要性 (2) [文化]

1259 visual [víʒuəl]
形 視覚の；目に見える

1260 **関 visible** [vízəbl] 形 (目に)見える
⇔ **invisible** 形 見えない (to)
invisible to the naked eye (肉眼では見えない)

1261 **関 vision** [víʒən] 多 名 未来像；空想；視力；見通す力
He is a man of **vision**. (彼は先見の明のある人だ。)

1262 **関 insight** [ínsàɪt] 名 洞察(力)；見識
He has an **insight** into my mind. (彼は私の心を見抜いている。)

1263 **関 sight** [sáɪt] 多 名 視力；見ること；視界；光景；(複) 名所
at first sight (一目で；一見したところでは)
at (the) sight of ～ (～を見て)
catch 〔*lose*〕 *sight of* ～ (～を見つける〔見失う〕)
He lost the **sight** of his right eye. (彼は右目の視力を失った。)

1264 image [ímɪdʒ]
名 印象；像；画像；生き写し

○ **imágine** 自 他 想像する；思う
❶ ①通常は進行形にしない。②他 の場合, 目的語に動名詞や節もとる。

○ **imaginátion** 名 想像(力)
○ **imáginary** 形 想像上の
an **imaginary** animal (想像上の動物)

○ imáginable 形 想像できる
every imaginable pleasure (ありとあらゆる快楽)

○ imáginative 形 想像力に富む
an **imaginative** writer (想像力に富む作家)

1265 ≒ **fancy** [fǽnsi] 形 高価な；装飾的な 名 空想；好み 他 を想像する；を好む
❶ 他 は進行形にしない。目的語に動名詞をとる。
I had a **fancy** that I could see her approaching. (私は彼女が近づいてくるのが見えたような気がした。)

| ① 月 日 見出し語のみ | ② 月 日 見出し語+派生語 | ③ 月 日 見出し語+その他の語 |

1266 prior
[práɪər]
形 (時間や順序の点で) 前の；優先的な
prior to ～ (～に先立って)

○ priórity
名 優先事項；優先(権)

1267 ≒ **former** [fɔ́:rmər] 名 (the) (2つのうちの)前者 形 前(者)の
1268 ⇔ **latter** [lǽtər] 名 (the) (2つのうちの)後者 形 後者の；後半の

1269 enhance
[ɪnhǽns]
他 (価値・質・魅力など)を高める；をより良くする
The book has **enhanced** her fame. (その本で彼女の名声は高まった。)

1270 focus
[fóʊkəs] 発
他 の焦点を合わせる (on)；を集中させる
自 焦点が合う (on) 名 焦点；重点
Focus your eyes *on* the object. (その物体に目の焦点を合わせなさい。)

1271 distinguish
[dɪstíŋgwɪʃ] ア
自他 区別する

○ distínct 多
形 明瞭な；まったく異なった
○ distínction
名 区別
○ distínctive
形 特有〔独特〕の

1272 関 **contrast** 名 [kɑ́:ntræst] 動 [kəntrǽst] ア 名 対照；相違
他 を対比する 自 よい対照となる
in 〔*by*〕 *contrast* (対照的に)
That *contrasts with* this in many respects. (それは多くの点でこれと対照的である。)

1273 track
[trǽk]
他 を追う 名 小道；走路；線路；通った跡
We followed the **tracks** of the criminal. (私たちは犯人の足跡をたどっていった。)

1274 ≒ **trail** [treɪl] 名 小道；跡 他 を追跡する；を引きずる
注 truck [trʌk] 発 名 トラック

1275 overall
形 [óʊvərɔ̀:l]
副 [òʊvərɔ́:l]
形 全面〔般〕的な 副 全体として

48 読書の重要性 (2) [文化]

1276 trouble 多
[trʌ́bl]
名 困ること；骨折り；問題(点)　他 を悩ませる；に迷惑をかける
have trouble (*in*) *…ing* (…するのに苦労する)
The trouble is (*that*) *…* (困ったことに…)
Thank you for your trouble. (わざわざありがとうございます。)

○ tróublesome　形 やっかいな

1277 ≒ bother [bɑ́ðər] 自他 悩む〔ます〕；(通例否定文で) わざわざ…する (to *do*)
Don't bother to call me back. (わざわざ折り返し電話をいただかなくて結構です。)
関 tease [tíːz] 自他 からかう

1278 phrase
[fréɪz]
名 句；言い回し；フレーズ

1279 ≒ proverb [prɑ́ːvərb] 乃 名 ことわざ (≒ saying)
As the proverb goes, "Haste makes waste." (ことわざにもある通り、「急がば廻れ」だ。)

1280 関 usage [júːsɪdʒ] 乃 発 名 語法；使用(法)
We need to know both grammar and usage to write good English. (よい英語を書くためには文法と語法の両方を知る必要がある。)

1281 ahead
[əhéd]
副 前方へ〔に〕；事前に；出世して
ahead of the times (時勢に先んじた)

1282 fundamental
[fʌ̀ndəméntl] 乃
形 基本的な；必須の (to) (≒ basic)　名 複 基本
Food is fundamental to human existence. (食物は人間が存在する上で重要だ。)

○ fúnd　名 基金

1283 ≒ radical [rǽdɪkl] 形 根本的な；急進的な
Radical political changes are now taking place in the country. (その国では現在急激な政治変化が起きつつある。)

1284 関 finance [fáɪnæns, fənǽns] 名 財政(学)；財源
○ finánciaL 形 財政の
He was not a financial burden on her. (彼は家計の上で彼女の負担にはなっていなかった。)

154

1285 **virtually** [vɚ́:rtʃuəli]	副 ほとんど；実質的には I know **virtually** nothing about it.（私はそのことに関してほとんど何も知らない。）
○ vírtual	形 仮想上の；事実上の **virtual** reality（仮想現実(感)）

1286 **engineering** [èndʒəníəriŋ]	名 工学(技術)
○ enginéer	名 技術者

1287 **mechanic** [məkǽnɪk]	名 機械工
○ mechánical	形 機械の
○ méchanism	名 装置；仕組み
○ mechánics	名 力学
1288	関 **machinery** [məʃíːnəri] 名（集合的に）機械(装置) ❶ 不可算名詞。

1289 **web** [wéb]	名 (the W-) ウェブ；クモの巣
1290	関 **network** [nétwàːrk] 名 ネットワーク；網状組織

1291 **operate** [ɑ́:pərèɪt]	他 を操作する　自 動く；作用する；手術する Dr. Smith *operated on* my father for lung cancer.（スミス先生が私の父の肺がんの手術をした。）
○ operátion	名 手術；運転；作用；活動
○ óperator	名 操作者；(電話)交換手

49 外国語を学ぶ際に必要なもの (1) [言語]

1292 satisfy
[sǽtəsfài]
⑩を満足させる
be satisfied with ~ (〜に満足している)

○ satisfáction ⑧満足(感)
○ satisfáctory ⑱満足な

1293 ≒ **fill** [fíl] ⑩を満たす；を占める
be filled with ~ (〜でいっぱいだ) ≒ *be full of* ~

1294 ≒ **occupy** [ά:kjəpài] ⑫⑩を占める；を占領する
be occupied with〔*in*〕~ (〜に従事〔専念〕している)
○ occupátion ⑧職業；占領

1295 requirement
[rɪkwáɪərmənt]
⑧要求(物)；必要条件
graduation **requirements** (卒業要件〔必須単位数〕)

○ requíre ⑩を要求する；を必要とする(≒ demand)
require A to do〔*that A ...*〕(Aに…するよう要求する)
⚠ require that ... の節内では動詞は仮定法現在が一般的。

1296 enjoyment
[ɪndʒɔ́ɪmənt]
⑧楽しみ；享受

○ enjóyable ⑱楽しい

1297 ≒ **joy** [dʒɔ́ɪ] ⑧喜び(⇔ sorrow)
1298 ≒ **pleasure** [pléʒər] ⑧楽しみ
with pleasure (喜んで)
She can derive great **pleasure** from books. (彼女は読書から大きな楽しみを得ることができる。)

1299 ≒ **delight** [dɪláɪt] ⑫⑧大きな喜び ⑩を大喜びさせる
I *was delighted to* hear the news〔*with* the news / *at* the news〕. (私はその知らせを聞いて喜んだ。)
○ delíghtful ⑱愉快な

1300 ≒ **pleasant** [plézənt] ⑱心地よい；楽しい
⇔ **unpleasant** ⑱不愉快な

1301 latest
[léɪtɪst]
⑱最近〔最新〕の
the **latest** news (最新のニュース)

○ látely ⑩最近(は)；近頃
⚠ 通例現在完了形と共に用いる。
I've been so busy **lately** that I cannot go fishing.
(最近忙し過ぎて、魚釣りに行けません。)

1302 advance [ədvǽns]

名 前進；発達　他自 進歩させる〔する〕

pay the money *in advance*（前払いで支払う）
Since the war Japan has **advanced** greatly in science and technology.（戦後日本は科学と工学で大いに進歩した。）

- adváncement　名 進歩；促進

1303
- ⇔ proceed [prəsíːd] 自 進む；続ける（with）；取りかかる（to）；次に…する（to *do*）
- próccess 名 過程；作用；手順　他 を(加工)処理する
- procédure 名 手順；手続き
- procéssion 名 行列

1304
- 関 sophisticated [səfístɪkèɪtɪd] 多 ア 形 洗練された；(機器・装置などが)精巧な；手の込んだ

1305 publish [pʌ́blɪʃ]

他 を出版する；を発表する

- publicátion　名 出版(物)；発表
- públisher　名 出版社

1306 journal [dʒə́ːrnl]

名 (定期刊行)雑誌；日誌

- jóurnalist ア　名 ジャーナリスト
- jóurnalism ア　名 ジャーナリズム

1307 translation [trænsléɪʃən, trænz-]

名 翻訳(書)；移行

- translate [trænsleɪt, trænz-, -́-]　他 を翻訳する(A into B)；を移す(≒ **transfer**)　自 翻訳する
  She **translated** the letter from Japanese *into* French.（彼女はその手紙を日本語からフランス語に翻訳した。）
- translátor　名 翻訳家

1308
- 関 interpret [ɪntə́ːrprət] 多 ア 他 を解釈する；を通訳する
- interpretátion 名 解釈；通訳
  His statement is capable of various **interpretations**.（彼の陳述はさまざまな解釈が可能だ。）
- intérpreter 名 通訳者

49 外国語を学ぶ際に必要なもの (1) [言語]

1309 accuracy [ækjərəsi]
名 正確さ;精度

○ áccurate 形 正確な (≒ exact)
○ áccurately 副 正確に

1310 ⇔ **random** [rǽndəm] 形 無作為の;手当たり次第の
at random (無作為に;でたらめに)

1311 keen [kíːn]
形 熱心な;鋭い;激しい
be keen to do (…したいと熱望している)
be keen on ~ (~に熱心だ)

○ kéenly 副 熱心に

1312 ≒ **crazy** [kréɪzi] 形 正気でない;夢中である (about)
Ben *is crazy about* jazz. (ベンはジャズに夢中だ。)

1313 ≒ **intense** [ɪnténs] 形 (熱などが) 強烈な;(感情・行動などが) 激しい
The pianist's fine performance generated an **intense** mood in the audience. (そのピアニストの素晴らしい演奏に,聴衆は熱狂した空気に包まれた。)
○ inténsity 名 強烈(さ);熱心さ

1314 affair 多 [əféər]
名 事態;用事;事件;問題
world affairs (世界情勢)
foreign affairs (外交問題)
That's my own **affair**. (それは私の問題だ。)

1315 deliver [dɪlívər]
他 を配達する;(伝言)を伝える;(演説など)を行う
She **delivered** a lecture to them yesterday. (彼女は昨日,彼らに講演をした。)

○ delívery 名 配達(物);話し方

1316 ≒ **distribute** [dɪstríbjuːt] 他 を分配する
○ distribútion 名 分配;分布
The plant has a wide **distribution**. (その植物は広く分布している。)

1317 literature [lítərətʃər]

名 文学；文献

○ literary 形 文学の

1318 関 literacy [lítərəsi] 名 読み書きの能力；(ある分野の)知識,能力

The country achieved one hundred percent **literacy**. (その国は国民の100パーセントの識字率を達成した。)

○ literate 形 読み書きできる

1319 関 literal [lítərəl] 形 文字通りの

○ literally 副 文字通りに

Don't take his remarks too **literally**. (彼の言葉をあまり額面通りに受け取ってはいけない。)

まとめてチェック

⑲ カタカナ語(2)　　　↻ 1306 journal

1320 post [póust] 多 発
名 郵便(制度)；地位；柱　他 を投函する
post office (郵便局)
❗ post- (後の〜) という接頭辞との違いに注意。

1321 block [blá:k] 多
名 かたまり；区画；障害物　他 をふさぐ；を妨害する

1322 digital [dídʒətl]
形 デジタル(式)の

1323 display [displéi]
名 展示(品)；表現　他 を展示する；(感情など)を表す

1324 ⇔ exhibit [ɪgzíbɪt] 発　他 を展示する；(感情や能力)を示す　名 展示(品)
○ exhibítion 発 名 展示(会)；(才能などの)発揮

1325 freeze [frí:z]
自他 凍る〔らせる〕；動かなくなる　froze > frozen

1326 flash [flǽʃ]
名 閃光；(機知などの)ひらめき　自 ぴかっと光る；ひらめく

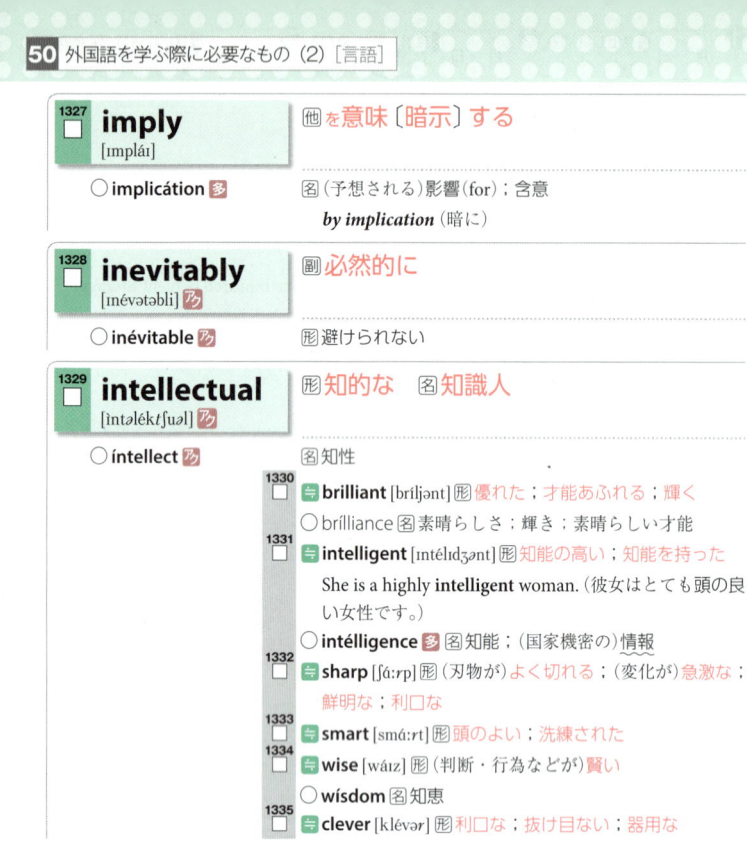

50 外国語を学ぶ際に必要なもの (2) [言語]

1327 imply
[ɪmpláɪ]

他を意味〔暗示〕する

○ implicátion 多 　名(予想される)影響(for);含意
by implication (暗に)

1328 inevitably
[ɪnévətəbli] ア

副必然的に

○ inévitable ア 　形避けられない

1329 intellectual
[ìntəléktʃuəl] ア

形知的な　名知識人

○ íntellect ア 　名知性

1330 ≒ **brilliant** [brɪ́ljənt] 形優れた;才能あふれる;輝く
○ brílliance 名素晴らしさ;輝き;素晴らしい才能

1331 ≒ **intelligent** [ɪntélɪdʒənt] 形知能の高い;知能を持った
She is a highly **intelligent** woman. (彼女はとても頭の良い女性です。)
○ intélligence 多 名知能;(国家機密の)情報

1332 ≒ **sharp** [ʃɑ́ːrp] 形(刃物が)よく切れる;(変化が)急激な;鮮明な;利口な

1333 ≒ **smart** [smɑ́ːrt] 形頭のよい;洗練された

1334 ≒ **wise** [wáɪz] 形(判断・行為などが)賢い
○ wísdom 名知恵

1335 ≒ **clever** [klévər] 形利口な;抜け目ない;器用な

1336 urge
[ə́ːrdʒ]

名衝動　他を説得する;を主張する

urge A to do (Aに…するよう説得する)
❶仮定法現在の節も目的語にする。
The shopkeeper *urged* me *to* buy it. (店主は私にそれを買うよう説得した。)

○ úrgent 　形緊急の;催促する
○ úrgency 　名緊急

1337 ≒ **impulse** [ɪ́mpʌls] ア 名衝動;刺激
My sister would often act on **impulse** when she was young. (姉は若い時には(一時の)衝動に駆られたものだ。)

1338 pronounce [prənáuns]
他 を発音する；を宣言〔宣告〕する

○ pronunciátion　名発音
⚠ つづりに注意。

1339 関 **accent** [æksent] 名なまり；アクセント
with a strong German **accent** (強いドイツ語なまりで)

1340 関 **dialect** [dáɪəlèkt] 多 名方言

1341 grammar [grǽmər]
名文法

○ grammátical 多　形文法に関する

1342 talent [tǽlənt] 多
名才能(ある人々)

○ tálented　形才能ある

1343 ≒ **faculty** [fǽkəlti] 多 多 名能力；才能；学部
the **faculty** of medicine (医学部)

1344 ≒ **genius** [dʒíːnjəs] 名天才；才能
He has a **genius** for music. (彼には音楽の才能がある。)

1345 eager [íːgər]
形熱望して (for) (≒ anxious)；熱心な

They *were eager for* the game to begin. (彼らは試合が始まるのを待ちこがれていた。)
Tom *is eager to* buy a new car. (トムはしきりに新車を買いたがっている。)

1346 imitate [ímətèɪt] 多
他 をまねる

○ imitátion　名まね；模造品

まとめてチェック

⑳ 重要動詞（２）

1347	**stare** [stéər]	自名 じっと見る（こと）
1348	**glance** [glǽns]	自名 ちらりと見る（こと）

at a glance （一目で）
He *glanced at* her face.（彼は彼女の顔をちらっと見た。）

1349	**gaze** [géɪz]	自名 見つめる（こと）
1350	**float** [flóʊt]	自 浮く；漂う 他 を浮かべる

Her balloon **floated** up into the air.（彼女の風船は空へ飛んでいった。）

1351 ⇔ **sink** [síŋk] 自 沈む；（人・体が）崩れ落ちる；弱る　他 を沈める　sank ＞ sunk

1352	**drift** [dríft]	自 漂う；（知らぬ間に）移り変わる　名 漂流物
1353	**scratch** [skrǽtʃ]	自他 ひっかく　名 ひっかき傷

from scratch （ゼロから；最初から）

1354	**tap** [tǽp]	自他名 軽くたたく（音）
1355	**nod** [nάːd]	自 うなずく　名 うなずき；同意
1356	**yawn** [jɔ́ːn]	自名 あくび（をする）
■	**gasp** [gǽsp]	自 はっと息をのむ；あえぐ　他 をあえぐように話す 名 はっと息をのむこと

They all **gasped** when they saw the accident.（その事故を見て，彼らはみんな息を飲んだ。）

STAGE 6

Vocabulary 51 〜 60

知らない単語の意味を推測する力をつけるためにも、類義語や関連語などの語彙ネットワークを増やしていこう。

Schedule

目　標：_____月_____日まで

終了日：_____月_____日

意味わかる？　**abandon** → p.177 で Check!

発音できる？　**leisure** → p.191 で Check!

～する常識 [医療]

expert
[ékspə:rt] 発

图 熟練者；専門家　形 熟達した (≒ skilled)

1358 ratio
[réiʃou]

图 (2つの数量間の) 比率

ratio of elderly people at least 65 years old (65歳以上の高齢者の割合)

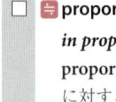

1359 ≒ **proportion** [prəpɔ́:rʃən] 图 割合；部分；つりあい；比例

in proportion to ～ (～に比例して)

proportion of births to the general population (全人口に対する出生の割合)

1360 virus
[váirəs] 発

图 ウイルス；病原体

1361 infect
[infékt]

他 (病気が) (人) に感染 [伝染] する

infect A with B (A (人) に B (病気など) を感染させる)

How many people *are* currently *infected with* HIV? (現在どれくらいの人がエイズウイルスに感染しているのだろうか。)

○ infection　图 伝染(病)；感染

1362 rest 多
[rést]

图 休み；(the) 残り　自 休む　他 (腕など) を置く

rest on ～ (～に頼る；～に基づく；(物が) ～にある)

1363 entirely
[intáiərli]

副 まったく

not ... entirely (まったく…というわけではない)

She is *not entirely* satisfied with this design. (彼女はこの設計にすっかり満足しているわけではない。)

○ entire 多　形 全体の；まったくの

I grasped the **entire** structure of his argument. (私は彼の議論の全体像を把握した。)

1364 ≒ **absolute** [ǽbsəlù:t, -́--́] 形 完全な

I have **absolute** faith in his judgment. (私は彼の判断には絶対的な信頼を置いている。)

○ **absolutely** 多　副 絶対に；まったく；(返事) もちろん

"It was an excellent movie." "**Absolutely**!" (「素晴らしい映画だったね。」「確かに！」)

164

まとめてチェック

21 カタカナ語(3)

C 1360 virus

1365 **mirror** [mírər]	名鏡
1366 **lifestyle** [láɪfstàɪl]	名ライフスタイル；生活様式
1367 **switch** [swítʃ]	他自(仕事・考えなど)変える 名スイッチ；変化 ***switch on*** 〔***off***〕 ~ (~のスイッチを入れる〔切る〕)
1368 **guy** [gáɪ]	名やつ；男 (≒ fellow)
1369 **rhythm** [ríðm]	名リズム
1370 **essay** [éseɪ]	名エッセー；(学生に課される)レポート
1371 **file** [fáɪl]	名(書類などの)ファイル；記録 他をファイルに入れる
1372 **tackle** [tǽkl]	他に取り組む；を捕まえる；と論じ合う 名タックル I tackled him on the problem. (私はその問題について,彼と議論を戦わせた。)
1373 **boom** [búːm]	名にわか景気；大流行
■ jewel [dʒúːəl]	名宝石
○ jéwelry	名(集合的に)宝石

52 スーパーの便利さと運搬燃料 (1) [環境]

1374 wonder [wʌ́ndər] 発
图驚異;不思議 圓不思議に思う (at)
他…かしらと思う

1375 ≒ miracle [mírəkl] 图奇跡
It's a **miracle** that the dogs were still alive under such miserable conditions. (そのような悪条件の下でイヌたちがまだ生きていたとは奇跡だ。)

1376 注 wander [wɑ́:ndər] 発 圓歩き回る;ぶらつく

1377 distant [dístənt]
形遠い;(態度が) 冷やかな

○ dístance 图距離;遠方;(時間・考えなどの)隔たり
at a distance (やや離れて)
in the distance (遠くに)

1378 ≒ remote [rimóut] 形(距離・時間が)遠く離れた
in the remote past (はるか昔に)

1379 root [rúːt]
图根;根拠;源 他を根づかせる

1380 middle [mídl]
图形中央(の);中間(の)
in the middle of ~ (~の真ん中に;~の最中で)

1381 vast [vǽst]
形膨大な;広大な

1382 travel [trǽvl]
他圓旅行する;進む;(光・音などが)伝わる
图旅行

1383 ≒ journey [dʒə́ːrni] ア 图旅行
1384 ≒ tour [túər] 图圓他(観光)旅行〔見学〕(をする)
○ tóurism 图観光(事業)
○ tóurist 图観光客
1385 ≒ voyage [vɔ́iidʒ] 图他船旅;航海(する)
1386 派 migration [maigréiʃən] 图移住〔移動〕
○ mígrate 圓移住〔移動〕する
Every year, various kinds of birds **migrate** to this park. (毎年,さまざまな種類の鳥がこの公園に渡って来る。)
○ mígrant 图移住者;渡り鳥

1387 関 **immigration** [ɪmɪgréɪʃən] 名 (他国からの)移住 (⇔ emigration)

○ **ímmigrant** 名 (他国からの)移住者(⇔ emigrant)
He arrested the illegal **immigrants**. (彼は不法入国者を逮捕した。)

○ **ímmigrate** 自 (他国から自国へ)移住する(⇔ emigrate 他国へ移住する)

1388 mile [máɪl]
名 マイル (1.609km)

1389 road [róʊd]
名 道路
a busy road (混雑した道)

1390 ≒ **route** [rúːt] 名 道(筋)
1391 関 **highway** [háɪwèɪ] 発 名 幹線道路
❶ 日本語の「高速道路」は expressway。
1392 関 **avenue** [ǽvən(j)ùː] 発 名 街路;《米》大通り
1393 関 **path** [pǽθ] 名 小道;進路
1394 関 **railroad** [réɪlròʊd] 発 名 鉄道(線路)
1395 関 **railway** [réɪlwèɪ] 名 鉄道

1396 reach [ríːtʃ]
他 に着く;に達する;を取る
自 手を伸ばす 名 届く範囲

reach A B (AにBを取ってやる)
Please **reach** me that book. (その本を取って下さい。)
Put medicine *out of reach of* children. (薬は子供たちの手の届かない所に置いておきなさい。)

1397 weight [wéɪt]
名 重量;重要さ

○ **wéigh** 多
他 の重さを量る 自 重さがある;重要である
Your suggestion **weighed** heavily in this decision. (この決定はあなたの提案に負うところが大きかった。)

1398 関 **measure** [méʒər] 多 名 対策;基準 自他 測る;評価する
We *took* strong *measures* to prevent it. (私たちはそれを防止する強硬な対策を講じた。)

○ **méasurement** 名 測定;(通例複)寸法

52 スーパーの便利さと運搬燃料 (1) [環境]

1399 greenhouse [grí:nhàus]
名 温室
the *greenhouse effect*（温室効果）

1400 gas [gǽs]
名 気体；ガス；ガソリン

1401 pump [pʌ́mp]
他 (ポンプで)をくみ上げる；を排出する
名 ポンプ

1402 atmosphere [ǽtməsfìər] 多
名 雰囲気；(the) 大気
❶ 店・場所の「ムード」は atmosphere。
That restaurant has a very nice **atmosphere**. (そのレストランはとてもいい雰囲気だ。)

○ atmospheric 多
形 大気(中)の；雰囲気のある

1403 関 hemisphere [hémɪsfìər] 名 (地球の) 半球；半球体
❶ -sphere は「球；範囲」という意味。atmos- は「水蒸気」, hemi- は「半分」という意味。
the Southern [Northern] Hemisphere (南[北]半球)

1404 ≒ mood [mú:d] 名 (作品などが持つ) 雰囲気；気分
1405 ≒ tone [tóun] 多 名 音(色)；口調；傾向；色合い

1406 fuel [fjú:əl]
名 燃料

① 月 日 | 見出し語のみ ② 月 日 | 見出し語+派生語 ③ 月 日 | 見出し語+その他の語

まとめてチェック

22 環境問題　　　1399 greenhouse

1407 acid [ǽsɪd]　名 酸　形 酸味の；批判的な
　　acid rain（酸性雨）
　　≒ sour [sáʊər] 形 すっぱい

1408 carbon [káːrbən]　名 炭素　carbon dioxide（二酸化炭素）

1409 emission [ɪmíʃən]　名（光・ガスなどの）放出(量)
　○ emit　他（光・ガスなど）を出す

1410 tropical [trάːpɪkl]　形 熱帯の　tropical rainforests（熱帯雨林）

1411 rainforest [réɪnfɔ̀ːrəst]　名（熱帯）雨林

1412 trash [trǽʃ]　名（主に乾いた）ゴミ　❶ 不可算名詞。

1413 garbage [gάːrbɪdʒ]　名（主に台所から出る）ゴミ　❶ 不可算名詞。

■ rubbish [rʌ́bɪʃ]　名（主に身の回りの）ゴミ　❶ 不可算名詞。
■ litter [lɪ́tər]　名（公共の場の）ゴミ　❶ 不可算名詞。
■ sewage [súːɪdʒ] 発　名 汚水；下水

23 方角　　　1403 hemisphere

1414 north [nɔ́ːrθ]　名 形 北(部)(の)
　○ northern [nɔ́ːrðərn] 発　形 北(方)の；北にある

1415 south [sáʊθ]　名 形 南(部)(の)
　○ southern [sʌ́ðərn] 発　形 南(部；国)の

1416 east [íːst]　名 形 東(部)(の)
　○ eastern　形 東(方)の；東にある

1417 west [wést]　名 西(部)；西洋　形 西(部)の
　○ western　形 西(部；国)の；(W-)西洋の
　○ westerner　名 西方に住む人；(W-)西洋人

53 スーパーの便利さと運搬燃料 (2) [環境]

1418 illustrate [íləstrèɪt] アク
- 他 を説明する (with); に挿絵を入れる
  She **illustrated** her point with a diagram on the blackboard. (彼女は黒板に図を描いて要点を説明した。)
- ○ illustrátion
- 名 (実例・図などによる) 説明; 実例; 挿絵

1419 protest
- 名 [próʊtest]
- 動 [prətést] アク
- 名 抗議; 主張　他 に抗議する; を主張する
- 自 抗議する

1420 inspire [ɪnspáɪər]
- 他 を鼓舞する; (感情) を喚起する
  inspire A **to do** (Aを促して…させる)
- ○ inspirátion
- 名 ひらめき; 霊感
  His **inspiration** was exhausted. (彼の着想の種が尽きた。)

1421 panic [pǽnɪk]
- 名 大混乱; 恐慌　他 をうろたえさせる
- 自 うろたえる　panicked > panicked > panicking

1422 per (弱) [pər] (強) [pə́ːr]
- 前 〜につき

1423 cent [sént]
- 名 セント (1/100ドル); (単位としての) 100
  per cent (パーセント)

1424 supply [səpláɪ]
- 名 供給(量) (⇔ demand); 必需品　他 を供給する (≒ provide)
  Brazil **supplies** us **with** much of our coffee. = Brazil **supplies** much of our coffee **to** us. (ブラジルは我が国のコーヒーの多くを供給している。)

1425 ≒ equipment [ɪkwípmənt] 名 装備; 備品
- ○ **equip** 他 を備えつける; を身に付けさせる
  equip a person **with** learning (人に学問を授ける)

1426 shelf [ʃélf]
- 名 棚 (複 shelves)

1427 empty [émpti]
- 自 空になる　他 を空にする　形 空の; 空虚な
  An **empty** sack cannot stand upright. (空の袋は真っ直ぐに立てない=中身のない人間は自立できない。)

1428 ≒ blank [blǽŋk] 形 空(白)の　名 空白

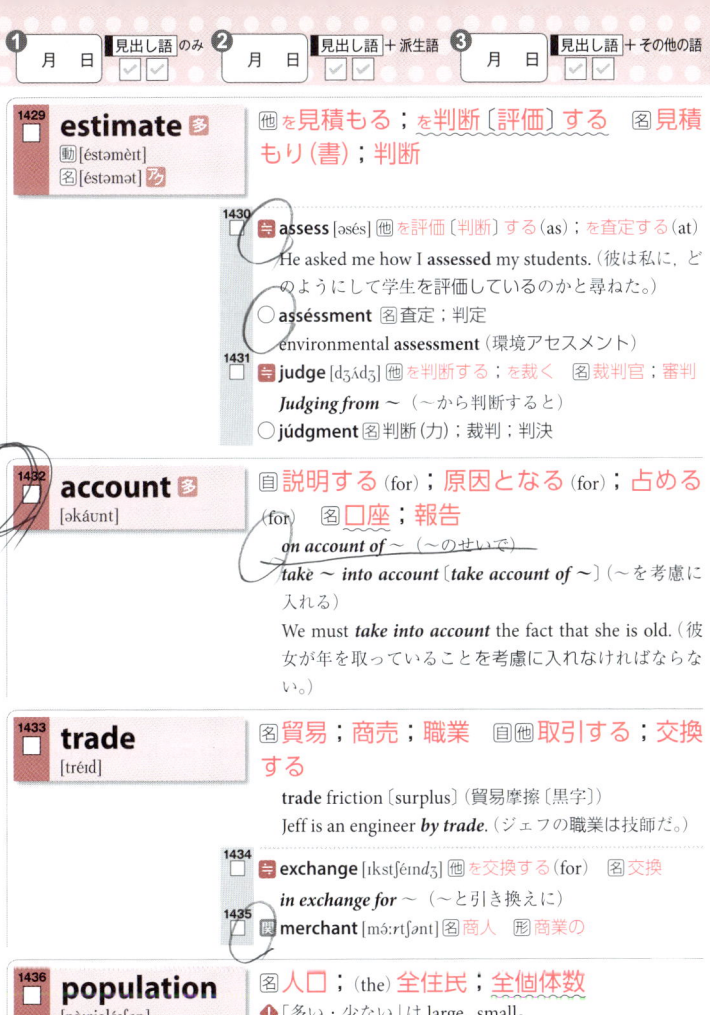

1429 estimate 多
動 [éstəmèit]
名 [éstəmət] アク

他 を見積もる; を判断〔評価〕する　名 見積もり(書); 判断

1430 ≒ assess [əsés] 他 を評価〔判断〕する (as); を査定する (at)
He asked me how I **assessed** my students. (彼は私に, どのようにして学生を評価しているのかと尋ねた。)
○ **asséssment** 名 査定; 判定
environmental **assessment** (環境アセスメント)

1431 ≒ judge [dʒʌ́dʒ] 他 を判断する; を裁く　名 裁判官; 審判
Judging from ~ (~から判断すると)
○ **júdgment** 名 判断(力); 裁判; 判決

1432 account 多
[əkáunt]

自 説明する (for); 原因となる (for); 占める (for)　名 口座; 報告

on account of ~ (~のせいで)
take ~ **into account**〔**take account of** ~〕(~を考慮に入れる)
We must **take into account** the fact that she is old. (彼女が年を取っていることを考慮に入れなければならない。)

1433 trade
[tréɪd]

名 貿易; 商売; 職業　自他 取引する; 交換する

trade friction〔surplus〕(貿易摩擦〔黒字〕)
Jeff is an engineer **by trade**. (ジェフの職業は技師だ。)

1434 ≒ exchange [ɪkstʃéɪndʒ] 他 を交換する (for)　名 交換
in exchange for ~ (~と引き換えに)

1435 関 merchant [mə́ːrtʃənt] 名 商人　形 商業の

1436 population
[pɑ̀ːpjəléɪʃən]

名 人口; (the) 全住民; 全個体数
❗「多い・少ない」は large, small。
What is the population of Japan? (日本の人口はどのくらいですか。)

53 スーパーの便利さと運搬燃料 (2) [環境]

1437 impact [ímpækt]
图 影響；衝撃；衝突
have a great impact on ~ (～に多大な影響を与える)
≒ collision [kəlíʒən] 图 衝突
○ collide 自 衝突する (with)

1438 climate [kláɪmət]
图 (年間を通じての) 気候
❶ 特定の日の天候は weather。

1439 import [動 ɪmpɔ́ːrt, -́-] [图 -́-]
他 を輸入する　图 輸入 (品)

1440 ⇔ **export** [動 ɪkspɔ́ːrt, ékspɔːrt] [图 ékspɔːrt] 他 を輸出する 图 輸出 (品)

1441 関 **port** [pɔ́ːrt] 图 港 (町)　ポートディスカバリー

1442 transport [動 trænspɔ́ːrt] [图 -́-]
他 を輸送する　图 輸送機関；乗り物；運搬
○ transportátion 图 輸送機関；運送；乗り物

1443 ≒ **vehicle** [víːəkl] 图 乗り物；伝達 〔表現〕の手段

1444 crop [krɑ́ːp]
图 (穀物などの) 作物；収穫高
There will be good **crops** this year because of the good weather. (好天のおかげで今年は豊作だろう。)

1445 関 **grain** [gréɪn] 图 穀物；わずかな量
a grain of wheat (小麦の一粒)

1446 関 **harvest** [hɑ́ːrvəst] 图 収穫 (物；期)　他 を収穫する

関 reap [ríːp] 他 (恩恵など) を得る；を刈り入れる

1447 calorie [kǽləri]
图 カロリー

まとめてチェック

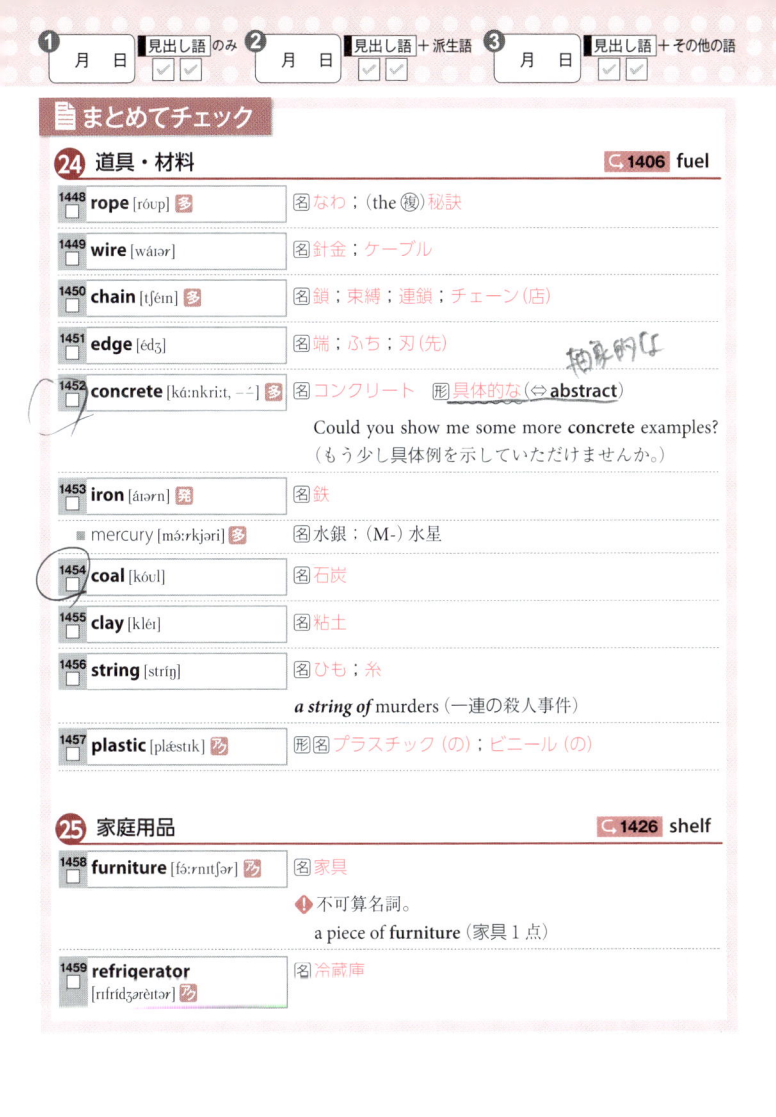

24 道具・材料

1406 fuel

1448 **rope** [róup]	名 なわ;(the 複)秘訣	
1449 **wire** [wáɪər]	名 針金;ケーブル	
1450 **chain** [tʃéɪn]	名 鎖;束縛;連鎖;チェーン(店)	
1451 **edge** [édʒ]	名 端;ふち;刃(先)	
1452 **concrete** [ká:nkri:t, -´-]	名 コンクリート 形 具体的な(⇔ **abstract**)	

Could you show me some more **concrete** examples?
(もう少し具体例を示していただけませんか。)

1453 **iron** [áɪərn]	名 鉄
■ mercury [má:rkjəri]	名 水銀;(M-) 水星
1454 **coal** [kóʊl]	名 石炭
1455 **clay** [kléɪ]	名 粘土
1456 **string** [stríŋ]	名 ひも;糸

a string of murders(一連の殺人事件)

1457 **plastic** [plǽstɪk]	形名 プラスチック(の);ビニール(の)

25 家庭用品

1426 shelf

1458 **furniture** [fə́:rnɪtʃər]	名 家具

❶ 不可算名詞。
a piece of **furniture**(家具1点)

1459 **refrigerator** [rɪfrídʒərèɪtər]	名 冷蔵庫

英文 53 で Check!

54 ディズニーの大きな決断 (1) [社会]

1460 respect [rɪspékt] アク
- 他を尊敬する；を尊重する 名尊敬；尊重；点 (≒ point)
- ***with respect to ～*** (～に関しては)
- ❶ 派生語の意味の違いは文法問題で頻出。

○ respéctive 形それぞれの
○ respéctful 形丁重な；礼儀正しい
○ respéctable 形 (社会的に) きちんとした

1461 関 **admire** [ədmáɪər] アク 他を賞賛する；に感心する
- I **admire** his positive attitude. (私は彼の積極的な姿勢を高く評価します。)
- ○ admirátion 名賞賛 (の的)
- ○ ádmirable アク 形賞賛すべき；見事な

1462 関 **praise** [préɪz] 他を賞賛する 名賞賛
- He **praised** our team's performance. (彼は我がチームのできばえを賞賛した。)

関 **compliment** 名[ká:mpləmənt] 動[-mènt] 名賛辞；お世辞 他をほめる

1463 discuss [dɪskʌ́s]
- 他について話し合う〔討議する〕(≒ argue)
- ❶ ×discuss about とは言わない。
- They **discussed** the plans for the party. (彼らはパーティの計画を話し合った。)

○ discússion 名討議；討論

1464 ≒ **conversation** [kà:nvərséɪʃən] 名会話
1465 関 **panel** [pǽnl] 名委員会；専門家集団；パネル；(公開討論会の) 出席者

1466 studio [st(j)ú:dioʊ] 発
- 名スタジオ；放送室

1467 settle 多 [sétl]
- 自他定住する；落ち着く 他を解決する；を決める
- **settle** his problem (彼の問題を解決する)

○ séttlement 名居留地；合意；和解
○ séttler 名開拓移民

1468 ≒ **fix** [fíks] 多 他を修理する (≒ **repair**)；を固定する；(食事など) を用意する
- I'll have my computer fixed. (コンピューターを修理してもらうつもりです。)

① 月 日 見出し語のみ	② 月 日 見出し語+派生語	③ 月 日 見出し語+その他の語

1469 ≒ **repair** [rɪpéər] 他 を修理〔修復〕する 名 修理
≒ **mend** [ménd] 他 (衣服など)を繕う;を修理する

1470 **animation** 多
[ǽnəméɪʃən]

名 アニメ(製作);活気

1471 **refuse** 多
動 [rɪfjúːz]
名 [réfjuːs] アク

他 を拒絶する (≒ decline, reject) (⇔ accept)
名 ゴミ

refuse to do (…するのを断る)
refuse A B (AにBを与えるのを拒む)
I can't **refuse** him anything. (彼に頼まれたら何も断れない。)

○ refúsal

名 拒絶(⇔ **acceptance**)

1472 ≒ **deny** [dɪnáɪ] 発 他 を否定する;を拒む
deny A B (AにBを与えない)
He **denied** hav**ing** stolen the money. (彼はお金を盗んだことを否定した。)
He **denied** his daughter nothing. (彼は娘に何でも与えた。)

○ **denial** 名 否定;拒絶

1473 ≒ **contradiction** [kà:ntrədíkʃən] 名 矛盾;否定;反対の主張

an obvious **contradiction** between those two reports (それら2つの報告の間の明らかな矛盾)
○ contradíct 他 を否定する;と矛盾する

1474 **beast**
[bíːst]

名 動物;獣

1475 **beauty**
[bjúːti]

名 美しさ;美人

1476 **invite**
[ɪnváɪt]

他 を招待する

invite them *to* the party (彼らをパーティーに招待する)
Tom **invited** her *to* join the project. (トムは彼女にプロジェクトに参加するよう依頼した。)

○ invitátion

名 招待(状)

55 ディズニーの大きな決断 (2) [社会]

1477 burst [bə́ːrst]
自他 破裂(する)　burst > burst
burst into tears (急に泣き出す)
burst out laughing (突然笑い出す)

1478 ≒ **explode** [ɪksplóud] 自 爆発する；急増する
○ **explósion** 名 爆発；急増
1479 関 **crack** [krǽk] 名 割れ目；すき間；鋭い音　自他 割れる〔割る〕；ぱちっと鳴る〔鳴らす〕

1480 shout [ʃáut]
自他 大声で言う〔笑う〕；叫ぶ　名 叫び

1481 ≒ **scream** [skríːm] 自他 (驚き・恐怖で)金切り声を出す　名 金切り声
1482 ≒ **exclaim** [ɪkskléɪm] 自他 (突然)叫ぶ
1483 ⇔ **whisper** [wíspər] 自 ささやく (to)　名 ささやき
I ***whispered*** to him to come in. (私は彼に入るようにと耳打ちした。)

1484 replace 多 [rɪpléɪs]
他 に取って代わる；を取り替える
replace the bulbs in my house ***with*** LED bulbs (家の電球をLED電球に取り替える)

○ **replácement** 名 取り替え；代わり

1485 force 多 [fɔ́ːrs]
他 (force A to *do*) Aに無理やり…させる；に押しつける　名 (暴)力；軍隊
be forced to do (…せざるを得ない)

1486 ≒ **impose** [ɪmpóuz] 他 を課す；を押しつける　自 つけこむ (on)
He often ***imposes*** his beliefs ***on*** his students. (彼はしばしば自分の考えを学生たちに押しつける。)
1487 ≒ **army** [ɑ́ːrmi] 名 軍隊
1488 関 **soldier** [sóuldʒər] ア発 名 (陸軍の)軍人；戦士

1489 draw 多 [drɔ́ː]
自 線〔絵〕を描く；ゆっくりと移動する
他 (線で)を描く；を引っ張る

1490 ≒ **portray** [pɔːrtréɪ] ア 他 (人物・風景など)を描く；(言葉で)を描写する
○ **pórtrait** 名 肖像画

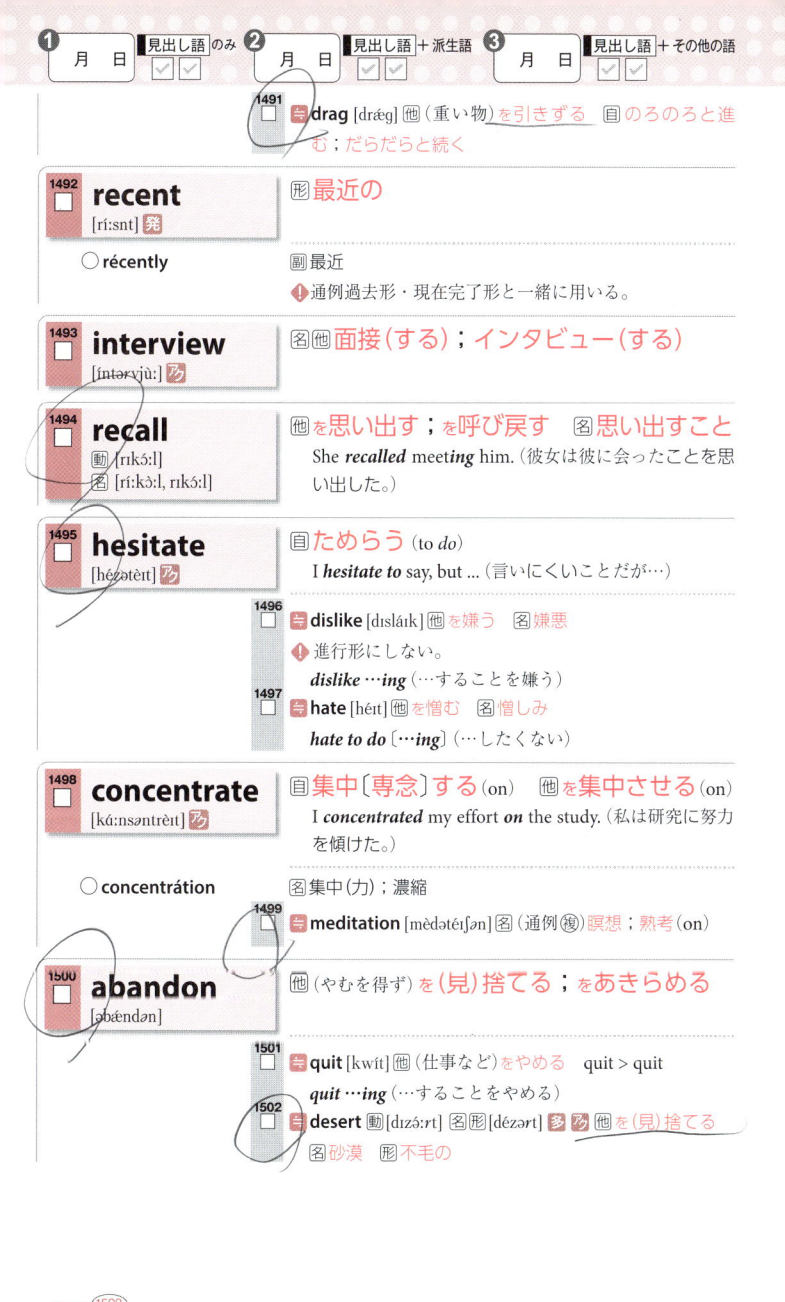

| 1491 | 同 **drag** [dréæg] 他（重い物）を引きずる 自のろのろと進む；だらだらと続く |

1492 recent
[rí:snt] 発

形 **最近の**

○ récently

副 最近
❶ 通例過去形・現在完了形と一緒に用いる。

1493 interview
[íntərvjù:] アク

名他 **面接(する)；インタビュー(する)**

1494 recall
動 [rikɔ́:l]
名 [rí:kɔ:l, rikɔ́:l]

他 **を思い出す；を呼び戻す** 名 **思い出すこと**
She *recalled* meet*ing* him.（彼女は彼に会ったことを思い出した。）

1495 hesitate
[hézətèit] アク

自 **ためらう** (to *do*)
I *hesitate to* say, but ...（言いにくいことだが…）

| 1496 | 同 **dislike** [disláik] 他 を嫌う 名 嫌悪 |
❶ 進行形にしない。
dislike …*ing*（…することを嫌う）

| 1497 | 同 **hate** [héit] 他 を憎む 名 憎しみ |
hate to do〔…*ing*〕（…したくない）

1498 concentrate
[kɑ́:nsəntrèit] アク

自 **集中〔専念〕する** (on) 他 **を集中させる** (on)
I *concentrated* my effort *on* the study.（私は研究に努力を傾けた。）

○ concentrátion

名 集中(力)；濃縮

| 1499 | 同 **meditation** [mèdətéiʃən] 名（通例 複）瞑想；熟考 (on) |

1500 abandon
[əbǽndən]

他 **（やむを得ず）を(見)捨てる；をあきらめる**

| 1501 | 同 **quit** [kwít] 他（仕事など）をやめる quit > quit |
quit …*ing*（…することをやめる）

| 1502 | 同 **desert** 動 [dizɔ́:rt] 名形 [dézərt] 多 アク 他 **を(見)捨てる** 名 砂漠 形 不毛の |

56 ディズニーの大きな決断 (3) [社会]

1503 classic [klǽsɪk] アク
名 傑作；古典　形 第1級の；典型的な；古典の

○ clássical 形 古典的な；クラシックの

1504 関 classify [klǽsəfaɪ] 他 を分類する
1505 ≒ rank [rǽŋk] 名 階級；地位；列　自 位置する　他 を位置づける
1506 ≒ status [stǽtəs, stéɪ-] 名 地位；状態
1507 関 ladder [lǽdər] 名 はしご；(出世の)階段

1508 decision [dɪsíʒən]
名 決定；決心

○ decíde 他自 決める
❗ 他 の場合，目的語に不定詞もとる。

○ decísive 形 決定的な；重大な (≒ crucial)

1509 表 resolve [rɪzá:lv] 発 他 を解決する　自他 決心する；決議する
I *resolved to* work harder. (私は今までより一層一生懸命に働こうと決心した。)
○ resolútion 名 決議；解決(策)；決心

1510 film [fílm]
名 映画；フィルム

1511 return [rɪtə́:rn]
他 を戻す　自 戻る
名 戻り；返却；利益
in return (*for* ~) ((~の)お返しに)

1512 glory [glɔ́:ri]
名 栄光

○ glórious 形 栄誉ある

1513 pride [práɪd]
名 誇り；自尊心
❗ 動 は以下の例のみ。
pride oneself on ~ (~を誇りに思う)

○ próud 形 誇りに思う (of)；自慢げな
≒ self-esteem [sélfɪstí:m] 名 自尊心
1514 ⇔ shame [ʃéɪm] 名 恥；(a) 残念なこと
It's a shame he couldn't come. (彼が来られなかったのは残念です。)

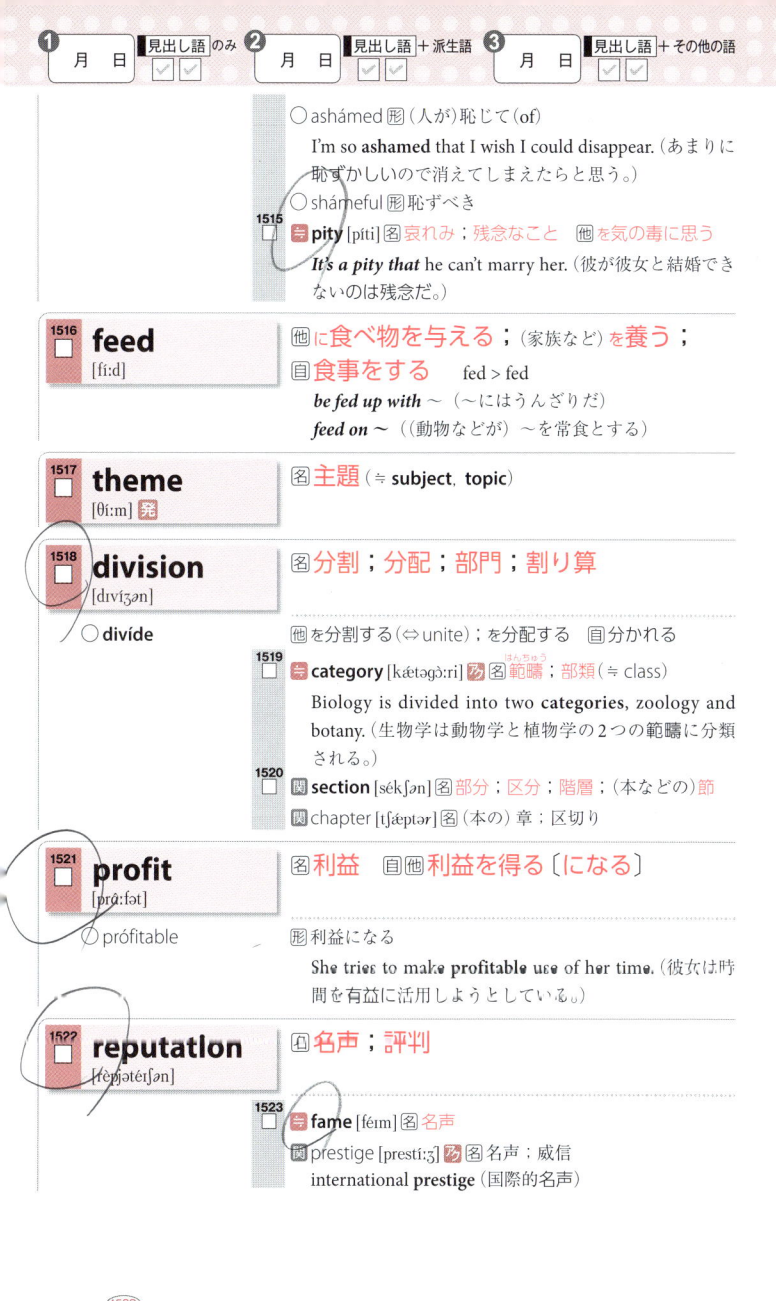

| ① 月 日 見出し語のみ | ② 月 日 見出し語+派生語 | ③ 月 日 見出し語+その他の語 |

○ **ashamed** 形 (人が)恥じて(of)
I'm so **ashamed** that I wish I could disappear. (あまりに恥ずかしいので消えてしまえたらと思う。)
○ **shameful** 形 恥ずべき

1515 ≒ **pity** [píti] 名 哀れみ；残念なこと 他 を気の毒に思う
It's a pity that he can't marry her. (彼が彼女と結婚できないのは残念だ。)

1516 feed [fíːd]
他 に食べ物を与える；(家族など)を養う；自 食事をする　fed > fed
be fed up with ~ (~にはうんざりだ)
feed on ~ ((動物などが) ~を常食とする)

1517 theme [θíːm] 発
名 主題 (≒ subject, topic)

1518 division [dɪvíʒən]
名 分割；分配；部門；割り算

○ **divide** 他 を分割する(⇔unite)；を分配する 自 分かれる

1519 ≒ **category** [kǽtəgɔ̀ːri] 名 範疇；部類 (≒ class)
Biology is divided into two **categories**, zoology and botany. (生物学は動物学と植物学の2つの範疇に分類される。)

1520 関 **section** [sékʃən] 名 部分；区分；階層；(本などの)節
関 **chapter** [tʃǽptər] 名 (本の) 章；区切り

1521 profit [prάːfət]
名 利益 自他 利益を得る[になる]

○ **profitable** 形 利益になる
She tries to make **profitable** use of her time. (彼女は時間を有益に活用しようとしている。)

1522 reputation [rèpjətéɪʃən]
名 名声；評判

1523 ≒ **fame** [féɪm] 名 名声
関 **prestige** [prestíːʒ] 名 名声；威信
international **prestige** (国際的名声)

57 インターネット情報の真偽 (1) [社会]

1524 cancer [kǽnsər]
名 がん

1525 struggle [strʌ́gl]
名 闘争；もがき 自 苦闘する
the big ***struggle for*** power（激しい権力争い）
I've been ***struggling to*** understand this article since this morning.（今朝からずっとこの記事を理解しようとしています。）

1526 ≒ **strive** [stráɪv] 自 努力する（for, to *do*）；戦う（against）
strove > striven

1527 関 **effort** [éfərt] 多 名 努力
make an effort to do（…するために努力する）

1528 condition 多 [kəndíʃən]
名 状況；状態；条件
the present **condition**（現状）
on (the) condition (that) ...（…という条件で）

1529 ≒ **context** [kɑ́:ntekst] 多 名 背景；（文章の）前後関係
in this context（このような状況においては）

1530 temporary [témpərèri] 多
形 一時的な（⇔ permanent）
a **temporary** solution（一時的な解決）
○ temporárily 副 一時的に

1531 extremely [ɪkstríːmli]
副 非常に
○ extréme 形 極端な 名 極端
go to **extremes**（極端に走る）

1532 関 **excessive** [ɪksésɪv] 形 過度の
○ excéed 他 を超える
The car is **exceeding** the speed limit.（その車は制限速度を超過している。）
○ excéss 多 名 超過；過度

1533 via [váɪə]
前 を経由して（≒ ***by way of***）；によって（≒ ***by means of***）

1534 chat [tʃǽt]
自 おしゃべりする（with, to, about） 名 おしゃべり（with, about）

180

1535 online [á:nláɪn]
形副 オンラインの〔で〕

1536 sorrow [sá(:)rou]
名 (深い)悲しみ

1537 関 regret [rɪgrét] 名他 後悔(する);残念(に思う)
I **regret** that I told you.(私はあなたに話したことを後悔している。)
○ regréttable 形 (物事が)残念な
❶ ○ It is [×I am] regrettable that ...(…は残念だ。)

1538 関 apologize [əpá:lədʒàɪz] 動 自 謝る
***apologize to* A *for* B**(AにBのことで謝る)
She **apologized to** me **for** stepping on my foot.(彼女は私に足を踏んだことを謝った。)
○ apólogy 派 名 謝罪

1539 gift [gíft]
名 贈り物;才能

1540 funeral [fjú:nərəl]
名 葬式

まとめてチェック

㉖ 多義語(1)   ⊂ 1528 condition

1541 air [éər]
名 空気;(the)空中;様子;(a)気取り

1542 bill [bíl]
名 請求書;法案;紙幣
❶ 語源は「書かれたもの」。
This **bill** will have a great impact on our daily lives.(この法案は私たちの日常生活に多大な影響を及ぼすだろう。)

1543 address [ədrés]
名 住所;演説;あいさつ 他 に演説する;に話しかける;(課題などに)に取り組む
❶ 語源は「~へ差し向ける」。
She turned and **addressed** me in French.(彼女はこちらを向いてフランス語で私に話しかけた。)

1544 row [róu]
名 (横の)列 自他 (船を)こぐ
in a row(続けて;1列に) ❶ 縦列は line。

58 インターネット情報の真偽 (2) [社会]

1545 provide [prəváid]
他 を提供する　自 養う (for)；備える (for, against)
Cows *provide* us *with* milk.（雌牛は我々にミルクを供給する。）
He has three children to *provide for*.（彼は3人の子供を養ってゆかなければならない。）

- provided　接 もし…ならば
- provision　名 供給；準備

1546 prompt [prάːmpt]
他 を刺激する　形 即座の；機敏な
prompt A *to do*（Aに…するよう促す）
What *prompted* her *to* write the novel?（彼女がその小説を書いたきっかけは何ですか。）
I appreciate your *prompt* response to my request.（私の要望に対する迅速な回答に感謝いたします。）

1547 participate [pɑːrtísəpèɪt]
自 参加する (in)（≒ *take part* (*in* ～)）

- participation　名 参加
- participant　名 参加者

1548 locate [lóukeɪt, -́-]
他 を探し出す；を設ける
be located in ～（～に位置する）

- location　名 位置；場所

1549 meet [míːt]
他 に会う；（要求・条件）を満たす；（問題・危機）にうまく対処する　met > met
Will the plan *meet* the need?（この計画はその要求に見合うだろうか。）

1550 exist [ɪgzíst]
自 存在する；生存する
❗ 進行形にしない。

- existence　名 存在；生存；生活

1551 ≒ prevail [prɪvéɪl]　自 普及する (in, among)；（提案・原理などに）打ち勝つ

1552 confess [kənfés]
他自 （犯罪・秘密など）白状する；（欠点など）認める

- confession　名 白状；告白

1553 site [sáɪt]
图 敷地；跡地；(ウェブ)サイト

1554 neighbor [néɪbər]
图 近所の人

○ **néighborhood** 图 近所

1555 ≒ **district** [dístrɪkt] 图 地域；地区
1556 ≒ **province** [prá:vɪns] 图 (カナダなどの)州；(中国などの)省；(the -s)地方；分野
1557 関 **prefecture** [prí:fektʃər] ⚡图 都；道；府；県
1558 ≒ **realm** [rélm] 発 图 領域；分野 (≒ **field**)
　　in the **realm** of art (芸術の分野で)
1559 関 **territory** [térətò:ri] 图 領土；(知識・活動の)範囲；縄張り

1560 whenever [wenévər]
接 …する時はいつも；いつ…しようとも

Whenever the old man goes out, he takes his dog with him. (その老人は出かける時はいつも犬を連れていく。)
Whenever you come, you will find my room clean. (いつ来ても私の部屋はきれいですよ。)

1561 remain [rɪméɪn]
自 依然…のままである；…にとどまる
图 残り；遺跡

❶ 'remain + 補語' の形でよく使われる。
The lady **remained** silent. (その婦人は黙ったままだった。)

1562 関 **archaeologist** [à:rkiá:lədʒɪst] ⚡発 图 考古学者
○ archaeólogy 图 考古学

1563 unwilling [ʌnwílɪŋ]
形 …する気がない (to do)；不本意な

1564 ≒ **reluctant** [rɪlʌ́ktənt] 形 気の進まない (⇔ ready)
be reluctant to do (…する気がしない)
She **was reluctant to** go with her father. (彼女は父親と一緒に行くのは気が進まなかった。)
○ relúctance 图 気が進まないこと

58 インターネット情報の真偽 (2) [社会]

1565 admit [ədmít]
他自 (真であると) 認める　他 の入場 [入学；入会] を認める
The patient refuses to **admit** how serious his condition is. (その患者は自分の症状がいかに重いかを認めようとしない。)

○ admíssion
名 入学 [入場] (許可；金)
Admission free (入場無料)

1566 fault [fɔ́ːlt]
名 (落度などの) 責任；欠陥；欠点
find fault with ~ (~のあらさがしをする)

○ fáulty
形 欠点 [欠陥] のある

1567 ≒ **error** [érər] 名 (基準から外れた) 誤り
1568 ≒ **mistake** [məstéɪk] 名 (判断上の) 誤り　他 (人・日時など) を間違える　mistook > mistaken
by mistake (間違って)
mistake A for B (AをBと間違える)

1569 character [kǽrəktər, kér-]
名 特徴；性格；(登場) 人物；文字
a man of **character** (人格者)　Chinese **characters** (漢字)

○ characterístic
名形 特徴 (的な) (of)
○ cháracterize
他 を特徴づける

1570 ≒ **attribute** 動 [ətríbjuːt] 名 [ǽtrəbjùːt] 他 (結果など) を (~に) 帰する (to)　名 特質
He *attributed* his failure *to* a lack of preparation. (彼は失敗を準備不足のせいにした。)

1571 hardly [háːrdli]
副 ほとんど…ない
❗ hardly, barely は「程度」, seldom, rarely は「頻度」を表す副詞。

1572 関 **barely** [béərli] 副 かろうじて (…する)
Some were highly educated. Others could **barely** read and write. (高い教育を受けた人もいれば, 読み書きもやっとという人もいた。)

○ báre 形 裸の

1573 cheat [tʃíːt]
他 をだます　自 いかさま [カンニング] をする

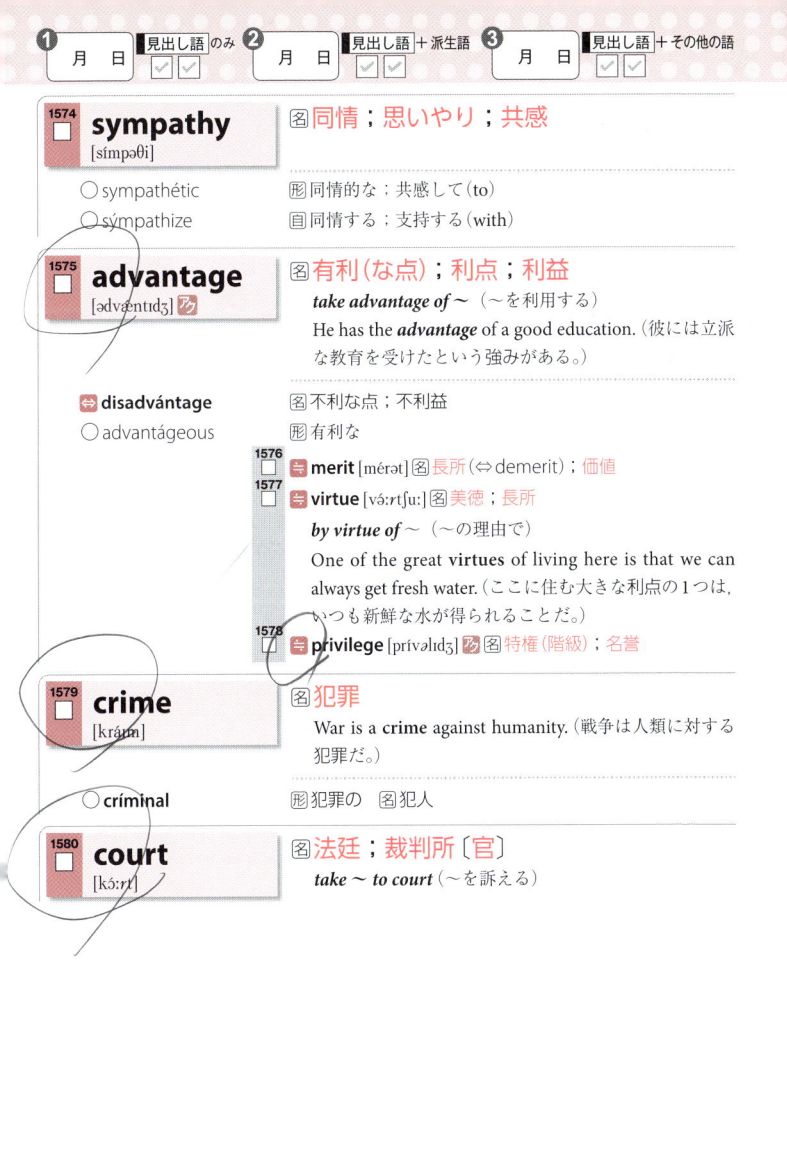

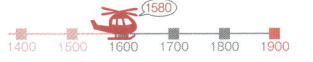

1574	**sympathy** [símpəθi]	名**同情**；**思いやり**；**共感**
	○ sympathétic	形 同情的な；共感して (to)
	○ sympathize	自 同情する；支持する (with)

1575	**advantage** [ədvǽntɪdʒ] 発	名**有利(な点)**；**利点**；**利益**

take advantage of ~ （~を利用する）

He has the ***advantage*** of a good education. (彼には立派な教育を受けたという強みがある。)

⇔ **disadvántage** 名 不利な点；不利益
○ advantágeous 形 有利な

1576 ≒ **merit** [mérət] 名 長所(⇔demerit)；価値
1577 ≒ **virtue** [vɚ́ːrtʃuː] 名 美徳；長所

by virtue of ~ （~の理由で）

One of the great **virtues** of living here is that we can always get fresh water. (ここに住む大きな利点の1つは、いつも新鮮な水が得られることだ。)

1578 ≒ **privilege** [prívəlɪdʒ] 発 名 特権(階級)；名誉

1579	**crime** [kráɪm]	名**犯罪**

War is a **crime** against humanity. (戦争は人類に対する犯罪だ。)

○ críminal 形 犯罪の 名 犯人

1580	**court** [kɔ́ːrt]	名**法廷**；**裁判所**〔官〕

take ~ ***to court*** （~を訴える）

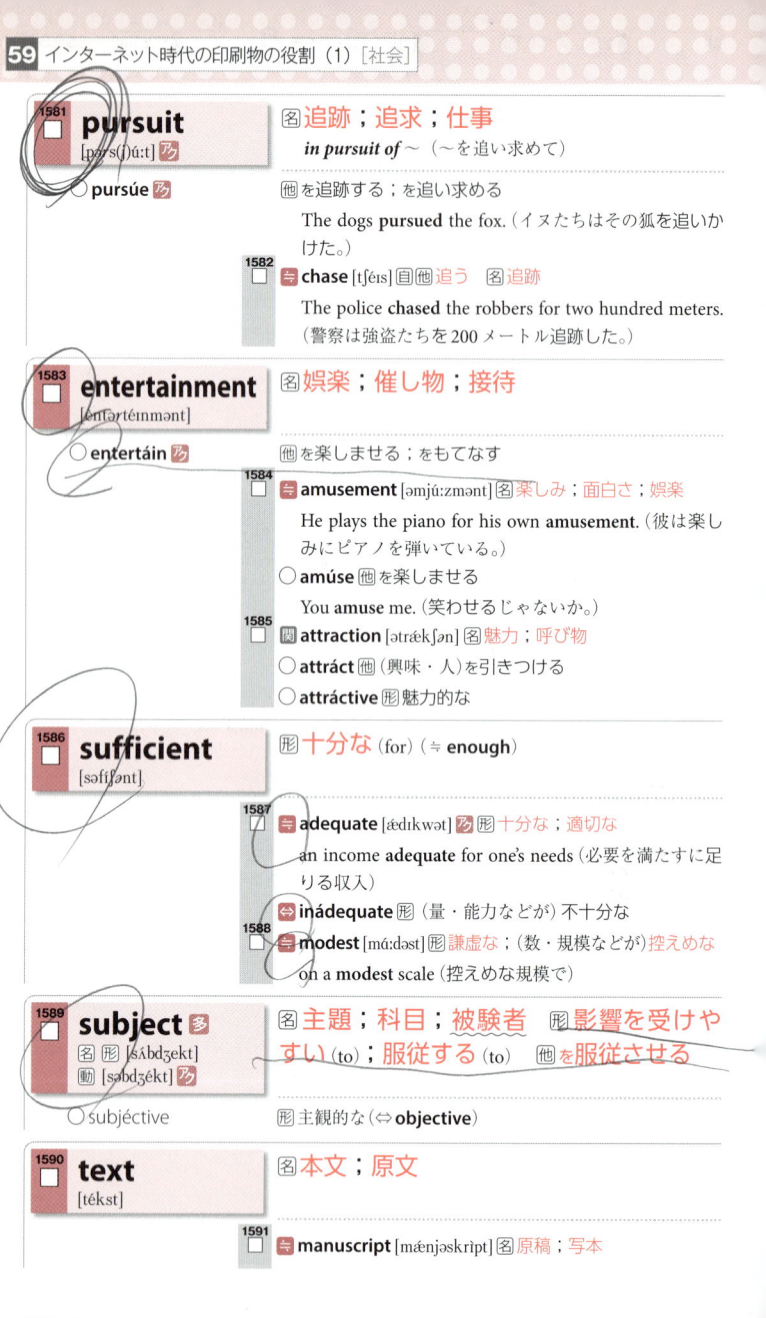

59 インターネット時代の印刷物の役割（1）[社会]

1581 pursuit [pɚːs(j)úːt]
名 追跡；追求；仕事
in pursuit of ～（～を追い求めて）

○ pursúe
他 を追跡する；を追い求める
The dogs **pursued** the fox.（イヌたちはその狐を追いかけた。）

1582 ≒ **chase** [tʃéɪs] 自他 追う 名 追跡
The police **chased** the robbers for two hundred meters.（警察は強盗たちを 200 メートル追跡した。）

1583 entertainment [èntɚtéɪnmənt]
名 娯楽；催し物；接待

○ entertáin
他 を楽しませる；をもてなす

1584 ≒ **amusement** [əmjúːzmənt] 名 楽しみ；面白さ；娯楽
He plays the piano for his own **amusement**.（彼は楽しみにピアノを弾いている。）
○ **amúse** 他 を楽しませる
You **amuse** me.（笑わせるじゃないか。）

1585 関 **attraction** [ətrækʃən] 名 魅力；呼び物
○ **attráct** 他（興味・人）を引きつける
○ **attráctive** 形 魅力的な

1586 sufficient [səfíʃənt]
形 十分な (for) (≒ enough)

1587 ≒ **adequate** [ædɪkwət] 形 十分な；適切な
an income **adequate** for one's needs（必要を満たすに足りる収入）
○ **inádequate** 形（量・能力などが）不十分な

1588 ≒ **modest** [mɑ́ːdəst] 形 謙虚な；(数・規模などが) 控えめな
on a **modest** scale（控えめな規模で）

1589 subject 多
名 形 [sʌ́bdʒekt]
動 [səbdʒékt]
名 主題；科目；被験者　形 影響を受けやすい (to)；服従する (to)　他 を服従させる

○ subjéctive
形 主観的な (⇔ **objective**)

1590 text [tékst]
名 本文；原文

1591 ≒ **manuscript** [mǽnjəskrɪpt] 名 原稿；写本

| ❶ 月 日 見出し語のみ | ❷ 月 日 見出し語+派生語 | ❸ 月 日 見出し語+その他の語 |

1592 source [sɔ́ːrs]
名源；原因；情報源
a major **source of** pollution（汚染の主要原因）

1593 注 resource [ríːsɔ̀ːrs, rɪsɔ́ːrs] 名（通例⑱）資源；財源
human **resources**（人的資源）

1594 ≒ capital [kǽpətl] 多 名首都（= *capital city*）；資本（金）；大文字 形大文字の；主要な；資本の
⚠ 語源は「頭の」。
capital punishment（死刑）
What [×Where] *is the capital of* France?（フランスの首都はどこですか。）
○ **capitalism** 名資本主義

1595 quality 多 [kwάːləti]
名質（⇔ quantity）；特性
~ *of good*〔*poor*〕*quality*（質のよい〔悪い〕～）

○ quálify
自資格を持つ(for, to *do*)；資格を得る(as)
他に資格を与える(for, as)
It takes many years to *qualify as* a doctor.（医師としての資格を得るには長い年数がかかる。）

1596 ≒ entitle [ɪntάɪtl] 他に資格〔権利〕を与える
be entitled to ~〔*to do*〕（～を持つ〔…する〕資格がある）
○ **title** 名タイトル；作品；肩書

1597 sheet [ʃíːt]
名シーツ；1枚の紙
a sheet of ~ （1枚の～（紙・金属板など））

1598 desire [dɪzάɪər]
他（強く）を望む 名欲望；要望

○ desírable
形（あることが）望ましい
It is desirable that you stop smoking.（君はたばこをやめた方がいい。）

1599 ≒ ambition [æmbíʃən] 多 名熱望；野心
○ ambítious 多 形 熱意のある；野望のある
Boys, be ambitious!（少年よ、大志を抱け！）

1600 ≒ appetite [ǽpətàɪt] 名食欲；欲求(for)
1601 関 hunger [hʌ́ŋɡər] 名飢え；渇望
関 starvation [stὰːrvéɪʃən] 名飢え；餓死
○ stárve 自飢える；餓死する
starve to death（餓死する）

59 インターネット時代の印刷物の役割 (1) [社会]

1602 economical
[èkəná:mɪkl]
形 経済的な；倹約する

- económic — 形 経済(学)の
  - ❗ economical と economic の区別に注意。
- ecónomy 多乙 — 名 経済(制度)；節約
- económics — 名 経済学
- ecónomist — 名 経済学者

The **economist** said that the economy was going to decline. (その経済学者は景気は後退するだろうと言った。)

1603 関 luxury [lʌ́gʒəri] 名 ぜいたく(品)
luxury commodity (ぜいたく品)
Mike retired at forty and lived out his days in **luxury**. (マイクは40歳で引退して、ぜいたくな余生を送った。)

1604 関 goods [gʊ́dz] 名 商品
1605 関 commodity [kəmá:dəti] 名 商品；日用品

1606 convey
[kənvéɪ]
他 (感情・思考など)を伝える；を運ぶ

1607 ≒ shift [ʃíft] 他 (方向など)を変える 自 移る 名 変化；移動；交替(制)
The wind **shifted** to the west. (風向きが西に変わった。)

1608 ≒ transmit [trænsmít] 他 を送る；(情報など)を伝える；(病気)を伝染させる
- transmíssion — 名 伝達；通信；(病気などの)伝染

1609 関 transition [trænzíʃən] 名 移り変わり；過渡期
transition to democratic government (民主政治への移行)

1610 novel 多
[ná:vl]
名 小説　形 斬新な

That's **novel** to me. (それは初耳だ。)

- nóvelist 乙 — 名 小説家
- nóvelty — 名 目新しさ；新奇な物

1611 関 poem [póʊəm] 名 (1編の)詩
1612 関 poet [póʊət] 名 詩人
- póetry — 名 (集合的に)詩
- ❗ poem は可算名詞, poetry は不可算名詞。

| ❶ 月 日 | 見出し語のみ ☐☐ | ❷ 月 日 | 見出し語+派生語 ☐☐ | ❸ 月 日 | 見出し語 ☐☐ |

1613 bible
[báɪbl]

名 (the B-) 聖書；必読書

1614 incredible
[ɪnkrédəbl]

形 信じられない；素晴らしい

○ crédit 多

名 信用；名誉　他 (通例受身に)功績があると思う(with)
a man of great **credit** (信望のある人)
He **is credited with** the success. (その成功は彼のおかげである。)

≒ unbelievable [ʌnbɪlíːvəbl] 形 驚くような；信じられない

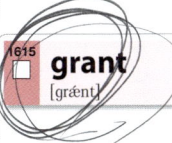

1615 grant
[grænt]

他 (許可・資格など)を**与える**；を**認める**
granted (**that**) ... (仮に…としても)
take A for granted (Aを当然とみなす)
We **take** the blessing of the sun **for granted**. (私たちは太陽の恩恵を当たり前のことだと思っている。)
The teacher **granted** me permission to go home early. (先生は早退の許可をくれた。)

1616 evolution
[èvəlúːʃən]

名 進化(論)；発展

○ evólve

他自 発展 [進化] する [させる]
The situation has **evolved** into a more complex problem. (事態はさらに複雑な問題に発展した。)

○ evolútionary

形 進化の

インターネット時代の印刷物の役割 (2) [社会]

1617 craft
[krǽft]

名 **工芸**；(手先の) **技術**
He teaches arts and **crafts** in a school. (彼は学校で美術工芸を教えている。)

1618 print
[prínt]

他 **を印刷する**；**を出版する**　名 **印刷(物)**
❶ 授業などで配るプリントは handout。

1619 available
[əvéɪləbl]

形 **手に入る**；**利用できる**
Will the room be **available** for the meetings? (その部屋を会議に使うことはできますか。)

○ availability　名 利用できること；入手可能性

1620 author
[ɔ́:θər]

名 **著者**；**作者**

1621 関 authority [əθɔ́:rəti] 名 権威；権限；(通例 the -ties) 当局
○ authoritative 形 信頼できる；横柄な
information from an **authoritative** source (信頼できる筋からの情報)

1622 関 council [káʊnsl] 名 (地方自治体の) 議会 (≒ local authority)；会議
注 counsel [káʊnsl] 名 助言　他 に助言する
○ counselor 名 カウンセラー

1623 tool
[tú:l]

名 **道具**；**手段**

1624 ≒ implement 名 [ímpləmənt] 動 [-mènt]　名 (しばしば複) **道具**；**手段**　他 (政策など)を**実行する**
writing **implements** (筆記用具)
There is not enough money to **implement** your proposal. (あなたの提案を実行するだけの資金はありません。)

1625 ≒ instrument [ínstrəmənt] 名 器具；楽器
The Vegetable Orchestra performs music solely on musical **instruments** made of vegetables. ((ウィーンの) ベジタブル・オーケストラは、野菜で作った楽器だけで音楽を演奏する。)
○ instrumental 形 役に立つ；器楽の

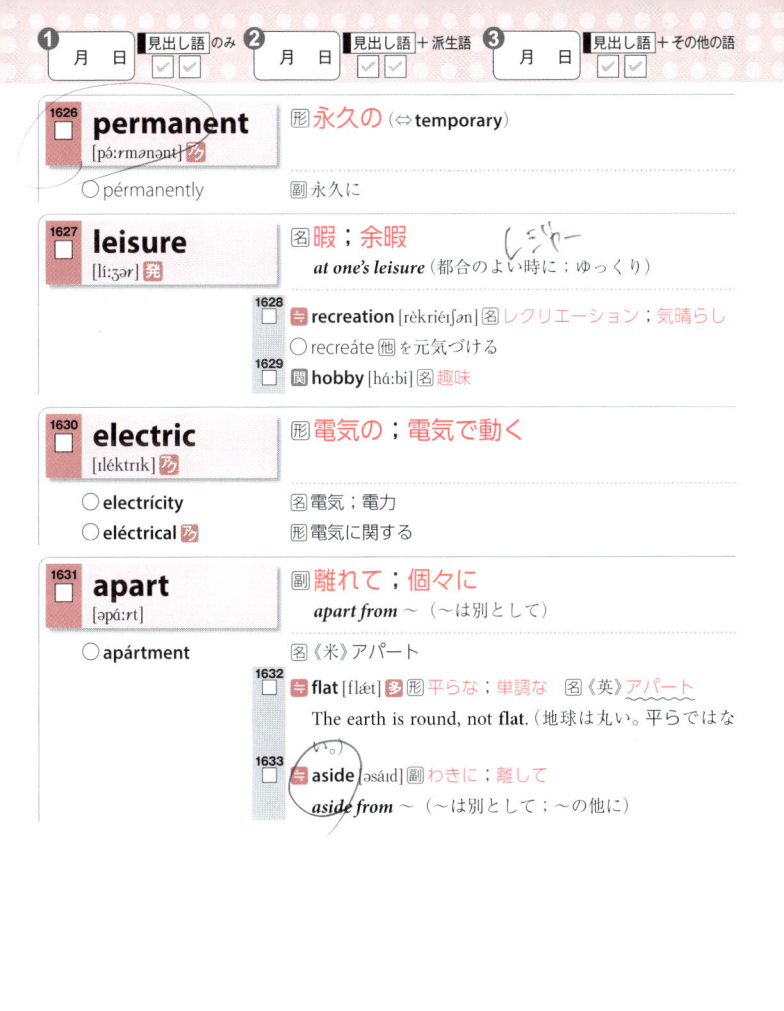

1626 permanent
[pə́:rmənənt]
形 永久の (⇔ temporary)

○ pérmanently 副 永久に

1627 leisure
[líːʒər] 発
名 暇；余暇
at one's leisure（都合のよい時に；ゆっくり）

1628 ≒ recreation [rèkriéɪʃən] 名 レクリエーション；気晴らし
○ recreáte 他 を元気づける
1629 関 hobby [hɑ́ːbi] 名 趣味

1630 electric
[ɪléktrɪk]
形 電気の；電気で動く

○ electrícity 名 電気；電力
○ eléctrical 形 電気に関する

1631 apart
[əpɑ́ːrt]
副 離れて；個々に
apart from ～（～は別として）

○ apártment 名 《米》アパート

1632 ≒ flat [flǽt] 多 形 平らな；単調な 名 《英》アパート
The earth is round, not flat.（地球は丸い。平らではない。）

1633 ≒ aside [əsáɪd] 副 わきに；離して
aside from ～（～は別として；～の他に）

まとめてチェック

㉗ 犯罪・裁判

1579 crime

1634 prison [prízn] 　名 刑務所；拘置所
○ prísoner 　名 囚人；捕虜

1635 steal [stíːl] 　他 (こっそり)(物)を盗む　stole > stolen
My wallet was **stolen** yesterday. ≒ I had my wallet **stolen** yesterday.（私は昨日財布を盗まれた。）

1636 deprive [dɪpráɪv] 　他 (人)から奪う
Her anger **deprived** her **of** all reason.（彼女は怒りのあまりすっかり理性を失った。）

1637 rob [rάːb] 　他 (人など)から奪い取る (of)
Two men **robbed** her **of** her bag.（2人の男が彼女を襲ってかばんを奪い取った。）
○ róbber 　名 強盗

■ strip [stríp] 多 　他 を奪う；を取り除く　名 (紙・土地などの)細長い一片

1638 murder [mə́ːrdər] 　名 殺人(事件)

1639 trial [tráɪəl] 　名 裁判；試み；試練

1640 justice [dʒʌ́stɪs] 　名 正義；公正；裁判(官)

1641 bully [búli] 　名 いじめっ子　他 をいじめる

■ jury [dʒúəri] 　名 陪審(員団)

1642 thief [θíːf] 　名 泥棒

■ theft [θéft] 　名 窃盗(罪)

■ fingerprint [fíŋɡərprɪnt] 　名 指紋

㉘ -ever がつく単語

1560 whenever

1643 whatever [wʌtévər, hwʌt-] 　代 …することは何でも；何が〔何を〕…しようとも
Do **whatever** you like.（何でも好きなことをしなさい。）
Whatever happens, don't forget this.（何が起ころうとこのことを忘れるな。）

1644 wherever [weərévər] 　接 …するところはどこでも；どこに〔へ〕…しようとも
She was welcomed **wherever** she went.（彼女はどこへ行っても歓迎された。）
Wherever you are, the police will surely find you out.（君がどこにいようとも警察は必ず君を見つけ出すだろう。）

STAGE 7

Vocabulary 61 〜 70

いよいよ最終 STAGE。ここまで取り組んできたことを
自信に変えて，最後までやり抜こう！

Schedule

目　標：＿＿＿＿月＿＿＿＿日まで

終了日：＿＿＿＿月＿＿＿＿日

意味わかる？ ・**compel** → p.209 で Check!

発音できる？ ・**significant** → p.202 で Check!

61 食の安全と有機農業 (1) [環境]

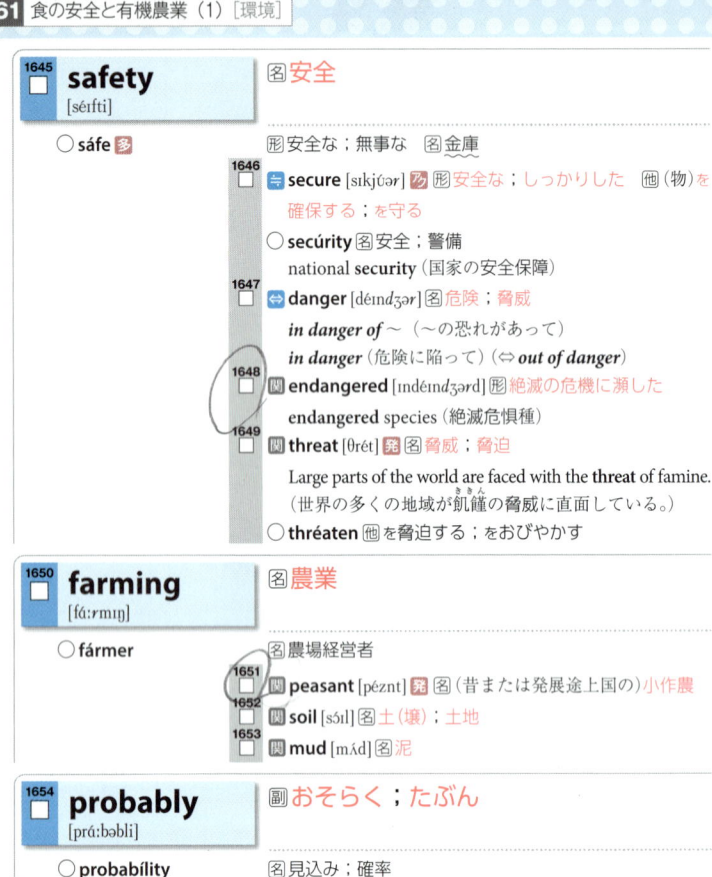

1645 safety [séɪfti]
名 **安全**

- ○ sáfe 多 — 形 安全な；無事な 名 金庫
  - 1646 ≒ **secure** [sɪkjúər] 多 形 安全な；しっかりした 他 (物)を確保する；を守る
  - ○ secúrity 名 安全；警備
    national security (国家の安全保障)
  - 1647 ⇔ **danger** [déɪndʒər] 名 危険；脅威
    in danger of ~ (〜の恐れがあって)
    in danger (危険に陥って) (⇔ *out of danger*)
  - 1648 関 **endangered** [ɪndéɪndʒərd] 形 絶滅の危機に瀕した
    endangered species (絶滅危惧種)
  - 1649 関 **threat** [θrét] 発 名 脅威；脅迫
    Large parts of the world are faced with the **threat** of famine.
    (世界の多くの地域が飢饉の脅威に直面している。)
  - ○ thréaten 他 を脅迫する；をおびやかす

1650 farming [fáːrmɪŋ]
名 **農業**

- ○ fármer — 名 農場経営者
  - 1651 関 **peasant** [péznt] 発 名 (昔または発展途上国の) 小作農
  - 1652 関 **soil** [sɔ́ɪl] 名 土(壌)；土地
  - 1653 関 **mud** [mʌ́d] 名 泥

1654 probably [práːbəbli]
副 **おそらく；たぶん**

- ○ probabílity — 名 見込み；確率
- ○ próbable — 形 十分ありそうな
  - ❗ ×She is probable 〔×It is probable for her〕 to come.
    ○ *It is probable that* she will come. (たぶん彼女は来るだろう。)

1655 style [stáɪl]
名 **様式；型；文体**

1656 agricultural [ægrɪkʌ́ltʃərəl] 多
形 **農業の**

- ○ ágriculture 多 — 名 農業

| ❶ 月 日 見出し語のみ | ❷ 月 日 見出し語+派生語 | ❸ 月 日 見出し語+その他の語 |

1657 license [láisns]
他 を認可する 名 免許(証)

1658 present 多
形名 [préznt]
動 [prizént] ア
形 出席して；現在の 名 贈り物；(the) 現在
他 を贈る；を提出〔発表〕する
at present (現在)

○ **présence**
名 存在；出席；面前
He insulted her in my **presence**. (彼は私の面前で彼女を侮辱した。)

○ **presentátion**
名 発表；提示；贈呈

○ présently
副 現在

1659 ⇔ **absence** [ǽbsəns] 名 不在 (from)；欠如 (of)
If anything happens during my **absence**, please talk to Bill. (僕の留守中に何かあったら，ビルに相談してください。)
○ **ábsent** 形 欠席して

📄 まとめてチェック

㉙ カタカナ語 (4)　　　↻ 1655 style

1660 drama [drá:mə]
名 ドラマ；演劇

○ **dramátic**
形 劇的な；演劇の

○ **dramátically**
副 劇的に

1661 comedy [kά:mədi]
名 喜劇

1662 関 **tragedy** [trǽdʒədi] 名 悲劇；惨事
○ trágic 形 悲劇の；悲惨な

1663 heaven [hévn]
名 天国

1664 wrap [rǽp]
他 を包む；を巻きつける

1665 ⇔ **fold** [fóuld] 他 を折りたたむ；(手足など)を組む；を包む

1666 cosmetic [ka:zmétik]
形 化粧(用)の；美容(整形)の　名 (通例 複)化粧品

195

食の安全と有機農業 (2) [環境]

1667 quantity [kwá:ntəti]
名 量 (⇔ quality); 多量

1668 ≒ **volume** [vá:ljəm] 多 乃 名 容積; 量; 音量; 1冊
a volume〔volumes〕of ~ (大量の~)

1669 cost [kɔ́(:)st]
名 費用; 犠牲　他 (費用) がかかる; (犠牲) を払わせる　cost > cost
⚠ 通例進行形にしない。
cost A B (A (人) にB (費用) がかかる)
at all cost(s) = at any cost (どんなに犠牲を払っても〔ぜひとも〕)
at the cost of ~ (~を犠牲にして)
Drunk driving **cost** him his life. (彼は酔っぱらい運転で命を失った。)

1670 ≒ **charge** [tʃɑ́:rdʒ] 多 他 を請求する; を告発する; を充電する; (責任など) を負わせる　名 料金; 責任; 告発
⚠ 語源は「車に荷を積む」。
(be) free of charge (無料で)
in charge of ~ (~の担当で)
take charge of ~ (~を引き受ける)
How much does he **charge** for this service? (彼はこのサービスにいくら請求しているのですか。)

1671 pollution [pəlú:ʃən]
名 汚染; 公害
environmental **pollution** (環境汚染)

○ **pollute**　他 を汚染する

1672 agree [əgríː] 多 乃
他 …であることに同意する (that)　自 同意する (to); 賛成する (on, with); (体質などに) 合う (with)

○ **agreement**　名 同意; 一致; 協定
⇔ **disagree**　自 意見が異なる (with, about)
⇔ **disagreement** 乃　名 不一致; 相違

1673 ≒ **contract** [名 kɑ́:ntrækt] [動 kəntrǽkt] 多 乃 名 契約 (書) (with)　他 を契約する; (重病) にかかる; を縮める

1674 ≒ **approve** [əprúːv] 自 賛成〔同意〕する (of)　他 (計画・考えなど) (公に) を承認〔認可〕する
I can't **approve of** his plan. (彼の計画には賛成できない。)

1675 ≒ **promise** [prɑ́:məs] 多 自他 約束する 名 約束；見込み
promise to do (…すると約束する)
promise (A) that ... ((Aに)…を約束する)
○ **prómising** 形 前途有望な

1676 注 **compromise** [kɑ́:mprəmàɪz] ア 名 自 妥協(する)
In the end they **compromised**. (彼らは結局妥協した。)

≒ **consent** [kənsént] ア 名 自 同意(する)
I'm afraid your parents will never give their **consent** to your trip abroad. (君のご両親は君の海外旅行には決して同意しないと思いますよ。)
○ **consénsus** 名 (意見の)一致

1677 **price** 多 [práɪs]
名 (品物の)値段；(複)物価；代償
❗「安い・高い」は low, high。
at any price (ぜひとも)
at the price of ～ (～を犠牲にして)

○ **príceless** 形 非常に価値のある

1678 **pay** 多 [péɪ]
自 代金を支払う(for)；割に合う 他 を支払う；(注意など)を払う；に報いる 名 給料
pay A for B (B(物事)に対してA(金)を支払う)
He **paid** twenty dollars *for* the hat. (彼は帽子に20ドル払った。)
He **paid** no *attention to* me. (彼は私にまったく注意を払わなかった。)

○ **páyment** 名 支払い(額)；報酬

1679 ≒ **fee** [fí:] 名 (参加・入場の)料金；(専門職への)謝礼
1680 ≒ **salary** [sǽləri] 名 (月々の)給料
1681 ≒ **wage** [wéɪdʒ] 名 (肉体労働に対する)賃金
1682 ≒ **fare** [féər] 名 (交通機関の)運賃
1683 関 **owe** [óu] 他 に借金がある；に恩を受けている
owe A B [B to A] (AにBを借りている；Bについては Aのおかげである)
owing to ～ (～のために)
I owe my friend ten thousand yen. ≒ I **owe** ten thousand yen *to* my friend. (私は友人に1万円の借りがある。)

63 医食同源 (1) [医療]

1684 grocery [gróusəri]
名 日用雑貨・食料品店 (≒ grocery store); 日用雑貨〔食料〕品

1685 prevent [prɪvént]
他 を妨げる; を防ぐ
prevent A from …ing (Aが…するのを妨げる)

○ prevéntion
名 予防; 防止
Prevention is better than cure. (治療より予防が勝る = 転ばぬ先の杖。)

○ prevéntive
形 予防〔防止〕するための

1686 reverse [rɪvə́ːrs]
他 を逆にする; を一変させる
名 (the) 逆 形 逆の

○ revérsible
形 逆にできる

1687 nutrition [n(j)u(ː)tríʃən]
名 栄養(物; 摂取)

1688 specialize [spéʃəlàɪz]
自 専門とする (in) 他 を専門化する

○ spécialist 発
名 専門家

1689 alternative [ɔːltə́ːrnətɪv]
名 代わり; 選択肢
形 別の; 型にはまらない; 二者択一の
The **alternative** possibilities were resistance and flight. (できることは抵抗か逃亡か2つに1つだった。)

○ alter [ɔ́ːltər] 発
他 を変える 自 変わる

1690 ≒ modify [má:dəfàɪ] 他 (部分的に)を修正する
○ modificátion 名 修正 (to)
genetic **modification** (遺伝子組み換え)

1691 ≒ convert [kənvə́ːrt] 他 (機能上)を変える
convert water *into* steam (水を蒸気に変える)

1692 ≒ transform [trænsfɔ́ːrm] 他 を変化〔変形〕させる
○ transformátion 名 変化; (昆虫などの)変態
≒ distort [dɪstɔ́ːrt] 他 をゆがめて伝える; をゆがめる

1693 melt [mélt]
自 溶ける; 和らぐ 他 を溶かす

1694 view 多
[vjúː]

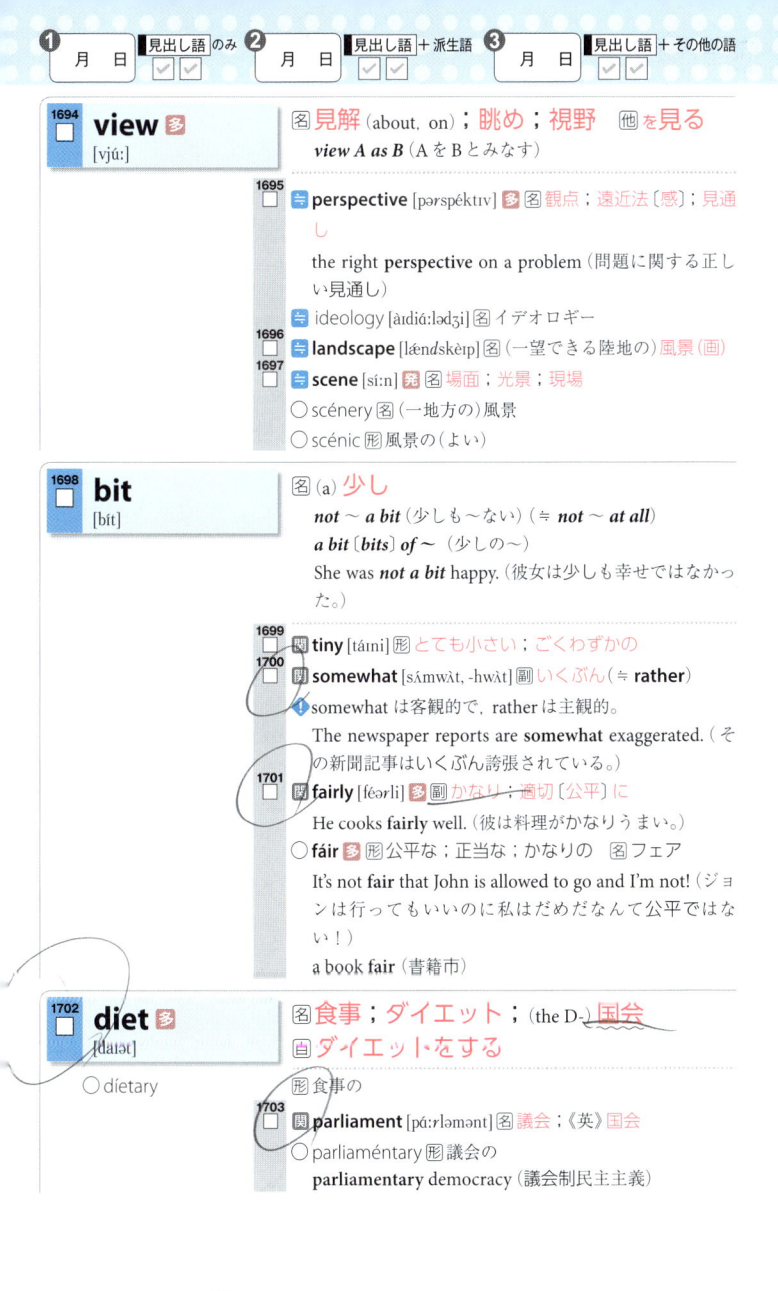

图 見解 (about, on); 眺め; 視野　他 を見る
view A as B (A を B とみなす)

1695
≒ **perspective** [pərspéktɪv] 多 图 観点; 遠近法〔感〕; 見通し
the right **perspective** on a problem (問題に関する正しい見通し)

≒ **ideology** [àɪdiáːlədʒi] 图 イデオロギー

1696
≒ **landscape** [lǽndskèɪp] 图 (一望できる陸地の)風景(画)

1697
≒ **scene** [síːn] 発 图 場面; 光景; 現場
○ **scénery** 图 (一地方の)風景
○ **scénic** 形 風景の(よい)

1698 bit
[bít]

图 (a) 少し
not ~ a bit (少しも〜ない) (≒ **not ~ at all**)
a bit〔bits〕of ~ (少しの〜)
She was **not a bit** happy. (彼女は少しも幸せではなかった。)

1699
関 **tiny** [táɪni] 形 とても小さい; ごくわずかの

1700
関 **somewhat** [sʌ́mwɑ̀t, -hwʌ̀t] 副 いくぶん (≒ **rather**)
⚠ somewhat は客観的で, rather は主観的。
The newspaper reports are **somewhat** exaggerated. (その新聞記事はいくぶん誇張されている。)

1701
関 **fairly** [féərli] 多 副 かなり; 適切〔公平〕に
He cooks **fairly** well. (彼は料理がかなりうまい。)
○ **fáir** 多 形 公平な; 正当な; かなりの　图 フェア
It's not **fair** that John is allowed to go and I'm not! (ジョンは行ってもいいのに私はだめなんて公平ではない!)
a book **fair** (書籍市)

1702 diet 多
[dáɪət]

图 食事; ダイエット; (the D-) 国会
自 ダイエットをする
○ **díetary** 形 食事の

1703
関 **parliament** [páːrləmənt] 图 議会;《英》国会
○ **parliaméntary** 形 議会の
parliamentary democracy (議会制民主主義)

63 医食同源 (1) [医療]

1704 conduct
動 [kəndʌ́kt]
名 [káːndʌkt]

他 (調査など)を行う；を指揮する；を案内する
名 (道徳上の)行為；管理

○ conductor — 名 指揮者；車掌

1705 identify
[aɪdéntəfaɪ]

他 の身元を確認する；を特定する；を同一視する

Happiness *is* sometimes *identified with* money. (幸福とお金とが同一視されることがある。)

○ idéntity — 名 自己同一性；正体；個性
○ idéntical — 形 (別の物や人が)まったく同じの (to)
○ identificátion — 名 身元確認；同一化

1706 component
[kəmpóʊnənt]

名 (構成)要素；成分

1707 ≒ content
名 [káːntent] 形 [kənténɡ]
名 内容；目次
形 満足して

He *is content with* his present salary. (彼は現在の給料に満足している。)

1708 ≒ ingredient [ɪŋgríːdiənt]
名 (料理などの)材料；成分

the ingredients of the cake (ケーキの材料)

まとめてチェック

30 カタカナ語 (5) ⟳ 1694 view

1709 roof [rú:f] 名屋根

1710 lock [lá:k] 名他錠(をかける)

1711 theater [θí:ətər] 名劇場;映画館

1712 kindergarten [kíndərgà:rtn] 名幼稚園

1713 pub [pʌ́b] 名居酒屋

1714 smoke [smóuk] 名煙;喫煙 自他(タバコを)吸う

1715 cigarette [sígərèt] 名(紙)巻きタバコ

1716 shadow [ʃǽdou] 名影

1717 shade [ʃéɪd] 名(物)陰;色合い
関 darkness [dá:rknəs] 名暗さ

31 食 ⟳ 1702 diet

1718 wheat [wí:t] 名小麦

1719 protein [próuti:n] 名タンパク質

1720 recipe [résəpi] 名調理法;秘訣

1721 raw [rɔ́:] 形(食物が)生の;加工されていない
raw material (原材料)

■ junk [dʒʌ́ŋk] 名がらくた;ジャンクフード(= junk food)

32 語尾につくと品詞が変わるもの ⟳ 1705 identify

-fy や -en は動詞化する接尾辞, -th は名詞化する接尾辞なので, 覚えておこう。

1722 justify [dʒʌ́stəfàɪ] 他を正当化する(← just)
○ justification 名正当な理由〔根拠〕;正当化

1723 warmth [wɔ́:rmθ] 名温かさ(← warm)

1724 depth [dépθ] 名深さ(← deep)
○ deepen 他を深める;を深くする 自深まる;深くなる
1725 関 **profound** [prəfáund] 形(影響が)重大な;(物事が)深い;(学識が)深遠な
❶ deep と異なり, 「物理的に深い」ことには用いない。
1726 ⇔ **shallow** [ʃǽlou] 形浅い;浅はかな

64 医食同源 (2) [医療]

1727 tremendous [trɪméndəs]
形 (数量・程度・強さなどが) ものすごい; 素晴らしい

1728 clinical [klínɪkl]
形 臨床の; 病院の
○ clínic 名 診療所

1729 extract 名 [ékstrækt] 動 [ɪkstrǽkt] アク
名 抜粋; 抽出物 (≒ essence) 他 を抽出する; を引き〔抜き〕出す
extract juice from fruit (果物から果汁を絞り取る)

1730 withdraw [wɪðdrɔ́ː] 他 を引っ込める; を退かせる; (預金) を引き出す 自 退く withdrew > withdrawn
She withdrew that suggestion as soon as she was criticized for it. (批判されると, 彼女はすぐにその提案を引っ込めた。)
○ withdráwal 名 中止; 撤退; (預金の) 引き出し (額)

1731 ≒ retire [rɪtáɪər] 自 退職〔引退〕する (from)
○ retírement 名 退職〔引退〕
the retirement age (定年)

1732 ≒ retreat [rɪtríːt] 自 後退する; 逃げる 名 後退; 撤退

1733 significant [sɪgnífɪkənt] アク
形 重要な; (数・量が) かなりの; (統計) 有意の
○ significance 名 意義; 重要性
○ sígnify 他 を意味する

1734 ≒ represent [rèprɪzént] アク 他 を表す; を代表する
○ represéntative 名 代表者; 代理人 形 代表的な
a representative of the union (労働組合の代表者)
○ represéntation 名 代表; 表現〔描写〕

1735 関 agent [éɪdʒənt] 名 代行業者; 代理人; (反応・変化などを起こす) 力
She usually speaks through her agent. (普段, 彼女は代理人を通して話す。)
agent that kills insects (殺虫剤)
○ ágency 名 代理 (店); (政府などの) 機関
She works for a government agency. (彼女は政府の機関で働いている。)

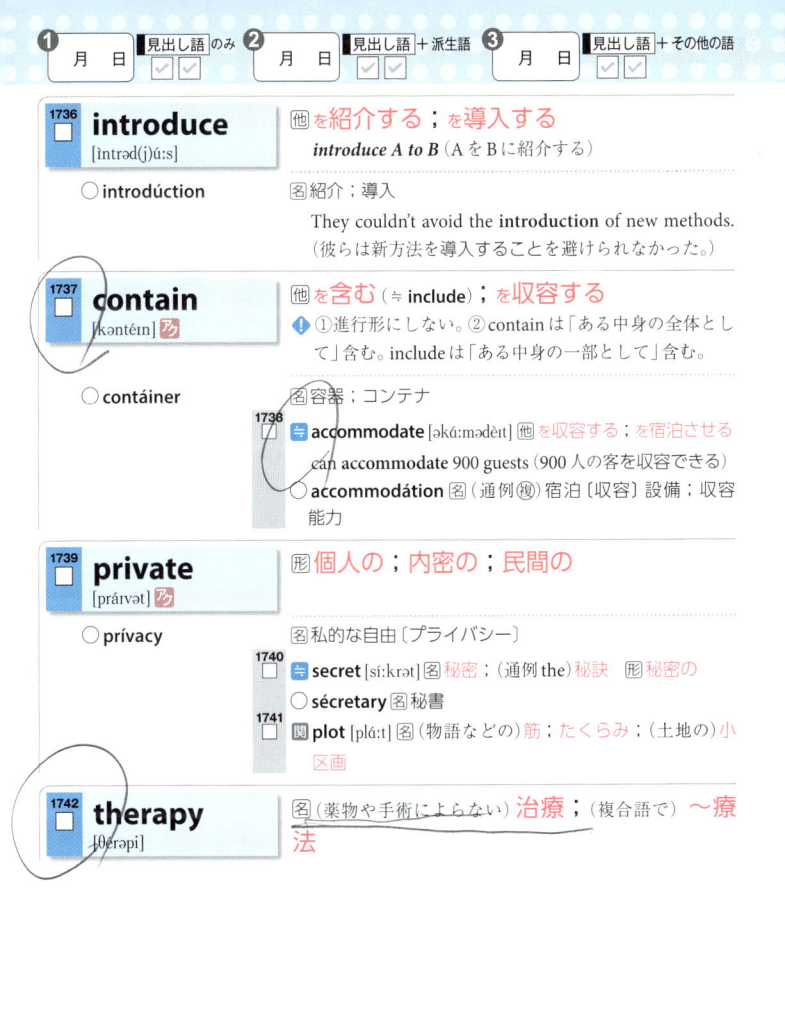

| ❶ 月 日 見出し語のみ | ❷ 月 日 見出し語+派生語 | ❸ 月 日 見出し語+その他の語 |

1736 introduce [ìntrəd(j)úːs]

他 を紹介する；を導入する
introduce A to B（AをBに紹介する）

○ **introdúction**
名 紹介；導入
They couldn't avoid the **introduction** of new methods.
（彼らは新方法を導入することを避けられなかった。）

1737 contain [kəntéin]

他 を含む（≒ include）；を収容する
❶ ①進行形にしない。② contain は「ある中身の全体として」含む。include は「ある中身の一部として」含む。

○ **contáiner**
名 容器；コンテナ

1738 ≒ **accommodate** [əkɑ́ːmədèit] 他 を収容する；を宿泊させる
can **accommodate** 900 guests（900人の客を収容できる）
○ **accommodátion** 名（通例複）宿泊〔収容〕設備；収容能力

1739 private [práivət]

形 個人の；内密の；民間の

○ **prívacy**
名 私的な自由〔プライバシー〕

1740 ≒ **secret** [síːkrət] 名 秘密；(通例 the) 秘訣　形 秘密の
○ **sécretary** 名 秘書

1741 関 **plot** [plɑ́ːt] 名（物語などの）筋；たくらみ；(土地の) 小区画

1742 therapy [θérəpi]

名（薬物や手術によらない）治療；(複合語で) 〜療法

英文 64 で Check!

65 イヌががんを発見する!? (1) [医療]

1743 household [háushòuld] 形 家(事)の 名 家族(全体)

1744 lung [lʌ́ŋ] 名 肺

1745 detect [dɪtékt] 他 を見抜く；を検出する
They **detected** a tiny amount of blood. (彼らは微量の血液を検出した。)

○ **detéctive** 名 刑事；探偵　形 探偵の；探知用の
○ **detéction** 名 発見
His crime escaped **detection** for many years. (彼の犯罪は何年間も発見されずに済んだ。)

1746 examine [ɪgzǽmən] 他 を調べる；を診察する

○ **examinátion** 名 試験 (= exam)；調査
take an examination [*exam*] *in* mathematics (数学の試験を受ける)

1747 ≒ **check** [tʃék] 多 他 を調べる；を阻止する　名 検査；点検；小切手
They were unable to **check** the rise in prices. (彼らは物価の上昇を抑えることができなかった。)

1748 ≒ **analyze** [ǽnəlàɪz] 乃 他 を分析する
How do you **analyze** the results? (どのようにその結果を分析しますか。)
○ **análysis** 乃 名 分析
Something is wrong with our **analysis**. (私たちの分析にはどこかに間違いがある。)

1749 ≒ **review** [rɪvjú:] 乃 他 を見直す；を復習する；を批評する　名 再検討；復習；批評

1750 ≒ **column** [kɑ́:ləm] 名 円柱；コラム　ad **column** (広告欄)

1751 trace [tréɪs] 名 (形)跡　他 を追跡する；を見つけ出す
The police have **traced** her to London. (警察は彼女をロンドンまで追跡した。)

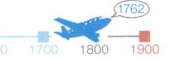

| ❶ 月 日 | 見出し語のみ ☐☐ | ❷ 月 日 | 見出し語+派生語 ☐☐ | ❸ 月 日 | 見出し語+その他の語 ☐☐ |

1752 confirm [kənfə́ːrm]
他 を確かめる；を立証する

The experiment **confirmed** my hypothesis.（その実験が私の仮説を立証した。）

1753 注 firm [fə́ːrm] 多 形 固い；断固とした 名 会社（≒ corporation）
He gave a **firm** refusal.（彼はきっぱりと断った。）
○ **firmly** 副 固く；断固として

1754 damage [dǽmɪdʒ] ア
名 損害；損傷　他 に損害を与える

1755 ≒ wound [wúːnd] 発 名 傷　他 を傷つける
wounded > wounded
⚠ wind（を巻きつける）の過去形，過去分詞は wound [wáʊnd]。

1756 executive [ɪgzékjətɪv]
形 執行権のある；行政の　名 (経営)幹部

📄 まとめてチェック

33 人体　　　　　　　　　　　　　↻ 1744 lung

1757 **facial** [féɪʃəl]	形 顔の
■ forehead [fɔ́ːrhèd]	名 ひたい
■ throat [θróʊt]	名 のど *clear one's throat*（せき払いする）
1758 **tongue** [táŋ] 多 発	名 舌；言語 *one's mother tongue*（母国語）
1759 **stomach** [stʌ́mək]	名 胃；腹(部)
1760 **thumb** [θʌ́m]	名 親指
1761 **knee** [níː]	名 ひざ
1762 **deaf** [déf]	形 耳が聞こえない Beethoven didn't give up composing even after he became **deaf**.（ベートーベンは耳が聞こえなくなった後でも作曲をやめなかった。）

英文 65 で Check!

66 イヌががんを発見する!? (2) [医療]

1763 waste 多
[wéɪst]

形 廃物の;不毛の　自他 浪費する　名 浪費;荒れ地;廃棄物

industrial **waste** (産業廃棄物)

1764 関 abuse 動[əbjúːz] 名[əbjúːs] 発 他 を乱用する;を虐待する　名 乱用;虐待

People in public office mustn't **abuse** their power. (公職に就く人は権力を乱用してはいけない。)

1765 ≒ insult 動[ɪnsʌ́lt] 名[´--] 力 他 を侮辱する (by …ing)　名 侮辱 (to)

He **insulted** her *by* call*ing* her a selfish person. (彼は彼女をわがままな人と呼んで侮辱した。)

1766 stage
[stéɪdʒ]

名 (発達の) 段階;舞台

at an early **stage** (初期の段階で)

1767 reward
[rɪwɔ́ːrd] 発

名 報酬;褒美 (≒ *prize*)　他 に報いる

reward a person's labor (人の労に報いる)

1768 注 award [əwɔ́ːrd] 発 他 (審査して)を授与する　名 賞(金)

award *A B* (AにBを授与する)

He was **awarded** a scholarship. (彼は奨学金を与えられた。)

1769 ⇔ punish [pʌ́nɪʃ] 他 を罰する

He *was* **punished** *for* telling a lie. (彼はうそをついたことで罰せられた。)

○ **púnishment** 名 罰

1770 ⇔ penalty [pénəlti] 力 名 罰(金)

1771 capture
[kǽptʃər]

他 (人・動物)を捕らえる;を引き付ける　名 逮捕

1772 ≒ grab [grǽb] 他 をつかむ　名 つかむこと

1773 ≒ seize [síːz] 発 他 をつかむ

I **seized** him *by the* arm. (私は彼の腕をつかんだ。)

1774 ≒ arrest [ərést] 他 を逮捕する　名 逮捕

He *was* **arrested** *for* drunken driving. (彼は飲酒運転で逮捕された。)

| 1775 | **correct** [kərékt] | 形 正しい；適切な　他 を訂正する |

| 1776 | 関 **editor** [édətər] 名 編集者 |
○ edítion 名 (書籍・新聞の)版
○ édit 他 を編集する
He is involved in **editing** the famous magazine. (彼はその有名な雑誌の編集に関わっている。)
○ editórial 名 社説　形 編集の

| 1777 | **persist** [pərsíst] | 自 固執する (in)；いつまでも続く |
persist in a belief (信念を貫く)

○ persístent
形 頑固な
a **persistent** headache (なかなか治らない頭痛)

○ persístence
名 粘り強さ；持続性

| 1778 | **moreover** [mɔːróuvər] | 副 さらに (≒ *in addition*) |

67 石油から代替エネルギーへ [環境]

1779 average [ǽvərɪdʒ]
形 平均的な 名 平均
on (the (an)) average (平均して)

1780 関 **maximum** [mǽksəməm] 名形 最大限(の)
○ **máximize** 他 を最大(限)にする

1781 関 **minimum** [mínɪməm] 名形 最低限(の)
○ **mínimize** 他 を最小限にする
They made every effort to **minimize** emission of greenhouse gases. (彼らは温室効果ガスの排出を最小化しようと,あらゆる努力をした。)

1782 reserve [rɪzə́ːrv] 多
名 蓄え;遠慮;(動物などの)保護区 他 を予約する;を取っておく
a game reserve (禁猟区)

○ **reservátion** 名 予約
make a reservation for three (3人分の予約をする)

1783 ⇔ **stock** [stάːk] 多 名 蓄え;在庫(品);株式 他 を貯蔵している

1784 関 **store** [stɔ́ːr] 多 他 を蓄える 名 店

1785 last 多 [lǽst]
自 続く;長持ちする 形 (the) 最後の;この前の
at last (ようやく)
The rain **lasted** four days. (雨は4日間降り続いた。)

1786 technology [teknάːlədʒi] 多
名 科学技術

○ **technológical** 形 科学技術の

1787 global [glóʊbl]
形 世界的な;全体的な
global warming (地球温暖化)

○ **globe** [glóʊb] 発 名 (the) 地球;世界
all over the globe (世界中)
⚠ glove [glʌ́v] 発 (手袋)と混同しないこと。

○ **globalizátion** 名 世界(標準)化

1788 cheap [tʃíːp]
形 安い;安っぽい

208

1789 ground
[gráund]

名 地面；土(地)；根拠

1790 関 **underground** 形名[ʌ́ndərgràund] 副[ˌ-ˈ-] 形副 地下の〔に；で〕 名 地下(鉄)

1791 compel
[kəmpél]

他 (compel A to *do*) Aに…することを強いる
compelled > compelled
The scandal *compelled* him *to* resign. (そのスキャンダルで，彼は辞任せざるを得なくなった。)

1792 関 **obligation** [à:blɪɡéɪʃən] 名 義務；恩義
fulfill〔meet〕one's **obligations** (義務を果たす)
○ oblige [əbláɪdʒ] 多 発 他 (法や義務で)に強制する；を喜ばす
oblige A to do (Aに…することを強いる)
She ***was obliged to*** work to support five children.
(彼女は5人の子どもを養うために働かざるを得なかった。)
I'm very much obliged to you for your help. (ご援助まことにありがとうございます。)

関 grateful [ɡréɪtfl] 形 感謝している

1793 fossil
[fá:sl]

名形 化石(の)

1794 prepare
[prɪpéər]

自 準備をする (for, against)
他 の準備をする (A for B)

○ **preparátion**
名 準備

1795 ≒ **arrange** [əréɪndʒ] 他 の手はずを整える；を手配する；を配列する
arrange food on a dish (皿に食物を並べる)
The old man appeared exactly at noon as **arranged**. (その老人は打ち合わせ通りきっかり正午に現れた。)
○ **arrángement** 名 配置；手配；取り決め
flower **arrangement** (生け花)

1796 関 **negotiate** [nəɡóʊʃièɪt] 自 交渉する 他 を交渉して取り決める
○ **negotiátion** 名 交渉

67 石油から代替エネルギーへ [環境]

1797 invest [invést]
自他（金・時間など）投資する (in)
He *invested* time and energy *in* mastering French.（彼はフランス語の習得に時間と精力を注いだ。）
○ invéstment　名投資

1798 solar [sóulər]
形太陽の
the solar system（太陽系）

1799 nuclear [n(j)ú:kliər]
形核（兵器）の；原子力の
a nuclear weapon（核兵器）

1800 radiation [rèidiéiʃən] 名放射（線）
○ radioáctive 形放射性の
○ radioactívity 名放射能

1801 wind 名[wínd] 動[wáind] 発
名風；動向　他を巻く　自（道・川などが）曲がりくねって進む；巻きつく

1802 essentially [isénʃəli]
副本質的に
○ esséntial 形不可欠の；基本的な（≒ fundamental, basic）
○ éssence 名本質

1803 crucial [krú:ʃəl] 形決定的な（≒ decisive）；必要不可欠の
1804 vital [váitl] 発 形不可欠な；生き生きした
This is of vital importance.（これは極めて重要だ。）
○ vitálity 名生命力；活気

1805 hydrogen [háidrədʒən]
名水素

1806 battery [bǽtəri]
名電池

1807 abundant [əbʌ́ndənt]
形豊富な
○ abúndance 名大量；豊富

1808 element [éləmənt]
名要素（≒ factor）；元素；(the 複) 基礎；(the 複) 自然の力
○ eleméntary 形初歩の（≒ basic）

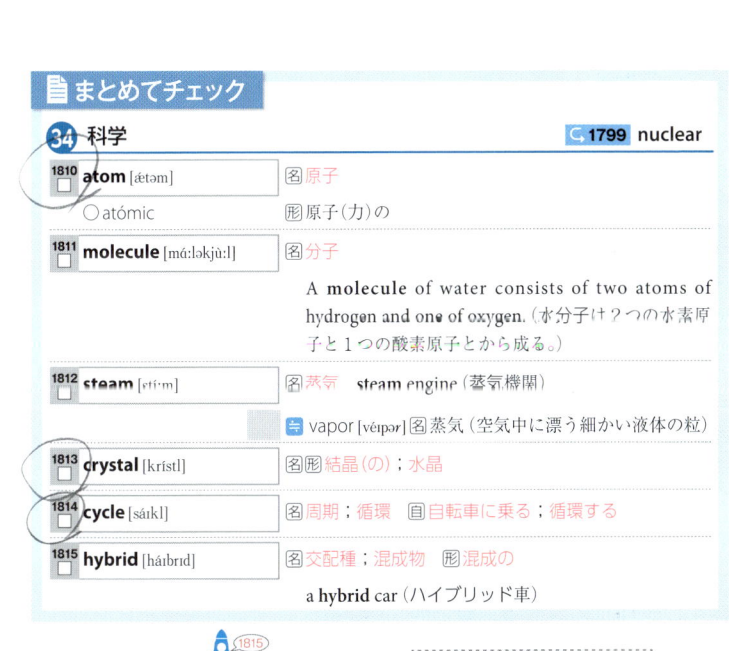

❶ 月 日 見出し語のみ ❷ 月 日 見出し語+派生語 ❸ 月 日 見出し語+その他の語

1809 universe [júːnəvə̀ːrs] 名 (the) 宇宙 (≒ space) ; 全世界

○ univérsal 形 全世界の;普遍的な

まとめてチェック

34 科学
⊂ 1799 nuclear

1810 atom [ǽtəm] 名 原子
○ atómic 形 原子(力)の

1811 molecule [máːləkjùːl] 名 分子
A molecule of water consists of two atoms of hydrogen and one of oxygen. (水分子は2つの水素原子と1つの酸素原子とから成る。)

1812 steam [stíːm] 名 蒸気 steam engine (蒸気機関)
≒ vapor [véɪpər] 名 蒸気 (空気中に漂う細かい液体の粒)

1813 crystal [krístl] 名形 結晶(の);水晶

1814 cycle [sáɪkl] 名 周期;循環 自 自転車に乗る;循環する

1815 hybrid [háɪbrɪd] 名 交配種;混成物 形 混成の
a hybrid car (ハイブリッド車)

英文 67 で Check!

211

68 ヒトの自然治癒力 [医療]

1816 neglect [niglékt]
名 怠慢；軽視 他 を軽視する；をほうっておく；を怠る
⚠ ignore ほど意図的な含みはない。
Don't **neglect** to make reservations in advance. (前もって予約することを怠らないように。)

1817 link [líŋk]
名 関連(性) 他 をつなぐ

1818 connect [kənékt] 他 をつなぐ〔関係づける〕(to, with) (≒ relate) 自 つながる
connect names ***with*** faces (顔と名前を関連づける)
This computer isn't **connected** to the Internet. (このパソコンはインターネットにつながっていない。)
○ connéction 名 関係；連絡

1819 attach [ətǽtʃ] 多 他 を(貼り)つける(≒ fix)；に愛着を感じさせる(to)
A card ***was attached to*** the gift. (贈り物にはカードが添えられてあった。)
He ***was*** very much ***attached to*** her. (彼は彼女に大変思いを寄せていた。)

1820 hang [hǽŋ] 他 (服など)をつるす；(絵など)を掛ける 自 ぶら下がる hung > hung
Some of his pictures are **hung** in the gallery. (その画廊には彼の絵画がいくつか展示されている。)

1821 brief [bríːf]
形 短時間の；簡潔な
in brief (手短に；要するに)

1822 heal [híːl]
自 (傷などが)治る；癒える 他 (人・傷など)を治す〔癒やす〕
○ héaling 名 形 治療(法)(の)；癒やし(の)

1823 recover [rikʌ́vər] 自 回復する(from) 他 を取り戻す
I still haven't ***recovered from*** the cold I caught last week. (先週引いた風邪がまだ治っていない。)

1824 rarely [réərli]
副 めったに…しない
○ ráre 形 (絶対数が少なく)まれな

1825 scarce [skéərs] 形 (一時的に)不足して
○ scárcely 副 ほとんど…ない；かろうじて

1826 seldom [séldəm] 副 めったに…(し)ない

1827 desperate [déspərət]
形 絶望的な;(欲しくて)たまらない (for, to do); 深刻な;必死の

desperate efforts (必死の努力)
I became **desperate** when I heard the news. (その知らせを聞いて私は絶望的な気分になった。)

○ désperately 副 必死になって;どうしても;極度に
○ despáir 名 絶望 自 絶望する (of) *in despair* (絶望して)

1828 outcome [áutkÀm]
名 結果

1829 関 outline [áutlàin] 動 名 概略;輪郭 他 の要点を言う;に輪郭をつける
1830 関 output [áutpùt] 名 生産高;出力 (⇔input)
関 outlook [áutlùk] 動 名 (物の)見方;(将来の)見通し
His words gave her a new **outlook** on life. (彼の言葉は彼女の人生観を変えた。)

1831 faith [féiθ]
名 信頼;確信;信仰 (≒ belief)

have complete faith in ~ (~を完全に信頼している)

○ fáithful 形 忠実な a faithful dog (忠実なイヌ)
1832 ≒ trust [trÁst] 名 信頼;(財産などの)委託 他 を信頼する

1833 confidence [ká:nfədəns]
名 自信;信頼

○ cónfident 形 自信のある;確信している
They **were confident of** victory. (彼らは勝利を確信していた。)
1834 ≒ conviction [kənvíkʃən] 名 信念;自信;有罪判決
It seemed to me that there was little **conviction** in her voice. (私には,彼女の声にほとんど確信がないと思えた。)
○ convínce 他 (人)を納得〔確信〕させる
convince A that ... (Aに…と納得させる)
convince A to do (Aに…するよう説得する)
Her smile **convinced** him **that** she was happy. (彼女のほほえみで,彼は彼女が幸せであると確信した。)
○ convict 動 [kənvíkt] 名 [ká:nvɪkt] 他 に有罪を宣告する 名 受刑者
1835 ⇔ shy [ʃái] 形 内気な

68 ヒトの自然治癒力 [医療]

1836 potential [pəténʃəl]
形 可能性のある；潜在的な 名 可能性；潜在(能)力

1837 strength [stréŋkθ]
名 (肉体的・精神的・物理的) 強さ (≒ force, power)

○ stréngthen
他 を強くする (⇔ weaken)
1838 ≒ reinforce [ri:ɪnfɔ́:rs] 他 を強化する；を補強する

1839 elderly [éldərli]
形 年配の

○ élder
形 年上の 名 長老；年長者
1840 ≒ senior [sí:njər] 形 年上の；先輩の 名 年長者；最上級生
❶ ×more senior とは言わない。
❶ fresher → sophomore → junior → senior (大学1〜4年生)
be senior to ~ (〜より地位が上の)
She is six years my *senior*. (彼女は私より6歳年上だ。)

1841 community [kəmjú:nəti] 発
名 地域社会〔共同体〕
the welfare of the **community** (公共の福祉)

1842 関 local [lóukl] 形 ある地方(特有)の；地元の
local government (地方自治体)
❶「田舎の」の意味はない。
1843 関 colony [ká:ləni] 名 植民地；群棲〔群生〕
a bee colony (ミツバチの群棲)

1844 epidemic [èpədémɪk]
名 (伝染病などの) 流行；伝染病 形 伝染性の；(一般的に) 流行の

1845 altogether [ɔ̀:ltəgéðər]
副 (動詞の後で) 完全に；(比較級などを強調して) まったく；(文修飾) 要するに；合計して (≒ *in total*)
That's *not altogether* untrue. (それはまんざら間違いでもない。)
How much will it be *altogether*? (全部でおいくらでしょう？)

1846 cast [kǽst]

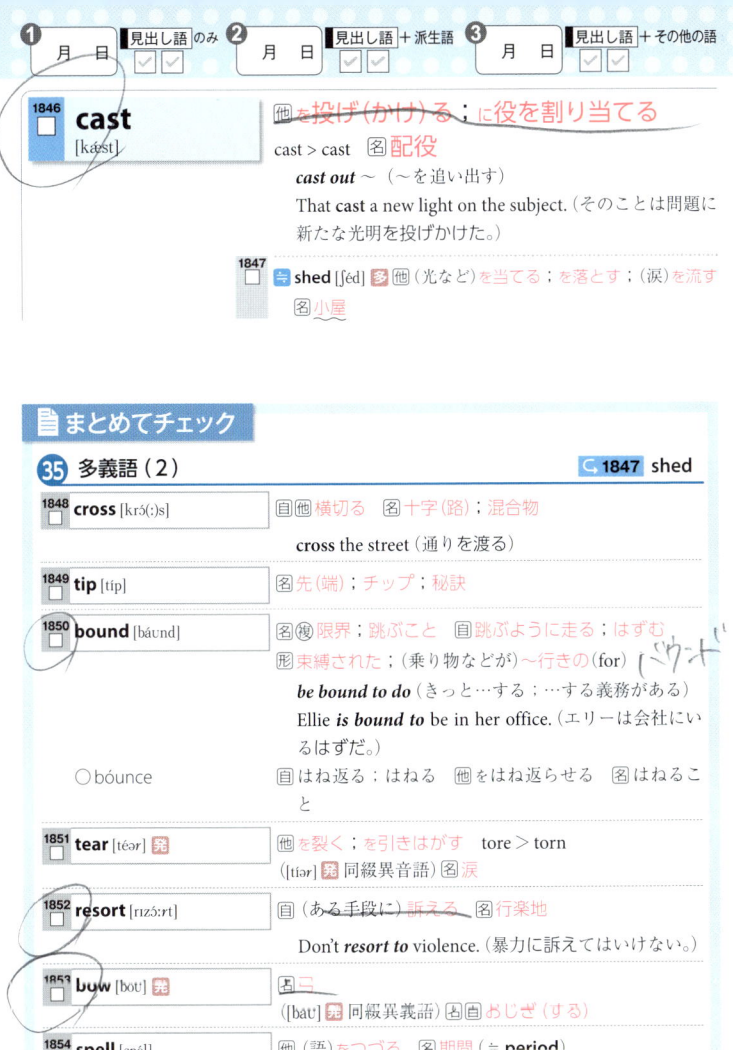

他 を投げ(かける); に役を割り当てる
cast > cast 名 配役
cast out ~ (～を追い出す)
That **cast** a new light on the subject. (そのことは問題に新たな光明を投げかけた。)

1847 shed [ʃéd]
多 他 (光など)を当てる; を落とす; (涙)を流す
名 小屋

まとめてチェック

35 多義語(2)
⤺ 1847 shed

1848 cross [krɔ́(:)s]
自他 横切る 名 十字(路); 混合物
cross the street (通りを渡る)

1849 tip [típ]
名 先(端); チップ; 秘訣

1850 bound [báund]
名(複) 限界; 跳ぶこと 自 跳ぶように走る; はずむ
形 束縛された; (乗り物などが)～行きの(for)　バウンド
be bound to do (きっと…する; …する義務がある)
Ellie *is bound to* be in her office. (エリーは会社にいるはずだ。)

○ **bóunce**
自 はね返る; はねる 他 をはね返らせる 名 はねること

1851 tear [téər] 発
他 を裂く; を引きはがす　tore > torn
([tíər] 発 同綴異音語) 名 涙

1852 resort [rizɔ́:rt]
自 (ある手段に)訴える 名 行楽地
Don't *resort to* violence. (暴力に訴えてはいけない。)

1853 bow [bóu] 発
名 弓
([báu] 発 同綴異義語) 名 自 おじぎ(する)

1854 spell [spél]
他 (語)をつづる 名 期間 (≒ **period**)
a long spell of fine weather (長い晴天続き)

1855 log [lɔ́(:)g]
名 丸太 自他 (交信記録などに)記録する
log in (ログインする) ⇔ *log out*
sleep like a log (ぐっすり眠る)

■ **suspend** [səspénd]
他 を停止する; を休職にする; をつるす
⊘ **suspénse** 乃
名 不安

69 ハエの超能力 (1) [科学]

1856 declare [dikléər]
他 を宣言する；を明言する
○ declarátion 名 宣言；発表

1857 announce [ənáuns] 多 他 を発表する
○ annóuncement 名 発表；公表

1858 planet [plǽnət] 多
名 惑星；(the) 地球

1859 bat 多 [bǽt]
名 コウモリ；バット 自他 バットで打つ

1860 bee [bíː]
名 ミツバチ；(総称) ハチ
❶ スズメバチは hornet。
be stung by a bee (ハチに刺される)
関 honeybee [hʌ́nibìː] 名 ミツバチ

1861 ceiling [síːlɪŋ]
名 天井；(金額などの) 上限

1862 seed [síːd]
名 種 他 (種) をまく

1863 flight [fláɪt]
名 飛行

1864 laboratory [lǽbərətɔ̀ːri] 多
名 研究室；実験室
❶ 口語では lab。
○ lábor 名 労働(者)；骨折り 自 働く；努力する
Physical **labor** on a hot day sometimes makes you exhausted. (暑い日に肉体労働をすると，疲れ果ててしまうことがある。)

1865 institute 多 [ínstət(j)ùːt]
名 研究所；協会；(工科) 大学
○ institútion 多 名 組織；施設；(社会的) 慣習
The coffee break is an American **institution**. (コーヒーブレイクは米国の慣習である。)
○ institútional 形 制度(上)の

| ① 月 日 見出し語のみ | ② 月 日 見出し語+派生語 | ③ 月 日 見出し語+その他の語 |

1866 注 **constitute** [kɑ́:nstət(j)ù:t] 他 を構成する
Eight chapters **constitute** this book.（この本は8章からなる。）
○ constitútion 名憲法；体質；構成
○ constitútional 形憲法の

1867 **spot** [spɑ́:t]
名点；場所 他 を見つける
on the spot（すぐに；その場で）
I **spotted** my friend in the crowd.（人込みの中に友だちを見つけた。）

1868 **precisely** [prɪsáɪsli]
副正確に（≒ **exactly**）
○ precíse — 形正確な
○ precísion — 名正確さ

1869 ≒ **neat** [ní:t] 形きちんとした；的確な
He spent several hours making his room **neat**.（彼は数時間かけて自分の部屋を片付けた。）

1870 **military** [mílətèri]
形軍隊〔軍人〕の 名(the) 軍隊

1871 **device** [dɪváɪs]
名装置；工夫
a safety **device**（安全装置）
○ devíse — 他を考案する；を工夫する
I **devised** a way to catch flies.（ハエの捕らえ方を工夫した。）

1872 **earthquake** [ə́:rθkwèɪk]
名地震
There was a big **earthquake** in that area yesterday.（昨日その地域で大地震が起こった。）

1873 **zone** [zóʊn]
名地帯；区域

1874 **mine** [máɪn]
名鉱山；地雷
discover a gold **mine**（金鉱を見つける）
○ míneral — 名鉱物；ミネラル

英文 69 で Check!

70 ハエの超能力 (2) [科学]

1875 manipulate [mənípjəlèit]
他 (人・世論・機械など)を操る

1876 frame [fréim]
名 枠；骨組み；体格　他 を枠にはめる；を立案する

○ frámework
名 (理論などの)枠組み；(社会などの)構造 (≒ structure)
construct a new **framework** for peace (平和のための新たな枠組みを構築する)

1877 trigger [trígər]
他 を誘発する　名 (銃の)引き金；誘因
The heavy rainfall **triggered** a rock fall. (その大雨が落石を誘発した。)

1878 dozen [dázn]
名 形 ダース〔12個〕(の)
dozens of ~ (多数の~)

1879 load [lóud]
他 (荷)を積む　名 積み荷；重荷
We **loaded** the truck **with** hay. (私たちはトラックに干し草を積み込んだ。)

1880 ≒ pile [páil] 名 積み重ね　自他 積み重なる〔ねる〕
a pile 〔*piles*〕 *of* ~ (たくさんの~)
Put the plates in a **pile** in the cupboard. (皿を食器棚に積み重ねておきなさい。)

1881 ≒ burden [bə́:rdn] 名 重荷
The child was a **burden** to his parents. (その子は両親の悩みの種だった。)

1882 permit [pərmít]
他 を許す (≒ allow)(⇔ forbid)；を可能にする
permit A **to** do (Aが…するのを許す)
The policeman **permitted** him **to** park there. (警官は彼がそこに駐車するのを許可した。)

○ permíssion
名 許可

1883 excellent [éksələnt]
形 非常に優れた

○ éxcellence
名 優秀さ

1884 ≒ noble [nóubl] 形 気高い；貴族の　名 貴族
○ nobílity 名 気高さ；貴族階級

1885 ≒ lord [lɔ́:rd] 名 貴族；(L-)…卿；君主

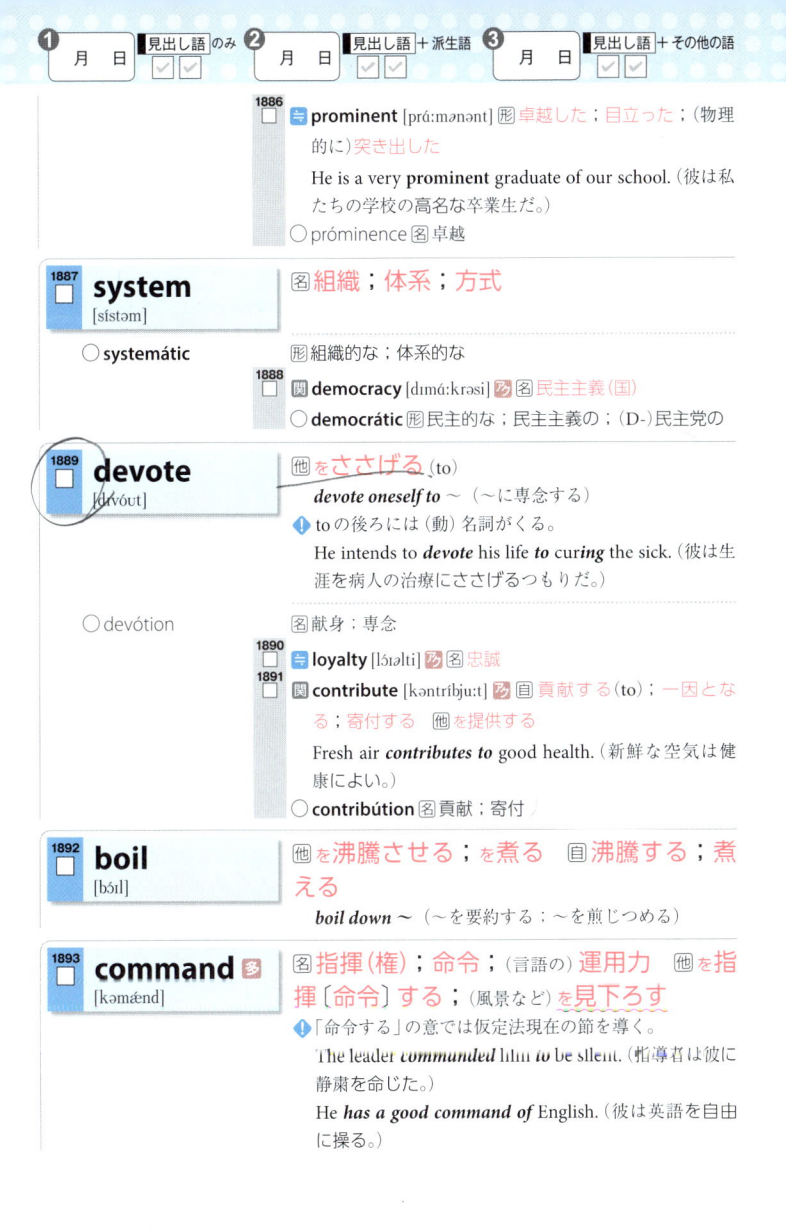

1886 ≒ **prominent** [prá:mənənt] 形 卓越した;目立った;(物理的に)突き出した

He is a very ***prominent*** graduate of our school. (彼は私たちの学校の高名な卒業生だ。)

○ próminence 名 卓越

1887 system
[sístəm]

名 組織;体系;方式

○ systemátic 形 組織的な;体系的な

1888 関 **democracy** [dimá:krəsi] 多 名 民主主義(国)

○ **democrátic** 形 民主的な;民主主義の;(D-)民主党の

1889 devote
[dɪvóut]

他 をささげる (to)

devote oneself to ~ (~に専念する)

❶ to の後ろには(動)名詞がくる。

He intends to ***devote*** his life ***to*** cur***ing*** the sick. (彼は生涯を病人の治療にささげるつもりだ。)

○ devótion 名 献身;専念

1890 ≒ **loyalty** [lɔ́ɪəlti] 多 名 忠誠

1891 関 **contribute** [kəntríbju:t] 多 自 貢献する(to);一因となる;寄付する 他 を提供する

Fresh air ***contributes to*** good health. (新鮮な空気は健康によい。)

○ **contribútion** 名 貢献;寄付

1892 boil
[bɔ́ɪl]

他 を沸騰させる;を煮る 自 沸騰する;煮える

boil down ~ (~を要約する;~を煎じつめる)

1893 command 多
[kəmǽnd]

名 指揮(権);命令;(言語の)運用力 他 を指揮〔命令〕する;(風景など)を見下ろす

❶「命令する」の意では仮定法現在の節を導く。

The leader ***commanded*** him to be silent. (指導者は彼に静粛を命じた。)

He ***has a good command of*** English. (彼は英語を自由に操る。)

まとめてチェック

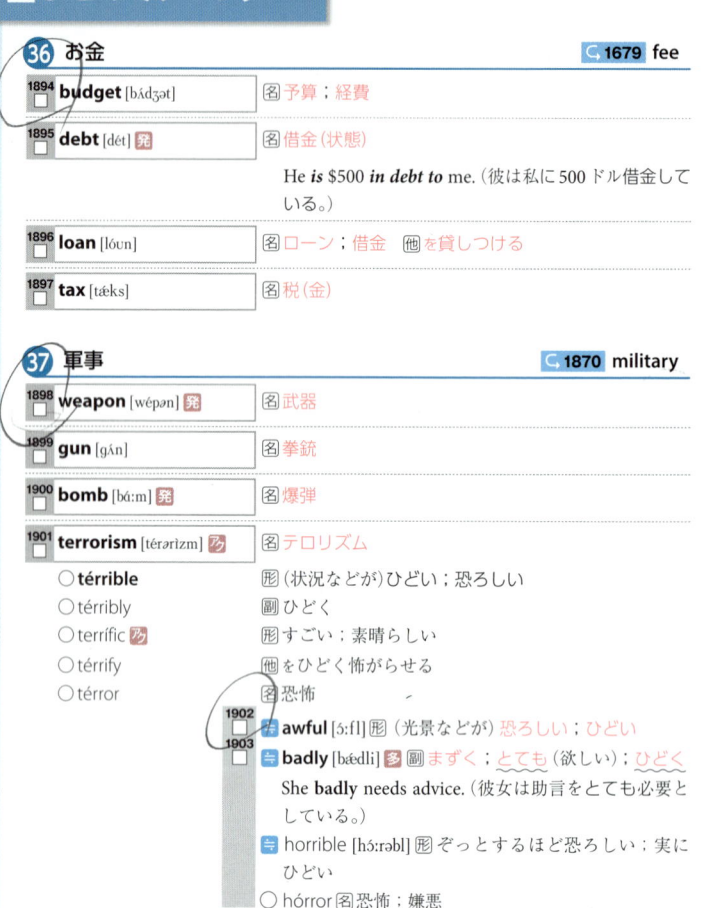

36 お金
1679 fee

1894	**budget** [bʌ́dʒət]	名 予算；経費
1895	**debt** [dét] 発	名 借金(状態)
		He *is* $500 *in debt to* me. (彼は私に500ドル借金している。)
1896	**loan** [lóun]	名 ローン；借金 他 を貸しつける
1897	**tax** [tǽks]	名 税(金)

37 軍事
1870 military

1898	**weapon** [wépən] 発	名 武器
1899	**gun** [gʌ́n]	名 拳銃
1900	**bomb** [bɑ́:m] 発	名 爆弾
1901	**terrorism** [térərìzm] アク	名 テロリズム

- ○ **térrible** 形 (状況などが)ひどい；恐ろしい
- ○ **térribly** 副 ひどく
- ○ **terrific** アク 形 すごい；素晴らしい
- ○ **térrify** 他 をひどく怖がらせる
- ○ **térror** 名 恐怖
- 1902 反 **awful** [ɔ́:fl] 形 (光景などが)恐ろしい；ひどい
- 1903 ≒ **badly** [bǽdli] 多 副 まずく；とても(欲しい)；ひどく
  She **badly** needs advice. (彼女は助言をとても必要としている。)
- ≒ horrible [hɔ́:rəbl] 形 ぞっとするほど恐ろしい；実にひどい
- ○ hórror 名 恐怖；嫌悪

38 接頭辞・接尾辞（4）

◆geo-「土地」

1904 geographical [dʒiːəɡrǽfɪkl]　形 地理的な；地理学（上）の
　　❶ geographic とも綴る。
○ geógraphy 発　　名 地理（学）；地形

◆-scope「見る機械」

- microscope [máɪkrəskòʊp]　名 顕微鏡（micro- 小さい）
- telescope [téləskòʊp]　名 望遠鏡（tele- 遠い）

◆circ-「輪」

1905 circle [sə́ːrkl]　名 円
○ círcular　　形 円形の；循環する
○ circulátion　　名 循環

39 some-, no-, any- で始まる語

1906 somebody [sʌ́mbÀːdi]　代 誰か　名 名のある人

1907 nobody [nóʊbədi]　代 誰も…ない　名 無名の人

1908 none [nʌ́n] 発　代（none of ～）(3者以上のうち)誰も…ない；(先行する名詞を受けて)どれも〔誰も〕…ない

1909 anyway [éniwèɪ]　副 (肯定文)とにかく；(否定文)どうしても(…できない)

1910 anymore [ènimɔ́ːr]　副 (否定・疑問文)もはや(…できない)

INDEX

単語太字（例：**abc**）　：入試出現語の94％強をカバーする語
単語細字（例：abc）　：参考語

数字太字（例：**123**）　：見出し語（色の囲み）として出てきたページ
数字細字（例：123）　：見出し語に関連する単語として出てきたページ
数字イタリック（例：*123*）：「まとめてチェック」の語として出てきたページ

A

☐ **abandon**	**177**	
☐ **ability**	**136**	
☐ **able**	**136**	
☐ aboard	147	
☐ above	*129*	
☐ **absence**	195	
☐ **absent**	195	
☐ **absolute**	164	
☐ **absolutely**	164	
☐ **absorb**	150	
☐ **abstract**	128	
☐ abstraction	128	
☐ **absurd**	*119*	
☐ abundance	210	
☐ **abundant**	**210**	
☐ **abuse**	**206**	
☐ **academic**	39	
☐ **academy**	39	
☐ **accent**	161	
☐ **accept**	**113**	
☐ **acceptable**	113	
☐ **acceptance**	113	
☐ **access**	**35**	
☐ **accessible**	35	
☐ **accident**	**61**	
☐ accidental	61	
☐ **accommodate**	203	
☐ **accommodation**	**203**	
☐ accompaniment	61	
☐ **accompany**	**61**	
☐ **accomplish**	**99**	
☐ accomplishment	99	
☐ accord	147	
☐ accordance	147	
☐ **according**	**147**	
☐ accordingly	147	
☐ **account**	**171**	
☐ **accumulate**	78	
☐ accumulation	78	
☐ **accuracy**	158	
☐ **accurate**	158	
☐ **accurately**	158	
☐ accusation	108	
☐ **accuse**	**108**	
☐ **accustomed**	58	
☐ **achieve**	**99**	
☐ **achievement**	99	
☐ **acid**	*169*	
☐ **acknowledge**	46	
☐ **acquaintance**	121	
☐ **acquire**	**146**	
☐ acquisition	146	
☐ **acre**	*131*	
☐ **act**	**46**	
☐ **action**	46	
☐ **active**	46	
☐ **activity**	46	
☐ **actor**	46	
☐ **actual**	56	
☐ **actually**	56	
☐ **adapt**	66	
☐ **adaptation**	66	
☐ **add**	**72**	
☐ **addict**	127	
☐ **addiction**	127	
☐ **addition**	72	
☐ **additional**	72	
☐ **address**	*181*	
☐ **adequate**	**186**	
☐ **adjust**	66	
☐ adjustment	66	
☐ administer	122	
☐ **administration**	122	
☐ administrative	122	
☐ admirable	174	
☐ admiration	174	
☐ **admire**	**174**	
☐ admission	184	
☐ **admit**	**184**	
☐ **adolescence**	100	
☐ **adolescent**	100	
☐ **adopt**	**98**	
☐ adoption	98	
☐ **adult**	**83**	
☐ **adulthood**	83	
☐ **advance**	**157**	
☐ advancement	157	
☐ **advantage**	**185**	
☐ advantageous	185	
☐ **adventure**	146	
☐ **advertise**	123	
☐ **advertisement**	123	
☐ **advertising**	123	
☐ **advice**	**53**	
☐ **advise**	53	
☐ **affair**	158	
☐ **affect**	**131**	
☐ **affection**	131	
☐ **afford**	**33**	
☐ **afterwards**	115	
☐ **age**	148	
☐ agency	202	
☐ **agent**	**202**	
☐ aggression	135	
☐ **aggressive**	**135**	
☐ **agree**	**196**	
☐ **agreement**	196	
☐ **agricultural**	194	
☐ **agriculture**	**194**	
☐ **ahead**	**154**	
☐ **aid**	**57**	
☐ **aim**	**83**	
☐ **air**	*181*	
☐ **aircraft**	53	
☐ **airline**	53	
☐ aisle	51	
☐ **alarm**	84	
☐ **alcohol**	**21**	
☐ alcoholic	21	
☐ **alert**	111	
☐ **alien**	26	

Word	Page	Word	Page	Word	Page
alike	45	appearance	66	associate	87
alive	79	appetite	187	association	87
allow	35	appliance	131	assume	109
allowance	35	applicant	131	assumption	109
alongside	129	application	131	assure	69
aloud	54	apply	131	astonish	85
alter	198	appoint	151	astonishment	85
alternative	198	appointment	151	astronaut	105
although	66	appreciate	89	astronomer	105
altogether	214	appreciation	89	astronomical	105
amaze	84	approach	62	astronomy	105
amazement	84	appropriate	134	athlete	101
ambition	187	appropriately	134	athletic	101
ambitious	187	approve	196	athletics	101
amount	20	approximately	49	Atlantic	132
amuse	186	archaeologist	183	atmosphere	168
amusement	186	archaeology	183	atmospheric	168
analysis	204	architect	140	atom	211
analyze	204	architectural	140	atomic	211
ancestor	69	architecture	140	attach	212
ancient	34	Arctic	132	attack	135
anger	81	area	19	attain	99
angle	131	argue	92	attempt	42
angry	81	argument	92	attempted	42
animation	175	arise	65	attend	111
anniversary	37	army	176	attendance	111
announce	216	arrange	209	attendant	111
announcement	216	arrangement	209	attention	111
annoy	81	arrest	206	attentive	111
annoyance	81	arrival	50	attitude	107
annual	37	art	100	attract	186
ant	40	article	94	attraction	186
Antarctic	132	artificial	100	attractive	186
anthropologist	145	artist	100	attribute	184
anticipate	59	artistic	100	audience	44
anticipation	59	ashamed	179	author	190
anxiety	143	aside	101	authoritative	190
anxious	143	asleep	111	authority	190
anymore	221	aspect	120	automatic	147
anyway	221	assemble	127	automatically	147
apart	191	assembly	127	automobile	53
apartment	191	assert	91	availability	190
ape	19	assess	171	available	190
apologize	181	assessment	171	avenue	167
apology	181	assign	68	average	208
apparent	66	assignment	68	avoid	145
apparently	66	assist	57	awake	111
appeal	144	assistance	57	award	206
appear	66	assistant	57	aware	48

awareness — cent

- awareness 48
- awful *220*

B

- background 58
- bacteria 48
- badly *220*
- bamboo 40
- ban 93
- bank 42
- bare *184*
- barely *184*
- bark *40*
- barrier 80
- base 50
- basic 50
- basically 50
- basis 50
- bat 216
- bathe 109
- battery 210
- battle 117
- bay *132*
- bear 62
- beast 175
- beat 77
- beauty 175
- bee 216
- beg 130
- behave 51
- behavior 51
- behavioral 51
- behind 25
- belief 86
- belong 23
- bend 107
- beneath 140
- beneficial 54
- benefit 54
- beside *129*
- besides *129*
- beyond *129*
- bias 32
- bible 189
- bilingual *73*
- bill *181*
- billion 148
- biography *137*
- biological 22
- biologist 22
- biology 22
- biotechnology 22
- birth 24
- bit 199
- bite 81
- bitter 64
- blame 108
- blank 170
- bleed 19
- bless 37
- block 159
- blood 19
- blow 39
- board 147
- boil 219
- bold 57
- bomb *220*
- bond 22
- boom *165*
- boost 93
- border 149
- bore *85*
- boredom *85*
- boss 96
- bother 154
- bottom 67
- bounce *215*
- bound *215*
- boundary 149
- bow *215*
- brain 56
- branch 36
- brand 108
- brave 57
- breadth 110
- breath 39
- breathe 39
- breed 24
- brief 212
- brilliance 160
- brilliant 160
- British 78
- broad 110
- broadcast 147
- broaden 110
- brush 130
- budget *220*
- bully *192*
- bump 141
- burden 218
- burn 36
- burst 176
- bury 143
- bush 42
- business 130
- businessman 130

C

- cage 40
- calculate 27
- calculation 27
- calm 54
- calorie 172
- campaign 122
- campus 79
- canal *132*
- cancer 180
- candidate 122
- capability 136
- capable 136
- capacity 136
- capital 187
- capitalism 187
- capture 206
- carbon *169*
- career 134
- careful 21
- carefully 21
- careless 21
- carve 107
- case 138
- cash 108
- cast 215
- casual 70
- category 179
- cattle 40
- cause 23
- cave *132*
- ceiling 216
- celebrate 37
- celebrated 37
- celebration 37
- celebrity 37
- cell 51
- cent 170

☐ center	115	☐ classical	178	☐ commonly	27
☐ central	115	☐ classify	178	☐ communicate	55
☐ century	69	☐ clay	173	☐ communication	55
☐ ceremony	86	☐ clear	94	☐ community	214
☐ certain	69	☐ clearly	94	☐ commute	53
☐ certainly	69	☐ clerk	58	☐ commuter	53
☐ certainty	69	☐ clever	160	☐ companion	61
☐ chain	173	☐ client	44	☐ company	61
☐ challenge	68	☐ climate	172	☐ comparable	76
☐ chance	61	☐ climb	102	☐ compare	76
☐ channel	140	☐ clinic	202	☐ comparison	76
☐ chapter	179	☐ clinical	202	☐ compel	209
☐ character	184	☐ clone	90	☐ compete	82
☐ characteristic	184	☐ close	54	☐ competition	82
☐ characterize	184	☐ closely	54	☐ competitive	82
☐ charge	196	☐ cloth	32	☐ competitor	82
☐ charm	85	☐ clothes	32	☐ complain	144
☐ chart	97	☐ clothing	32	☐ complaint	144
☐ chase	186	☐ clue	44	☐ complete	46
☐ chat	180	☐ coal	173	☐ completely	46
☐ cheap	208	☐ coast	34	☐ completion	46
☐ cheat	184	☐ coastal	34	☐ complex	30
☐ check	204	☐ code	57	☐ complexity	30
☐ cheek	29	☐ cognitive	46	☐ complicated	30
☐ cheer	57	☐ collapse	38	☐ compliment	174
☐ cheerful	57	☐ colleague	149	☐ component	200
☐ chemical	31	☐ collect	127	☐ compose	37
☐ chemist	31	☐ collection	127	☐ composition	37
☐ chemistry	31	☐ collective	127	☐ compound	70
☐ chief	112	☐ college	68	☐ comprehend	150
☐ childhood	83	☐ collide	172	☐ comprehensive	150
☐ chimpanzee	40	☐ collision	172	☐ compromise	197
☐ chip	126	☐ colony	214	☐ conceal	115
☐ choice	77	☐ column	204	☐ concentrate	177
☐ choose	77	☐ combination	89	☐ concentration	177
☐ chore	151	☐ combine	89	☐ concept	55
☐ cigarette	201	☐ comedy	106	☐ conception	55
☐ circle	221	☐ comfort	67	☐ concern	82
☐ circular	221	☐ comfortable	67	☐ concerning	82
☐ circulation	221	☐ command	215	☐ conclude	149
☐ circumstance	84	☐ comment	125	☐ conclusion	149
☐ cite	100	☐ commerce	123	☐ concrete	173
☐ citizen	97	☐ commercial	123	☐ condemn	108
☐ civil	76	☐ commission	63	☐ condition	180
☐ civilian	76	☐ commit	63	☐ conduct	200
☐ civilization	76	☐ commitment	63	☐ conductor	200
☐ civilize	76	☐ committee	96	☐ confer	127
☐ claim	28	☐ commodity	188	☐ conference	127
☐ classic	178	☐ common	27	☐ confess	182

■単語太字の意味，何語わかった？　　/129

☐ confession	182	**continent**	132	☐ **court**	**185**		
☐ **confidence**	**213**	continental	132	☐ **cousin**	101		
☐ **confident**	213	continual	88	☐ **crack**	176		
☐ **confine**	135	**continue**	88	☐ **craft**	**190**		
☐ **confirm**	**205**	continuity	88	☐ **cram**	145		
☐ **conflict**	117	**continuous**	88	☐ **crash**	141		
☐ **confront**	145	**contract**	196	☐ **crazy**	158		
☐ confrontation	145	contradict	175	☐ **create**	**72**		
☐ **confuse**	**30**	**contradiction**	175	☐ **creation**	72		
☐ **confusion**	30	**contrary**	139	☐ **creative**	72		
☐ congratulate	37	**contrast**	153	☐ **creativity**	72		
☐ congratulation	37	**contribute**	219	☐ **creature**	72		
☐ **connect**	212	**contribution**	219	☐ **credit**	189		
☐ **connection**	212	**control**	21	☐ crew	101		
☐ **conquer**	141	**controversial**	76	☐ **crime**	**185**		
☐ conquest	141	**controversy**	76	☐ **criminal**	185		
☐ **conscious**	48	**convenience**	32	☐ **crisis**	107		
☐ **consciousness**	48	**convenient**	**32**	☐ **critic**	107		
☐ consensus	197	**convention**	86	☐ **critical**	**107**		
☐ consent	197	**conventional**	86	☐ **criticism**	107		
☐ **consequence**	124	**conversation**	174	☐ **criticize**	107		
☐ consequent	124	**convert**	198	☐ **crop**	**172**		
☐ **consequently**	**124**	**convey**	188	☐ **cross**	215		
☐ **conservation**	96	☐ convict	213	☐ **crowd**	**144**		
☐ **conservative**	96	☐ **conviction**	213	☐ **crowded**	144		
☐ **consider**	**69**	☐ **convince**	213	☐ **crucial**	**210**		
☐ **considerable**	69	☐ **cooperation**	**148**	☐ cruel	51		
☐ **considerably**	69	☐ cooperative	148	☐ cruelty	51		
☐ **consideration**	69	☐ **cope**	62	☐ **crush**	**141**		
☐ **consist**	37	☐ **copy**	47	☐ **crystal**	211		
☐ **consistent**	37	☐ **core**	115	☐ **cultivate**	22		
☐ **constant**	**72**	☐ **corporate**	125	☐ cultivation	22		
☐ **constantly**	72	☐ **corporation**	125	☐ **cultural**	22		
☐ **constitute**	217	☐ **correct**	**207**	☐ **culture**	**22**		
☐ constitution	217	☐ **correspond**	30	☐ **cure**	124		
☐ constitutional	217	☐ correspondence	30	☐ **curiosity**	18		
☐ **construct**	**140**	☐ **cosmetic**	195	☐ **curious**	18		
☐ **construction**	**140**	☐ cosmos	36	☐ curiously	18		
☐ constructive	140	☐ **cost**	**196**	☐ **currency**	108		
☐ **consult**	93	☐ **council**	190	☐ **current**	108		
☐ **consume**	126	☐ counsel	190	☐ **currently**	**108**		
☐ **consumer**	**126**	☐ counselor	190	☐ curve	107		
☐ **consumption**	126	☐ **count**	**27**	☐ **custom**	58		
☐ **contact**	**35**	☐ **counter**	27	☐ customary	58		
☐ **contain**	**203**	☐ **counterpart**	27	☐ **customer**	**58**		
☐ **container**	203	☐ **countless**	27	☐ **cycle**	211		
☐ **contemporary**	**89**	☐ **countryside**	108				
☐ **content**	200	☐ **courage**	57				
☐ **context**	180	☐ courageous	57				

D

Word	Page
daily	97
damage	205
danger	194
dare	42
darkness	201
data	110
dawn	24
dead	79
deadly	79
deaf	205
deal	62
death	79
debate	76
debt	220
decade	97
decay	19
deceive	120
decent	83
decide	178
decision	178
decisive	178
declaration	216
declare	216
decline	97
decrease	82
dedicate	150
dedicated	150
dedication	150
deepen	201
deer	40
defeat	141
defend	48
defense	48
defensive	48
define	20
definite	20
definitely	20
definition	20
degree	126
delay	65
deliberate	120
deliberately	120
delicate	137
delight	156
delightful	156
deliver	158
delivery	158
demand	126
demanding	126
democracy	219
democratic	219
demonstrate	36
demonstration	36
denial	175
dense	95
density	95
deny	175
depart	50
department	50
departure	50
depend	21
dependence	21
dependent	21
depress	143
depression	143
deprive	192
depth	201
derive	65
descend	82
descendant	82
describe	30
description	30
desert	177
deserve	137
design	148
designer	148
desirable	187
desire	187
despair	213
desperate	213
desperately	213
despite	43
destination	83
destiny	05
destroy	91
destruction	91
destructive	91
detail	127
detailed	127
detect	204
detection	204
detective	204
determination	49
determine	49
develop	56
development	56
device	217
devise	217
devote	219
devotion	219
diabetes	95
dialect	161
diet	199
dietary	199
differ	141
differently	141
difficulty	64
dig	24
digital	159
dimension	126
diminish	60
dinosaur	40
direct	137
direction	137
directly	137
director	137
dirt	48
dirty	48
disability	136
disabled	136
disadvantage	185
disagree	196
disagreement	196
disappear	42
disappearance	42
disappoint	151
disappointment	151
disaster	61
discipline	21
discourage	151
discouragement	151
discover	35
discovery	35
discriminate	32
discrimination	32
discuss	174
discussion	174
disease	49
dish	67
dishonest	123
dislike	177
dismiss	59
dismissal	59
disorder	81
display	159

dispute — enthusiasm

☐ dispute	76	☐ dye	34	☐ elimination	39
☐ distance	166			☐ elsewhere	144
☐ distant	166			☐ embarrass	26
☐ distinct	153	**E**		☐ embarrassment	26
☐ distinction	153			☐ embrace	116
☐ distinctive	153	☐ eager	161	☐ emerge	148
☐ distinguish	153	☐ earn	136	☐ emergence	148
☐ distort	198	☐ earthquake	217	☐ emergency	148
☐ distress	114	☐ ease	49	☐ emission	169
☐ distribute	158	☐ east	169	☐ emit	169
☐ distribution	158	☐ eastern	169	☐ emotion	145
☐ district	183	☐ ecological	84	☐ emotional	145
☐ disturb	114	☐ ecologist	84	☐ emotionally	145
☐ disturbance	114	☐ ecology	84	☐ emperor	78
☐ diverse	52	☐ economic	188	☐ emphasis	113
☐ diversity	52	☐ economical	188	☐ emphasize	113
☐ divide	179	☐ economics	188	☐ empire	78
☐ division	179	☐ economist	188	☐ employ	59
☐ divorce	47	☐ economy	188	☐ employee	59
☐ do	74	☐ ecosystem	84	☐ employer	59
☐ document	137	☐ edge	173	☐ employment	59
☐ documentary	137	☐ edit	207	☐ empty	170
☐ dollar	121	☐ edition	207	☐ enable	136
☐ dolphin	40	☐ editor	207	☐ encounter	110
☐ domestic	26	☐ editorial	207	☐ encourage	57
☐ domesticate	26	☐ educate	96	☐ encouragement	57
☐ dominance	79	☐ education	96	☐ end	52
☐ dominant	79	☐ educational	96	☐ endangered	194
☐ dominate	79	☐ effect	28	☐ endless	52
☐ dot	131	☐ effective	28	☐ endurance	62
☐ doubt	82	☐ effectively	28	☐ endure	62
☐ doubtful	82	☐ efficiency	28	☐ enemy	149
☐ doubtless	82	☐ efficient	28	☐ energetic	81
☐ dozen	218	☐ effort	180	☐ energy	81
☐ drag	177	☐ Egypt	105	☐ engage	149
☐ drama	195	☐ Egyptian	105	☐ engagement	149
☐ dramatic	195	☐ elaborate	96	☐ engineer	155
☐ dramatically	195	☐ elder	214	☐ engineering	155
☐ draw	176	☐ elderly	214	☐ enhance	153
☐ dress	33	☐ elect	123	☐ enjoyable	156
☐ drift	162	☐ election	123	☐ enjoyment	156
☐ drive	70	☐ electric	191	☐ enormous	68
☐ drug	20	☐ electrical	191	☐ enough	64
☐ due	47	☐ electricity	191	☐ ensure	69
☐ dull	119	☐ electronic	147	☐ enter	88
☐ dust	109	☐ elegant	34	☐ enterprise	61
☐ dusty	109	☐ element	210	☐ entertain	186
☐ Dutch	105	☐ elementary	210	☐ entertainment	186
☐ duty	68	☐ elevator	144	☐ enthusiasm	145
		☐ eliminate	39		

■単語太字の意味，何語わかった？　　／127

☐ enthusiastic	145	
☐ entire	164	
☐ entirely	164	
☐ entitle	187	
☐ entrance	88	
☐ entry	88	
☐ environment	84	
☐ environmental	84	
☐ environmentalist	84	
☐ epidemic	214	
☐ equal	106	
☐ equality	106	
☐ equally	106	
☐ equation	106	
☐ equip	170	
☐ equipment	170	
☐ equivalent	106	
☐ era	148	
☐ error	184	
☐ escape	145	
☐ essay	165	
☐ essence	210	
☐ essential	210	
☐ essentially	210	
☐ establish	151	
☐ establishment	151	
☐ estate	84	
☐ estimate	171	
☐ eternal	52	
☐ eternity	52	
☐ ethic	55	
☐ ethical	55	
☐ ethnic	86	
☐ Europe	104	
☐ European	104	
☐ evaluate	89	
☐ evaluation	89	
☐ event	67	
☐ eventual	67	
☐ eventually	67	
☐ everyday	115	
☐ evidence	116	
☐ evident	116	
☐ evil	87	
☐ evolution	189	
☐ evolutionary	189	
☐ evolve	189	
☐ exact	68	
☐ exactly	68	
☐ exaggerate	113
☐ exaggeration	113
☐ examination	204
☐ examine	204
☐ exceed	180
☐ excellence	218
☐ excellent	218
☐ except	129
☐ exception	129
☐ exceptional	129
☐ excess	180
☐ excessive	180
☐ exchange	171
☐ excite	56
☐ excitement	56
☐ exclaim	176
☐ exclude	39
☐ exclusive	39
☐ executive	205
☐ exercise	116
☐ exhaust	67
☐ exhaustion	67
☐ exhibit	159
☐ exhibition	159
☐ exist	182
☐ existence	182
☐ exotic	119
☐ expand	110
☐ expansion	110
☐ expect	59
☐ expectancy	59
☐ expectation	59
☐ expedition	146
☐ expenditure	33
☐ expense	33
☐ expensive	33
☐ experiment	38
☐ experimental	38
☐ expert	164
☐ explain	00
☐ explanation	30
☐ explode	176
☐ exploit	55
☐ exploitation	55
☐ exploration	55
☐ explore	55
☐ explorer	55
☐ explosion	176
☐ export	172
☐ expose	109
☐ exposure	109
☐ express	31
☐ expression	31
☐ extend	43
☐ extension	43
☐ extensive	43
☐ extent	43
☐ external	119
☐ extinct	91
☐ extinction	91
☐ extra	72
☐ extract	202
☐ extraordinary	90
☐ extreme	180
☐ extremely	180

F

☐ facial	205
☐ facility	151
☐ fact	23
☐ factor	98
☐ factory	58
☐ faculty	161
☐ fade	42
☐ fail	118
☐ failure	118
☐ faint	94
☐ fair	199
☐ fairly	199
☐ faith	213
☐ faithful	213
☐ fake	28
☐ false	28
☐ fame	179
☐ familiar	27
☐ familiarity	27
☐ famine	142
☐ fancy	152
☐ fantastic	121
☐ fantasy	121
☐ far	99
☐ fare	197
☐ farmer	194
☐ farming	194
☐ fascinate	149
☐ fascination	149
☐ fashion	110

fashionable — global

Word	Page
fashionable	110
fast	74
fat	95
fatal	79
fate	79
fault	184
faulty	184
favor	130
favorable	130
favorite	130
fear	91
fearful	91
feather	55
feature	55
federal	89
fee	197
feed	179
feeling	28
fellow	149
female	24
feminine	24
fertile	88
fertility	88
fertilize	88
fertilizer	88
fever	95
fiction	120
fictional	120
field	76
fierce	78
fight	117
figure	97
file	165
fill	156
film	178
final	71
finally	71
finance	154
financial	154
finding	35
fingerprint	192
fire	74
firm	205
firmly	205
fisherman	101
fit	128
fitness	128
fix	174
flash	159
flat	191
flavor	23
flee	145
flexibility	64
flexible	64
flight	216
float	162
flood	132
flourish	88
flow	47
flu	95
focus	153
fold	195
folk	86
follow	47
following	47
fool	119
foolish	119
forbid	79
force	176
forecast	99
forehead	205
foreign	26
foreigner	26
forgive	35
form	70
formal	70
formation	70
former	153
forth	129
fortunate	87
fortunately	87
fortune	87
forward	29
fossil	209
foster	93
found	151
foundation	151
fountain	132
frame	218
framework	218
frank	123
freedom	93
freeze	159
frequency	56
frequent	56
frequently	56
fresh	19
friendship	135
frighten	85
frontier	149
frustrate	73
frustration	73
fuel	168
fulfill	99
fulfillment	99
function	48
functional	48
fund	154
fundamental	154
funeral	181
fur	42
furniture	173
further	99
furthermore	67

G

Word	Page
gain	123
gap	25
garbage	169
gas	168
gasp	162
gather	127
gaze	162
gender	141
gene	50
general	62
generally	62
generate	148
generation	148
generous	93
genetic	50
genetics	50
genius	161
genome	50
gentle	49
genuine	120
geographical	221
geography	221
gesture	26
giant	70
gift	181
gigantic	70
glacier	132
glance	162
glass	51
global	208

globalization / import

☐ globalization	208	☐ handful	95	☐ huge	70
☐ globe	208	☐ handle	67	☐ human	51
☐ glorious	178	☐ hang	212	☐ humane	51
☐ glory	178	☐ hardly	184	☐ humanity	51
☐ glow	130	☐ harm	94	☐ humor	51
☐ goal	83	☐ harmful	94	☐ humorous	51
☐ goods	188	☐ harmless	94	☐ hunger	187
☐ govern	122	☐ harmony	83	☐ hunt	25
☐ government	122	☐ harsh	67	☐ hurt	80
☐ governor	122	☐ harvest	172	☐ hybrid	211
☐ grab	206	☐ hate	177	☐ hydrogen	210
☐ grade	150	☐ headache	95	☐ hypothesis	109
☐ gradual	150	☐ heal	212		
☐ gradually	150	☐ healing	212	**I**	
☐ graduate	150	☐ health	18		
☐ graduation	150	☐ healthy	18	☐ ideal	128
☐ grain	172	☐ heaven	195	☐ identical	200
☐ grammar	161	☐ height	131	☐ identification	200
☐ grammatical	161	☐ helpful	146	☐ identify	200
☐ grand	121	☐ hemisphere	168	☐ identity	200
☐ grandparent	101	☐ hence	111	☐ ideology	199
☐ grant	189	☐ heritage	86	☐ ignorance	143
☐ grasp	150	☐ hero	101	☐ ignorant	143
☐ grass	51	☐ hesitate	177	☐ ignore	143
☐ grateful	209	☐ hide	143	☐ ill	115
☐ grave	43	☐ highly	116	☐ illegal	124
☐ gravity	43	☐ highway	167	☐ illness	115
☐ Greece	105	☐ hint	44	☐ illusion	121
☐ Greek	105	☐ hire	59	☐ illustrate	170
☐ greenhouse	168	☐ historian	22	☐ illustration	170
☐ greet	102	☐ historic	22	☐ image	152
☐ grocery	198	☐ historical	22	☐ imaginable	152
☐ ground	209	☐ history	22	☐ imaginary	152
☐ growth	56	☐ hit	77	☐ imagination	152
☐ guarantee	69	☐ hobby	191	☐ imaginative	152
☐ guard	25	☐ hold	74	☐ imagine	152
☐ guest	44	☐ hole	26	☐ imitate	161
☐ guidance	38	☐ holy	128	☐ imitation	161
☐ guide	38	☐ honest	123	☐ immediate	116
☐ guilt	63	☐ honesty	123	☐ immediately	116
☐ guilty	63	☐ honeybee	216	☐ immigrant	167
☐ gun	220	☐ honor	77	☐ immigrate	167
☐ guy	165	☐ horizon	132	☐ immigration	167
		☐ horizontal	132	☐ impact	172
H		☐ horrible	220	☐ impatient	92
		☐ horror	220	☐ implement	190
☐ habit	127	☐ hostile	135	☐ implication	160
☐ habitat	127	☐ household	204	☐ imply	160
☐ habitual	127	☐ however	19	☐ import	172

■単語太字の意味，何語わかった？　　／116

□ importance 65
□ impose 176
□ impossible 78
□ impress 121
□ impression 121
□ impressive 121
□ improve 117
□ improvement 117
□ impulse 160
□ inability 136
□ inadequate 186
□ inappropriate 134
□ incapable 136
□ incentive 138
□ inch *131*
□ incident 47
□ include 116
□ including 116
□ income 111
□ incorporate 89
□ increase 82
□ increasingly 82
□ incredible 189
□ indeed 113
□ independence 21
□ independent 21
□ index 27
□ indicate 148
□ indication 148
□ individual 118
□ individuality 118
□ industrial 104
□ industrialized 104
□ industrious 104
□ industry 104
□ inevitable 160
□ inevitably 160
□ infancy 83
□ infant 83
□ infect 164
□ infection 164
□ infer 149
□ inferior 91
□ infinite 20
□ influence 53
□ influential 53
□ inform 150
□ informal 70
□ information 150
□ ingredient 200
□ inhabit 127
□ inhabitant 127
□ inherent 50
□ inherit 92
□ initial 71
□ initiate 71
□ initiative 71
□ injure 79
□ injury 79
□ innate 72
□ inner 115
□ innocence 63
□ innocent 63
□ innovation 149
□ innovative 149
□ inquire 114
□ inquiry 114
□ insect *40*
□ inside *129*
□ insight 152
□ insist 91
□ insistence 91
□ inspiration 170
□ inspire 170
□ instance 21
□ instant 21
□ instantly 21
□ instead 25
□ instinct 66
□ instinctive 66
□ instinctively 66
□ institute 216
□ institution 216
□ institutional 216
□ instruct 96
□ instruction 97
□ instructor 97
□ instrument 190
□ instrumental 190
□ insult 206
□ insurance 136
□ integrate 89
□ intellect 160
□ intellectual 160
□ intelligence 160
□ intelligent 160
□ intend 120
□ intense 158
□ intensity 158
□ intent 120
□ intention 120
□ intentional 120
□ intentionally 120
□ interact 80
□ interaction 80
□ interactive 80
□ interest 148
□ interfere 114
□ interference 114
□ interior *119*
□ internal *119*
□ international 77
□ interpret 157
□ interpretation 157
□ interpreter 157
□ interrupt 114
□ interruption 114
□ interview 177
□ intimacy 140
□ intimate 140
□ introduce 203
□ introduction 203
□ invade 118
□ invader 118
□ invasion 118
□ invent 76
□ invention 76
□ inventor 76
□ invest 210
□ investigate 114
□ investigation 114
□ investment 210
□ invisible 152
□ invitation 175
□ invite 175
□ involve 77
□ involvement 77
□ Ireland *105*
□ Irish *105*
□ iron *173*
□ ironic 47
□ ironically 47
□ irony 47
□ irresponsible 63
□ irritate 81
□ irritation 81
□ island *132*

■単語太字の意味，何語わかった？ ／120

isolate — manufacture

- isolate 20
- isolation 20
- issue 94
- item 94

J

- jam 144
- jewel 165
- jewelry 165
- joint 148
- journal 157
- journalism 157
- journalist 157
- journey 166
- joy 156
- judge 171
- judgment 171
- jump 80
- junk 201
- jury 192
- justice 192
- justification 201
- justify 201

K

- keen 158
- keenly 158
- kick 146
- kid 98
- kindergarten 201
- kingdom 78
- knee 205
- knock 134
- knowledge 65

L

- labor 216
- laboratory 216
- lack 18
- lacking 18
- ladder 178
- landscape 199
- largely 60
- last 208
- lately 156
- latest 156
- Latin 105
- latter 153
- laugh 102
- laughter 102
- launch 105
- law 57
- lawn 40
- lawsuit 57
- lawyer 57
- lay 67
- layer 67
- laziness 104
- lazy 104
- lead 38
- leader 38
- league 101
- lean 95
- leap 102
- least 29
- leather 77
- lecture 96
- legal 124
- legend 86
- leisure 191
- lend 102
- length 68
- less 29
- lessen 29
- lesson 96
- let 35
- level 111
- liberal 93
- liberty 93
- license 195
- lie 66
- lifestyle 165
- lifetime 161
- lift 24
- likely 134
- limit 135
- limitation 135
- linguist 70
- linguistic 70
- linguistics 70
- link 212
- lip 29
- liquid 35
- list 70
- literacy 159
- literal 159
- literally 159
- literary 159
- literate 159
- literature 159
- litter 169
- lively 79
- load 218
- loan 220
- local 214
- locate 182
- location 182
- lock 201
- log 215
- logic 32
- logical 32
- loneliness 116
- lonely 116
- lord 218
- loss 47
- loud 54
- lovely 119
- low 108
- lower 142
- loyalty 219
- luck 88
- lung 204
- luxury 188

M

- machinery 155
- mad 81
- main 60
- mainly 60
- maintain 93
- maintenance 93
- major 112
- majority 112
- male 128
- mammal 18
- manage 96
- management 96
- manager 96
- manipulate 218
- mankind 51
- manner 106
- manual 26
- manufacture 140

☐ manufacturer 140	☐ mentality 49	☐ moment 25
☐ manuscript 186	☐ mentally 49	☐ momentary 25
☐ marine *132*	☐ mention 125	☐ monitor 68
☐ mark 19	☐ merchant 171	☐ monument 46
☐ marketing 123	☐ mercury *173*	☐ mood 168
☐ marriage 43	☐ mere 98	☐ moral 55
☐ married 43	☐ merely 98	☐ morality 55
☐ marry 43	☐ merit 185	☐ moreover 207
☐ mask 28	☐ mess 81	☐ mosquito *40*
☐ mass 71	☐ metaphor 31	☐ mostly 104
☐ massive 71	☐ method 106	☐ motion 138
☐ master 33	☐ Mexican *105*	☐ motivate 138
☐ masterpiece 33	☐ Mexico *105*	☐ motivation 138
☐ match 77	☐ microscope *221*	☐ motive 138
☐ mate 61	☐ middle 166	☐ mount 82
☐ material 151	☐ migrant 166	☐ move *74*
☐ mathematical 104	☐ migrate 166	☐ movement 138
☐ mathematician 104	☐ migration 166	☐ mud 194
☐ mathematics 104	☐ mild 49	☐ multiple 136
☐ matter 23	☐ mile 167	☐ multiply 136
☐ mature 83	☐ military 217	☐ murder *192*
☐ maximize 208	☐ millennium *131*	☐ muscle 28
☐ maximum 208	☐ mind 20	☐ muscular 28
☐ mayor 122	☐ mine 217	☐ mutual 27
☐ meal 96	☐ mineral 217	☐ mysterious 27
☐ meaning 26	☐ minimize 208	☐ mystery 27
☐ meaningful 26	☐ minimum 208	☐ myth 120
☐ means 106	☐ minister 122	
☐ meanwhile 68	☐ ministry 122	**N**
☐ measure 167	☐ minor 112	
☐ measurement 167	☐ minority 112	☐ namely 111
☐ mechanic 155	☐ miracle 166	☐ narrow 110
☐ mechanical 155	☐ mirror *165*	☐ narrowly 110
☐ mechanics 155	☐ miserable 106	☐ nation 97
☐ mechanism 155	☐ misery 106	☐ national 97
☐ media 106	☐ misfortune 87	☐ nationalism 97
☐ medical 90	☐ miss 45	☐ nationality 97
☐ medicine 90	☐ missing 45	☐ native 97
☐ medieval 86	☐ mission 83	☐ natural 72
☐ meditation 177	☐ mistake 184	☐ naturally 72
☐ Mediterranean 34	☐ misunderstand 26	☐ nature 72
☐ medium 106	☐ mobile 138	☐ nearby 54
☐ meet 182	☐ model 139	☐ nearly 100
☐ melt 198	☐ modern 76	☐ neat 217
☐ memorial 46	☐ modernize 76	☐ necessarily 60
☐ memorize 46	☐ modest 186	☐ necessary 60
☐ memory 46	☐ modification 198	☐ necessity 60
☐ mend 175	☐ modify 198	☐ negative 63
☐ mental 49	☐ molecule *211*	☐ neglect 212

Word	Page
negotiate	209
negotiation	209
neighbor	183
neighborhood	183
neither	60
nerve	31
nervous	31
nest	40
network	155
neuron	31
nevertheless	19
nobility	218
noble	218
nobody	221
nod	162
none	221
nonetheless	19
nonverbal	70
nor	60
norm	77
normal	77
normally	77
north	169
northern	169
notable	147
note	147
notice	44
noticeable	44
notion	55
novel	188
novelist	188
novelty	188
nowadays	109
nowhere	144
nuclear	210
numerous	20
nutrition	198

O

Word	Page
obedience	113
obedient	113
obese	95
obesity	95
obey	113
object	90
objection	90
objective	90
obligation	209
oblige	209
observation	38
observe	38
observer	38
obstacle	80
obtain	146
obvious	94
obviously	94
occasion	54
occasional	54
occasionally	54
occupation	156
occupy	156
occur	139
occurrence	139
ocean	132
odd	90
offend	80
offer	38
office	58
officer	58
official	58
offspring	82
old-fashioned	76
online	181
onto	129
operate	155
operation	155
operator	155
opinion	64
opponent	90
opportunity	54
oppose	90
opposed	90
opposite	90
opposition	90
optimism	87
optimist	87
optimistic	87
option	98
optional	98
oral	70
order	81
ordinary	90
organ	68
organic	68
organism	68
organization	68
organize	68
origin	69
original	69
originally	69
originate	69
otherwise	141
outcome	213
outer	115
outline	213
outlook	213
output	213
overall	153
overcome	141
overlook	44
overseas	26
overwhelm	141
owe	197
own	66
owner	66
ownership	66
oxygen	39

P

Word	Page
pace	100
Pacific	132
pack	145
pain	114
painful	114
pale	49
palm	134
panel	174
panic	170
paradox	47
paradoxical	47
paragraph	150
parallel	45
parental	83
parliament	199
parliamentary	199
part	50
partial	50
participant	182
participate	182
participation	182
particular	53
particularly	53
partly	50
pass	51
passage	51

☐ passenger	44	☐ philosophical	28	☐ port	172
☐ passion	145	☐ philosophy	28	☐ portion	50
☐ passionate	145	☐ photo	**45**	☐ portrait	176
☐ passive	46	☐ photograph	**45**	☐ portray	176
☐ past	**32**	☐ photographer	45	☐ pose	64
☐ path	167	☐ phrase	**154**	☐ position	**64**
☐ patience	92	☐ physical	**26**	☐ positive	**62**
☐ patient	**92**	☐ physically	**26**	☐ possess	**66**
☐ pattern	**139**	☐ physician	**26**	☐ possession	**66**
☐ pause	64	☐ physicist	**26**	☐ possibility	**78**
☐ pay	**197**	☐ physics	**26**	☐ possible	**78**
☐ payment	**197**	☐ pick	**23**	☐ possibly	**78**
☐ peaceful	95	☐ piece	**50**	☐ post	159
☐ peak	132	☐ pile	**218**	☐ postpone	**65**
☐ peasant	**194**	☐ pioneer	**56**	☐ potential	**214**
☐ peculiar	**22**	☐ pity	**179**	☐ pound	**130**
☐ peer	**106**	☐ plague	95	☐ pour	132
☐ penalty	**206**	☐ plain	**94**	☐ poverty	**33**
☐ per	**170**	☐ planet	**216**	☐ power	**34**
☐ perceive	**80**	☐ plant	**22**	☐ powerful	**34**
☐ perception	**80**	☐ plantation	22	☐ practical	**92**
☐ perfect	**36**	☐ plastic	173	☐ practically	**92**
☐ perfection	36	☐ plate	**67**	☐ practice	**92**
☐ perfectly	**36**	☐ pleasant	**156**	☐ praise	**174**
☐ perform	**66**	☐ pleasure	**156**	☐ pray	**88**
☐ performance	**66**	☐ plentiful	19	☐ prayer	88
☐ perhaps	**29**	☐ plenty	**19**	☐ precede	**47**
☐ period	**115**	☐ plot	**203**	☐ precedent	47
☐ periodical	115	☐ poem	**188**	☐ precious	**89**
☐ permanent	**191**	☐ poet	**188**	☐ precise	217
☐ permanently	191	☐ poetry	**188**	☐ precisely	**217**
☐ permission	**218**	☐ poison	**21**	☐ precision	217
☐ permit	**218**	☐ pole	**100**	☐ predict	**99**
☐ persist	**207**	☐ police	**42**	☐ predictable	**99**
☐ persistence	207	☐ policeman	42	☐ prediction	**99**
☐ persistent	207	☐ policy	**122**	☐ prefecture	**183**
☐ personal	**114**	☐ polish	**49**	☐ prefer	**126**
☐ personality	**114**	☐ polite	**34**	☐ preferable	126
☐ personally	**114**	☐ politeness	34	☐ preference	**126**
☐ perspective	**199**	☐ political	**122**	☐ prejudice	**32**
☐ persuade	**23**	☐ politician	**122**	☐ premise	**109**
☐ persuasion	23	☐ politics	**122**	☐ preparation	**209**
☐ persuasive	23	☐ poll	**100**	☐ prepare	**209**
☐ pessimism	87	☐ pollute	**196**	☐ presence	**195**
☐ pessimist	87	☐ pollution	**196**	☐ present	**195**
☐ pessimistic	87	☐ poor	**33**	☐ presentation	**195**
☐ phase	**120**	☐ pop	**126**	☐ presently	195
☐ phenomenon	**120**	☐ popularity	**78**	☐ preservation	**96**
☐ philosopher	28	☐ population	**171**	☐ preserve	**96**

☐ president	137	☐ professor	147	☐ pull	29
☐ press	143	☐ profit	179	☐ pump	168
☐ pressing	143	☐ profitable	179	☐ punish	206
☐ **pressure**	**143**	☐ profound	*201*	☐ punishment	206
☐ prestige	179	☐ **progress**	**117**	☐ pupil	*101*
☐ **pretend**	**120**	☐ progressive	117	☐ **purchase**	**121**
☐ **pretty**	**32**	☐ **project**	**118**	☐ **pure**	**86**
☐ **prevail**	**182**	☐ **prolong**	**65**	☐ purify	86
☐ **prevent**	**198**	☐ prominence	219	☐ purity	86
☐ prevention	198	☐ **prominent**	**219**	☐ **purpose**	**83**
☐ preventive	198	☐ **promise**	**197**	☐ **pursue**	**186**
☐ **previous**	**36**	☐ **promising**	**197**	☐ **pursuit**	**186**
☐ **previously**	**36**	☐ **promote**	**93**	☐ **puzzle**	**27**
☐ **prey**	**88**	☐ promotion	93		
☐ **price**	**197**	☐ **prompt**	**182**	**Q**	
☐ priceless	197	☐ **pronounce**	**161**		
☐ **pride**	**178**	☐ pronunciation	161	☐ **qualify**	**187**
☐ **priest**	**123**	☐ **proof**	**36**	☐ **quality**	**187**
☐ **primarily**	**112**	☐ **proper**	**84**	☐ **quantity**	**196**
☐ **primary**	**112**	☐ **property**	**84**	☐ quarrel	117
☐ **primate**	*40*	☐ **proportion**	**164**	☐ **quarter**	*131*
☐ **prime**	**112**	☐ **proposal**	**118**	☐ **quick**	**63**
☐ **primitive**	**76**	☐ **propose**	**118**	☐ **quit**	**177**
☐ **principal**	**112**	☐ proposition	118	☐ **quite**	**32**
☐ **principle**	**112**	☐ **prospect**	**78**	☐ **quote**	**100**
☐ **print**	**190**	☐ prospective	78		
☐ **prior**	**153**	☐ **prosperity**	**88**	**R**	
☐ **priority**	**153**	☐ prosperous	88		
☐ **prison**	*192*	☐ **protect**	**48**	☐ **race**	**123**
☐ prisoner	*192*	☐ **protection**	**48**	☐ **racial**	**123**
☐ **privacy**	**203**	☐ **protective**	**48**	☐ racism	123
☐ **private**	**203**	☐ **protein**	*201*	☐ **radiation**	**210**
☐ **privilege**	**185**	☐ **protest**	**170**	☐ **radical**	**154**
☐ **prize**	**130**	☐ **proud**	**178**	☐ radioactive	210
☐ **probability**	**194**	☐ **prove**	**36**	☐ radioactivity	210
☐ probable	194	☐ **proverb**	**154**	☐ **railroad**	**167**
☐ **probably**	**194**	☐ **provide**	**182**	☐ **railway**	**167**
☐ procedure	157	☐ provided	182	☐ **rainforest**	*169*
☐ **proceed**	**157**	☐ **province**	**183**	☐ **raise**	**24**
☐ **process**	**157**	☐ provision	102	☐ **random**	**158**
☐ procession	157	☐ **psychological**	**28**	☐ **range**	**110**
☐ **produce**	**18**	☐ **psychologist**	**28**	☐ **rank**	**178**
☐ **producer**	**18**	☐ **psychology**	**28**	☐ **rapid**	**54**
☐ **product**	**18**	☐ **pub**	*201*	☐ **rapidly**	**54**
☐ **production**	**18**	☐ **public**	**145**	☐ **rare**	**212**
☐ **productive**	**18**	☐ **publication**	**157**	☐ **rarely**	**212**
☐ **productivity**	**18**	☐ publicity	145	☐ **rat**	*40*
☐ **profession**	**147**	☐ **publish**	**157**	☐ **rate**	**100**
☐ **professional**	**147**	☐ **publisher**	**157**	☐ **rather**	**128**

Word	Page	Word	Page	Word	Page
ratio	164	regional	69	republican	145
rational	32	register	137	reputation	179
raw	201	regret	181	request	144
ray	67	regrettable	181	require	156
reach	167	regular	57	requirement	156
react	31	regularly	57	rescue	140
reaction	31	regulate	57	research	52
real	80	regulation	57	researcher	52
realistic	80	reinforce	214	resemblance	45
reality	80	reject	92	resemble	45
realization	80	rejection	92	reservation	208
realize	80	relate	90	reserve	208
realm	183	relation	90	resident	127
reap	172	relationship	90	resist	117
rear	24	relative	90	resistance	117
reason	32	relatively	90	resolution	178
reasonable	32	relax	54	resolve	178
reasonably	32	relaxation	54	resort	215
reassure	69	release	81	resource	187
recall	177	relevant	90	respect	174
receive	92	reliable	91	respectable	174
recent	177	reliance	91	respectful	174
recently	177	relief	81	respective	174
reception	92	relieve	81	respond	30
recession	143	religion	86	response	30
recipe	201	religious	86	responsibility	63
recognition	46	reluctance	183	responsible	63
recognize	46	reluctant	183	rest	164
recommend	124	rely	91	restoration	39
recommendation	124	remain	183	restore	39
record	137	remark	125	restrict	135
recover	212	remarkable	125	restriction	135
recreate	191	remind	143	result	64
recreation	191	remote	166	resume	119
reduce	60	removal	39	retail	134
reduction	60	remove	39	retain	93
reef	132	rent	102	retire	202
refer	125	rental	102	retirement	202
reference	125	repair	175	retreat	202
reflect	31	repeat	135	return	178
reflection	31	repetition	135	reveal	115
reform	117	replace	176	revelation	115
refrigerator	173	replacement	176	revenue	111
refusal	175	reply	27	reverse	198
refuse	175	represent	202	reversible	198
regard	34	representation	202	review	204
regarding	34	representative	202	revise	119
regardless	34	reproduce	18	revision	119
region	69	republic	145	revolution	104

☐ revolutionary	104	
☐ reward	206	
☐ rhythm	165	
☐ rich	33	
☐ ridicule	119	
☐ ridiculous	119	
☐ rigid	64	
☐ ring	46	
☐ rise	31	
☐ risk	109	
☐ risky	109	
☐ ritual	89	
☐ rival	82	
☐ road	167	
☐ rob	192	
☐ robber	192	
☐ role	18	
☐ roll	18	
☐ romantic	128	
☐ roof	201	
☐ root	166	
☐ rope	173	
☐ rough	48	
☐ roughly	48	
☐ route	167	
☐ routine	92	
☐ row	181	
☐ royal	78	
☐ rubber	134	
☐ rubbish	169	
☐ rude	34	
☐ ruin	91	
☐ rule	79	
☐ ruler	79	
☐ run	74	
☐ rural	108	
☐ rush	46	
☐ Russian	105	

S

☐ sacred	128	
☐ sacrifice	111	
☐ safe	194	
☐ safety	194	
☐ sail	134	
☐ sailor	134	
☐ salary	197	
☐ sale	134	
☐ sample	116	
☐ satellite	105	
☐ satisfaction	156	
☐ satisfactory	156	
☐ satisfy	156	
☐ save	61	
☐ saving	61	
☐ scale	126	
☐ scarce	212	
☐ scarcely	212	
☐ scare	85	
☐ scary	85	
☐ scatter	78	
☐ scene	199	
☐ scenery	199	
☐ scenic	199	
☐ schedule	98	
☐ scheme	98	
☐ scholar	52	
☐ scholarship	52	
☐ scientific	71	
☐ score	99	
☐ scratch	162	
☐ scream	176	
☐ sculpture	107	
☐ search	44	
☐ secondary	112	
☐ secret	203	
☐ secretary	203	
☐ section	179	
☐ secure	194	
☐ security	194	
☐ seed	216	
☐ seek	93	
☐ seem	30	
☐ seemingly	30	
☐ seize	206	
☐ seldom	212	
☐ select	58	
☐ selection	58	
☐ self-esteem	178	
☐ selfish	119	
☐ semester	71	
☐ senior	214	
☐ sensation	118	
☐ sensational	118	
☐ sense	48	
☐ sensible	118	
☐ sensitive	118	
☐ sensitivity	118	
☐ sensory	118	
☐ sentence	56	
☐ separate	20	
☐ separation	20	
☐ sequence	124	
☐ series	79	
☐ serious	43	
☐ seriously	43	
☐ servant	33	
☐ serve	124	
☐ service	124	
☐ session	127	
☐ set	77	
☐ settle	174	
☐ settlement	174	
☐ settler	174	
☐ several	136	
☐ severe	64	
☐ sewage	169	
☐ sex	141	
☐ sexual	141	
☐ shade	201	
☐ shadow	201	
☐ shake	102	
☐ shallow	201	
☐ shame	178	
☐ shameful	179	
☐ shape	70	
☐ share	110	
☐ shark	40	
☐ sharp	160	
☐ shed	215	
☐ sheep	40	
☐ sheet	187	
☐ shelf	170	
☐ shell	35	
☐ shelter	109	
☐ shift	188	
☐ shine	130	
☐ shock	112	
☐ shoot	146	
☐ shore	34	
☐ short	142	
☐ shortage	142	
☐ shorten	142	
☐ shortly	142	
☐ shoulder	144	
☐ shout	176	

■ 単語太字の意味, 何語わかった？ ／126

Word	Page	Word	Page	Word	Page
shrink	142	solution	65	steadily	97
shy	213	solve	65	steady	97
sigh	39	somebody	221	steal	192
sight	152	somehow	36	steam	211
sign	26	somewhat	199	steel	140
signal	26	somewhere	144	stem	65
signature	26	sophisticated	157	stereotype	92
significance	202	sorrow	181	stick	42
significant	202	sort	127	stimulate	56
signify	202	soul	87	stimulation	56
silence	118	sour	169	stimulus	56
silent	118	source	187	stock	208
silly	119	south	169	stomach	205
similar	45	southern	169	stomachache	95
similarity	45	space	36	store	208
similarly	45	spacious	36	strain	79
simple	30	span	68	strange	141
simply	30	spare	72	stranger	141
single	98	specialist	198	strategy	122
sink	162	specialize	198	stream	47
site	183	species	127	strength	214
situation	137	specific	121	strengthen	214
skill	80	specifically	121	stress	60
skilled	80	spectator	44	stressful	60
skin	19	spell	215	stretch	43
slave	33	spill	113	strict	64
slavery	33	spirit	87	strike	139
slide	102	spiritual	87	striking	139
slight	29	split	20	string	173
slightly	29	spoil	91	strip	192
slope	132	spot	217	strive	180
slow	54	spread	78	stroke	95
smart	160	square	131	structural	56
smell	35	stability	97	structure	56
smoke	201	stable	97	struggle	180
smooth	49	staff	76	studio	174
soar	31	stage	206	stuff	76
so-called	108	stand	74	stupid	119
social	80	standard	77	stupidity	119
socially	80	stare	162	style	194
society	80	startle	85	subject	186
sociologist	80	starvation	187	subjective	186
soil	194	starve	187	subsequent	123
solar	210	state	49	subsequently	123
soldier	176	statement	49	substance	109
sole	98	statistical	104	substantial	109
solely	98	statistics	104	substantially	109
solid	35	statue	107	substitute	138
solitary	116	status	178	substitution	138

☐ subtle	29	
☐ suburb	108	
☐ suburban	108	
☐ subway	145	
☐ succeed	59	
☐ success	59	
☐ successful	59	
☐ successfully	59	
☐ succession	59	
☐ successive	59	
☐ sudden	59	
☐ suffer	18	
☐ suffering	18	
☐ sufficient	186	
☐ suggest	53	
☐ suggestion	53	
☐ suicide	43	
☐ suit	83	
☐ suitable	83	
☐ sum	20	
☐ superior	91	
☐ superiority	91	
☐ superstition	86	
☐ supply	170	
☐ support	36	
☐ suppose	42	
☐ suppress	143	
☐ supreme	91	
☐ surface	49	
☐ surgeon	142	
☐ surgery	142	
☐ surprise	85	
☐ surprisingly	85	
☐ surrender	141	
☐ surround	29	
☐ surrounding	29	
☐ survey	147	
☐ survival	38	
☐ survive	38	
☐ suspect	42	
☐ suspend	215	
☐ suspense	215	
☐ suspicion	42	
☐ suspicious	42	
☐ sustain	93	
☐ sustainable	93	
☐ swallow	130	
☐ sweat	49	
☐ sweep	130	
☐ switch	165
☐ symbol	34
☐ symbolic	34
☐ symbolize	34
☐ sympathetic	185
☐ sympathize	185
☐ sympathy	185
☐ symptom	115
☐ system	219
☐ systematic	219

T

☐ tackle	165
☐ tail	67
☐ tale	67
☐ talent	161
☐ talented	161
☐ tap	162
☐ target	19
☐ task	68
☐ taste	23
☐ tasty	23
☐ tax	220
☐ tear	215
☐ tease	154
☐ technical	71
☐ technique	71
☐ technological	208
☐ technology	208
☐ teenager	98
☐ telescope	221
☐ temperature	30
☐ temporarily	180
☐ temporary	180
☐ tempt	43
☐ temptation	40
☐ tend	62
☐ tendency	62
☐ tense	144
☐ tension	144
☐ term	71
☐ terminal	71
☐ terrible	220
☐ terribly	220
☐ terrific	220
☐ terrify	220
☐ territory	183
☐ terror	220

☐ terrorism	220
☐ text	186
☐ theater	201
☐ theft	192
☐ theme	179
☐ theoretical	39
☐ theory	39
☐ therapy	203
☐ therefore	31
☐ thick	95
☐ thief	192
☐ thin	95
☐ though	32
☐ threat	194
☐ threaten	194
☐ thrill	112
☐ throat	205
☐ throughout	140
☐ thumb	205
☐ thus	111
☐ tide	132
☐ tie	22
☐ tight	29
☐ tighten	29
☐ timber	40
☐ tiny	199
☐ tip	215
☐ tissue	51
☐ title	187
☐ tomb	143
☐ ton	140
☐ tone	168
☐ tongue	205
☐ tool	190
☐ tooth	19
☐ top	67
☐ topic	114
☐ total	46
☐ touch	74
☐ tough	61
☐ tour	166
☐ tourism	166
☐ tourist	166
☐ toward	52
☐ trace	204
☐ track	153
☐ trade	171
☐ tradition	86
☐ traditional	86

■ 単語太字の意味，何語わかった？　　／117

☐ traditionally	86	
☐ traffic	61	
☐ tragedy	*195*	
☐ tragic	*195*	
☐ trail	153	
☐ trait	55	
☐ transfer	149	
☐ transform	198	
☐ transformation	198	
☐ transition	188	
☐ translate	157	
☐ translation	157	
☐ translator	157	
☐ transmission	188	
☐ transmit	188	
☐ transplant	149	
☐ transport	172	
☐ transportation	172	
☐ trap	140	
☐ trash	*169*	
☐ travel	166	
☐ treasure	89	
☐ treat	23	
☐ treatment	23	
☐ treaty	23	
☐ tremendous	202	
☐ trend	110	
☐ trial	*192*	
☐ triangle	73	
☐ tribe	86	
☐ trick	122	
☐ trigger	218	
☐ triumph	59	
☐ triumphant	59	
☐ trivial	112	
☐ tropical	*169*	
☐ trouble	154	
☐ troublesome	154	
☐ truck	153	
☐ true	120	
☐ truly	120	
☐ trunk	40	
☐ trust	213	
☐ truth	120	
☐ tube	52	
☐ tune	83	
☐ turn	107	
☐ twin	*101*	
☐ twist	140	
☐ type	108	
☐ typical	108	
☐ typically	108	

U

☐ ugly	*119*	
☐ ultimate	71	
☐ ultimately	71	
☐ unable	136	
☐ unacceptable	113	
☐ unaware	48	
☐ unbelievable	189	
☐ uncertain	69	
☐ uncertainty	69	
☐ uncomfortable	67	
☐ unconscious	48	
☐ undergo	142	
☐ undergraduate	150	
☐ underground	209	
☐ undertake	109	
☐ uneasy	49	
☐ unemployed	59	
☐ unemployment	59	
☐ unexpected	59	
☐ unfamiliar	27	
☐ unfortunate	106	
☐ unfortunately	106	
☐ uniform	73	
☐ union	73	
☐ unique	22	
☐ unit	73	
☐ unite	73	
☐ universal	211	
☐ universe	211	
☐ university	79	
☐ unknown	*139*	
☐ unless	94	
☐ unlike	35	
☐ unlikely	35	
☐ unnecessary	60	
☐ unpleasant	156	
☐ unreliable	91	
☐ unusual	21	
☐ unwilling	183	
☐ upper	142	
☐ upset	113	
☐ upward	29	
☐ urban	108	
☐ urge	160
☐ urgency	160
☐ urgent	160
☐ usage	154
☐ useless	*95*
☐ usual	21
☐ usually	21
☐ utility	124
☐ utter	46
☐ utterance	46

V

☐ vague	94	
☐ valley	*132*	
☐ valuable	89	
☐ value	89	
☐ vanish	42	
☐ vapor	*211*	
☐ variable	52	
☐ variation	52	
☐ variety	52	
☐ various	52	
☐ vary	52	
☐ vast	166	
☐ vehicle	172	
☐ venture	146	
☐ verb	70	
☐ verbal	70	
☐ version	76	
☐ vertical	*132*	
☐ vessel	53	
☐ via	180	
☐ vice	87	
☐ victim	111	
☐ victory	59	
☐ view	199	
☐ vigorous	81	
☐ violence	78	
☐ violent	78	
☐ virtual	155	
☐ virtually	155	
☐ virtue	185	
☐ virus	164	
☐ visible	152	
☐ vision	152	
☐ visual	152	
☐ vital	210	
☐ vitality	210	

☐ vivid	79	
☐ vocabulary	56	
☐ volcano	*132*	
☐ volume	196	
☐ vote	**122**	
☐ voter	122	
☐ voyage	166	

W

☐ wage	*197*
☐ wake	111
☐ wander	166
☐ warmth	*201*
☐ warn	**150**
☐ warning	**150**
☐ waste	**206**
☐ weak	**112**
☐ weaken	**112**
☐ weakness	**112**
☐ wealth	**33**
☐ wealthy	**33**
☐ weapon	*220*
☐ web	**155**
☐ weed	22
☐ weep	130
☐ weigh	167
☐ weight	**167**
☐ welfare	54
☐ well-being	54

☐ west	*169*
☐ western	*169*
☐ westerner	*169*
☐ whale	*40*
☐ whatever	*192*
☐ wheat	*201*
☐ wheel	*53*
☐ whenever	**183**
☐ whereas	**128**
☐ wherever	*192*
☐ whether	**82**
☐ while	**25**
☐ whisper	176
☐ whole	**44**
☐ wide	**110**
☐ widely	110
☐ widen	110
☐ widespread	**110**
☐ wild	*40*
☐ wilderness	40
☐ wildlife	*40*
☐ willing	**63**
☐ wind	**210**
☐ wire	*173*
☐ wisdom	160
☐ wise	160
☐ wish	**88**
☐ withdraw	202
☐ withdrawal	202
☐ within	**25**

☐ witness	116
☐ wolf	*24*
☐ wonder	166
☐ wood	*40*
☐ wooden	*40*
☐ workforce	58
☐ workplace	58
☐ worldwide	58
☐ worship	**99**
☐ worth	**137**
☐ worthwhile	137
☐ worthy	137
☐ wound	205
☐ wrap	*195*

Y

☐ yard	*131*
☐ yawn	162
☐ yell	81
☐ yield	141
☐ youngster	146
☐ youth	**146**
☐ youthful	146

Z

☐ zone	217

■単語太字の意味，何語わかった？ ☐／70

『速読英単語 ①必修編 CD 改訂第６版対応』Track 対応表

※ CDは別売です。
※ 1-1はDisk1のTrack1を表します。
※ 1-21, 2-9, 2-30, 3-5, 3-26, 3-47にはSTAGE末コラム「まとめてチェック」
（STAGE2以外）の「語義→単語」が入っています。

英文No.	語義→単語	発音・アクセントテスト掲載語	英文No.	語義→単語	発音・アクセントテスト掲載語
1	1-2	5-23	36	2-21	5-58
2	1-4	5-24	37	2-23	5-59
3	1-6	5-25	38	2-25	5-60
4	1-8	5-26	39	2-27	5-61
5	1-10	5-27	40	2-29	5-62
6	1-12	5-28	41	2-32	5-63
7	1-14	5-29	42	2-34	5-64
8	1-16	5-30	43	2-36	5-65
9	1-18	5-31	44	2-38	5-66
10	1-20	5-32	45	2-40	5-67
11	1-23	5-33	46	2-42	5-68
12	1-25	5-34	47	2-44	5-69
13	1-27	5-35	48	2-46	5-70
14	1-29	5-36	49	3-2	5-71
15	1-31	5-37	50	3-4	5-72
16	1-33	5-38	51	3-7	5-73
17	1-35	5-39	52	3-9	5-74
18	1-37	5-40	53	3-11	5-75
19	1-39	5-41	54	3-13	5-76
20	1-41	5-42	55	3-15	5-77
21	1-43	5-43	56	3-17	5-78
22	1-45	5-44	57	3-19	5-79
23	1-47	5-45	58	3-21	5-80
24	1-49	5-46	59	3-23	5-81
25	1-51	5-47	60	3-25	5-82
26	1-53	5-48	61	3-28	5-83
27	2-2	5-49	62	3-30	5-84
28	2-4	5-50	63	3-32	5-85
29	2-6	5-51	64	3-34	5-86
30	2-8	5-52	65	3-36	5-87
31	2-11	5-53	66	3-38	5-88
32	2-13	5-54	67	3-40	5-89
33	2-15	5-55	68	3-42	5-90
34	2-17	5-56	69	3-44	5-91
35	2-19	5-57	70	3-46	5-92

MEMO

分冊　速読英単語　①必修編　[改訂第6版]

初版第1刷発行	2014年2月20日
初版第4刷発行	2016年4月10日

著者	風早寛
発行人	藤井孝昭
発行	株式会社Ｚ会
	〒411-0943　静岡県駿東郡長泉町下土狩105-17
	TEL 055 976 9095
	http://www.zkai.co.jp/books/
装丁	山口秀昭（Studio Flavor）
印刷・製本	株式会社 リーブルテック
編集協力	株式会社 シー・レップス

© 風早寛　2014　★無断で複写・複製することを禁じます
定価はカバーに表示してあります
乱丁・落丁はお取り替えいたします
ISBN978-4-86066-990-4　C7082

覚えておきたい接頭辞・接尾辞

英単語を覚えやすくしたり，未知語を推測する時のカギの1つとなったりするのが接頭辞・接尾辞です。以下の表を時間のある時に確認して，知識を蓄えておきましょう。

◆接頭辞

接頭辞	接頭辞の意味	具体例
ad-	の方へ	adjust (を調節する)
com-	1) 共に	combine (を組み合わせる)
	2) 完全に	complete (完全な)
con-	共に	confront (に立ち向かう)
contra-	反対	contrary (反対の)
de-	1) 下に	depress (を落胆させる)
	2) 完全に	devote (をささげる)
dis-	1) 否定	disappear (消える)
	2) 離れて	dismiss (を解雇する)
en-	にする	enable (…できるようにする)
e-, ex-	外へ	emit ((光・ガスなど)を出す), exclude (を除外する)
il-, im-, in-,	否定	illegal (違法の), impossible (不可能な), independent (独立した)
im-, in-	中へ	import (を輸入する), insist (主張する)
inter-	相互の；中間の	interact (交流する)
mis-	誤った；悪い	misunderstand (を誤解する)
ob-	1) 反対	object (反対する)
	2) 向かって	observe (に気づく)
op-	反対	oppose (に反対する)
over-	過度に；超えて	overwhelm (を圧倒する)
pre-	前に	predict (を予言する)
pro-	前に	proceed (進む)
re-	1) 再び	review (を見直す)
	2) 後ろに；元へ	reject (を拒絶する)
sub-	下に	subway (地下鉄)
trans-	横切って	transfer (を転勤させる)
un-	否定	unnecessary (不必要な)